Engelmann · Wir sind wieder wer

Bernt Engelmann

Wir sind wieder wer

Auf dem Weg ins Wirtschaftswunderland

C. Bertelsmann Verlag

Gesamtherstellung Mohndruck Graphische Betriebe GmbH, Gütersloh
ISBN 3-570-00158-X · Printed in Germany

Inhalt

1. Die Ausgangslage

Als die heute oft schon als »golden« bezeichneten fünfziger Jahre dieses Jahrhunderts, die Jahre des »Wirtschaftswunders«, begannen, lagen der ruhmlose Untergang des Großdeutschen Reiches und das Ende der Schreckensherrschaft Hitlers und seiner Kumpane erst viereinhalb Jahre zurück.

Seither war ganz Deutschland von den Truppen der Siegermächte besetzt. Es hatte seine Souveränität, seine Einheit und jegliche Macht verloren. Die Ostprovinzen waren Polen und der Sowjetunion zugeschlagen worden, das Rumpfgebiet in Besatzungszonen aufgeteilt und der Gewalt der jeweiligen Militärregierungen unterworfen.

Zu Beginn der fünfziger Jahre war es auch erst achtzehn Monate her, daß in Ost- und Westdeutschland unterschiedliche neue Währungen eingeführt worden waren. Für die drei Westzonen bedeutete dies zugleich den Abschied von allen bis dahin gehegten Plänen und Hoffnungen, ein neues Gesellschaftssystem zu schaffen, das den abgewirtschafteten und durch seine Verstrickung mit den Verbrechen der Nazis bloßgestellten Kapitalismus ablösen sollte. Die Bedingungen der Währungsreform in den Westzonen hatten die Voraussetzungen für ein Wiedererstarken des Kapitalismus geschaffen, und zwar in solchen Ausmaßen, wie sie Anfang 1950 noch niemand für möglich gehalten hätte, nicht einmal die größten Optimisten unter seinen deutschen und amerikanischen Befürwortern.

Erst nach der Schaffung der neuen Währung und aller sonstigen Starthilfen für die kapitalistische Renaissance in Westdeutschland war man auch an die Staatsbildung gegangen. Wenige Wochen vor Beginn der fünfziger Jahre hatten sich auf dem Restgebiet des ehemaligen Deutschen Reichs zwei neue deutsche Republiken konstituiert: in den drei Westzonen die »Bundesrepublik Deutschland«, in der sowjetisch besetzten Zone die »Deutsche Demokratische Republik«. Beide standen sich äußerst feindselig gegenüber. Die um einige Tage ältere Bundesrepublik erhob schon bald einen »Alleinvertretungsanspruch« für alle Deutschen und erklärte die Wiedervereinigung des geteilten Landes »in den Grenzen von 1937« zu ihrem obersten Ziel. Aber weder die neue Bundesregierung in der ehemaligen preußischen Kreisstadt Bonn am Rhein noch die sich deren Ansprüchen entschieden widersetzende Regierung der DDR im Ost-Berliner Stadtteil Pankow waren von ihren jeweiligen Besatzungsmächten unabhängig und damit souverän geworden; sie hatten beide allenfalls eine begrenzte Autonomie erhalten.

Der staatliche Neubeginn in den drei Westzonen läßt sich mit vier Worten beschreiben: Am Anfang war Adenauer. Noch ehe es eine Verfassung oder irgendeines ihrer Organe gab, ehe man eine Bundeshauptstadt bestimmt oder sich auch nur über den Namen des neuen Staats geeinigt hatte, ehe der Deutsche Gewerkschaftsbund oder der Bundesverband der deutschen Industrie gegründet worden war, ja noch ehe die Bewohner der künftigen Bundesrepublik ihr erstes gemeinsames Parlament auch nur gewählt hatten, war der damals 73jährige frühere Oberbürgermeister von Köln, Konrad Adenauer, bereits der anerkannte Sprecher und der erste Repräsentant des noch gar nicht konstituierten West-Staats.

Wie war ihm dies gelungen?

Die Tatsache, daß Adenauer — als Ältester der für den Parlamentarischen Rat Benannten — Präsident des aus Vertretern der Länderparlamente gebildeten Gremiums geworden war, reicht zur Erklärung nicht aus. Diese Position wäre — so hat schon Arnulf Baring, ein intimer Kenner der frühen Bonner Szene, dazu bemerkt — »eine Episode geblieben . . ., wenn er es nicht verstanden hätte, sich nach der Bundestagswahl vom 14. August 1949 im Handstreich den Weg zur Macht zu ebnen«. Als Präsident des mit der Ausarbeitung der künftigen Verfassung beauftragten Parlamentarischen Rats hatte Adenauer an der eigentlichen Arbeit am Grundgesetz kaum Anteil; sie wurde im wesentlichen in den Ausschüssen geleistet. Adenauers Funktion bestand in der formlosen, interfraktionellen Vermittlung sowie in den Kontakten zu den alliierten Militärgouverneuren, die ihm die Wünsche ihrer Regierungen erläuterten, während er ihnen die deutschen Bedenken und Einwände gegen die Forderungen der Besatzungsmächte vortrug.

Diese Sprecherfunktion verschaffte Adenauer zwar beträchtlichen Einfluß, aber einer breiteren Öffentlichkeit war seine Bedeutung damals überhaupt nicht bekannt. Soweit sich die Westdeutschen für Politik interessierten, was nur bei einer Minderheit der Fall war, sahen sie als fähigsten deutschen Politiker den Führer der Sozialdemokraten an, den damals 55jährigen Dr. Kurt Schumacher. Doch Schumacher war ein schwerkranker Mann; nachdem er schon im Ersten Weltkrieg einen Arm verloren hatte, von 1933 bis 1945 mit nur kurzer Unterbrechung im Konzentrationslager gewesen war und sich im Winter 1948/49 ein Bein amputieren lassen mußte, hatte er bis zum Frühsommer 1949 nur vom Krankenlager aus in die Politik eingreifen können, während Konrad Adenauer sehr rührig gewesen war und schon wichtige Weichen gestellt hatte.

So fiel denn auch die wahre Entscheidung über den künftigen Kurs der Bundesrepublik nicht bei der ersten Bundestagswahl, aus der CDU/CSU und SPD fast gleich stark hervorgingen, sondern eine Woche später, am 21. August 1949, in Adenauers Rhöndorfer Haus. Zwei Wege waren möglich: eine Große Koalition der beiden stärksten Parteien mit einer sehr breiten Mehrheit oder eine Kleine Koalition der Unionsparteien mit den Liberalen und Rechtskonservativen mit einer nur knappen Majorität. Adenauer war fest entschlossen, eine bürgerliche Kleine Koalition unter Ausschluß der SPD zu bilden und allein seine eigenen politischen Vorstellungen durchzusetzen, die sich keineswegs mit denen der Unionsmehrheit deckten. An sich hatte Adenauer gar keine Berechtigung, über die Koalitionsfrage zu entscheiden. Das wäre Sache der CDU/CSU-Fraktion gewesen, in der es zahlreiche Befürworter eines engen Zusammengehens mit den Sozialdemokraten gab. Aber die Fraktion hatte sich noch gar nicht konstituiert. Adenauer machte sich dies sowie den Umstand zunutze, daß es auch noch keine gemeinsame Parteiorganisation der Union im Gebiet der drei Westzonen gab, deren Präsidium berechtigt gewesen wäre, Entscheidungen zu treffen und verbindliche Erklärungen abzugeben.

So lud er als einer der führenden Unionspolitiker zu sich ein, wen er wollte, und überging diejenigen, deren Dabeisein ihm nicht ins Konzept gepaßt hätte. Da er der Hausherr war, übernahm er auch gleich den Vorsitz der Runde und ergriff als erster das Wort. »Gegen zunächst heftigen Widerspruch konnte er sich im Laufe des Tages mit seiner Konzeption einer Kleinen Koalition durchsetzen«, heißt es dazu bei Arnulf Baring. Adenauer setzte die Lösung durch, bei der »ihm das Amt des Bundeskanzlers, Theodor Heuss, dem Vorsitzenden der FDP (der von diesem Vorschlag bis zu dieser Stunde keine Ahnung hatte), das Amt des Bundespräsidenten zufiel«. Zwar schlug nicht Adenauer selbst, sondern ein anderer ihn als Kanzler vor, aber das war vorher so abgesprochen worden und überraschte Adenauer keineswegs, auch wenn er so tat.

So war bei einem privaten Kaffeekränzchen die Frage entschieden worden, wer künftig die Richtlinien der Politik und damit den Kurs des neuen Staats zu bestimmen hatte. Anzumerken ist, daß es nicht allein Adenauers Schläue und taktisches Geschick waren, die diese Personalentscheidung — die drei Wochen später durch eine äußerst knappe Abstimmung im Bundestag bestätigt wurde — tatsächlich bewirkt hatten. Hinter Adenauer standen die Interessenvertreter der westdeutschen Schwerindustrie und des Großkapitals sowie der hohe Klerus der katholischen Kirche, nicht zuletzt aber auch sehr einflußreiche Kreise der amerikanischen Wirtschaft. Sie alle waren daran interessiert, daß die neue Bundesrepublik genau den Kurs steuerte, den Adenauer einzuschlagen versprach. Ob dieser Kurs von den Bundesbürgern gewünscht wurde oder nicht, war eine nebensächliche Frage.

Dabei lebten in dieser Bundesrepublik Deutschland nach der ersten Volkszählung am 13. September 1950, ein Jahr nach ihrer Gründung, immerhin rund 27 Millionen Frauen und 23,7 Millionen Männer, zusammen — einschließlich der Bewohner der Berliner West-Sektoren — über 50 Millionen Menschen. Das ergab eine durchschnittliche Bevölkerungsdichte von 249 Einwohnern je Quadratkilometer, mehr als das Anderthalbfache der Vorkriegszeit, als die These propagiert worden war, die Deutschen seien ein »Volk ohne Raum« und brauchten dringend zusätzliche Siedlungsgebiete, weil sie sonst unweigerlich zugrunde gehen würden.

Im Jahre 1950 hatte man wegen der Übervölkerung Westdeutschlands ähnliche Befürchtungen, nur wagte niemand mehr, deshalb Forderungen nach mehr »Lebensraum« zu stellen. Hinzu kam, daß etwa jeder vierte Einwohner der Bundesrepublik ein nach neuen Existenzmöglichkeiten suchender Heimkehrer, Vertriebener oder Flüchtling war. Es herrschte, trotz eines kräftigen Konjunkturaufschwungs, große Arbeitslosigkeit: Es gab 1,9 Millionen Erwerbslose, die Arbeit suchten, aber nur 118000 offene Stellen. Jeder neunte Ernährer einer Familie war als Arbeitsloser registriert und fiel mit seinen bescheidenen Unterstützungsbezügen der Allgemeinheit zur Last.

Darüber hinaus gab es 4,1 Millionen versorgungsberechtigte Kriegsopfer, darunter 1,6 Millionen Schwer- und Schwerstbeschädigte und etwa 1,2 Millionen Kriegerwitwen. Obwohl deren Renten unter dem Existenzminimum lagen, beanspruchten sie insgesamt mehr als zehn Prozent des Bundeshaushalts, der damals allerdings erst knapp zwanzig Milliarden Mark — weniger als ein Zehntel des Volumens der achtziger Jahre — umfaßte.

Rentner mit Monatseinkommen zwischen 47 und 70 DM sowie Arbeitslose waren die Ärmsten in der Bundesrepublik der frühen fünfziger Jahre, doch auch die Berufstätigen, zumal die mehr als zwei Millionen alleinstehenden Frauen, mußten sich mit meist äußerst geringen Einkommen begnügen. Rund ein Drittel aller Haushalte hatte weniger als 250 DM im Monat zur Verfügung. Insgesamt lag bei fast 80 Prozent aller bundesdeutschen Familien das Monatseinkommen unter 400 DM.

So lebte die überwältigende Mehrheit der Westdeutschen damals recht bescheiden, denn die meisten Lebensmittel und Gebrauchsgüter waren viel zu teuer im Verhältnis zum Durchschnittslohn. Zwar konnten sich die meisten nun endlich wieder satt essen, aber sie ernährten sich hauptsächlich von Kartoffeln, Brot, Margarine, fettem Fleisch, Kohl und Teigwaren. Dabei war das Angebot an Lebensmitteln schon sehr groß und reichhaltig, ebenso das an Kleidung, Haushaltswaren, Möbeln, Elektrogeräten und selbst an Luxusgütern aller Art. Jeder war bemüht, sich das eine oder andere seit vielen Jahren Entbehrte anzuschaffen — meist auf Ratenzahlung, die von den Einzelhändlern gern gewährt wurde. So ist es zu erklären, daß es 1950 schon etwa 900 000 »Krafträder« aller Art gab, mehr als vor dem Kriege, auch fast neun Millionen angemeldete Rundfunkempfänger. Daneben gehörten Staubsauger, Kühlschränke und Plattenspieler zu jenen angeblich »langlebigen Gebrauchsgütern«, nach denen sich die Bundesbürger von 1950 sehnten, ferner »Mehrzweckmöbel« — etwa die Schreibtisch-Bettcouch-Kombination oder das zugleich als Bücher- und als Lampenständer dienende Teetischchen.

Die Westdeutschen erfuhren, ohne sich dessen bewußt zu werden, damals eine ganz ähnliche Behandlung wie jener berühmte Esel, dem eine Karotte vor die Nase gehängt wurde, damit er den Karren aus dem Dreck zog. Auf die Bundesbürger der frühen fünfziger Jahre wandte man nur einen noch verfeinerten Trick an: Sie konnten, mit enormen Anstrengungen und indem sie sich hohe Abzahlungsverpflichtungen auferlegten, das so heiß Begehrte schon nach kurzer Zeit tatsächlich in Besitz nehmen und sich daran erfreuen, aber es hing dann sofort ein neues, noch verführerischeres Lockmittel vor ihren Augen: ein Paar Schuhe mit dicken Kreppsohlen, ein Kofferradio, ein schaumstoffgepolsterter Schalensessel nebst Nierentisch oder gar ein Motorroller ...

Bei solchem ganz auf gehobenen Konsum und verbesserten Lebensstandard ausgerichteten Verhalten kann es kaum verwundern, daß sich die Bundesbürger herzlich wenig um anderes kümmerten, etwa um Politik oder gar um eine Klärung der Ursachen jener Misere, die sie so mühsam zu überwinden trachteten. Bei einer frühen Umfrage des Allensbacher Instituts für Demoskopie Anfang der fünfziger Jahre versicherten zwar zunächst 57 Prozent der Männer und 18 Prozent der Frauen, daß sie sich für Politik interessierten. Doch bei weiteren Fragen ergab sich, daß ein solches Interesse allenfalls bei 29 Prozent der Männer und bei nur 7 Prozent der Frauen auch tatsächlich vorhanden war. Anders ausgedrückt: Die übergroße Mehrheit, nämlich beinahe drei Viertel aller männlichen und mehr als neun Zehntel der weiblichen Erwachsenen, nahm am politischen Geschehen und an der Entwicklung des neuen demokratischen Staatswesens kaum oder überhaupt keinen Anteil. Die allermeisten Bundesbürger überließen es »denen da oben«, sie recht oder schlecht zu regieren.

Immerhin gab es zwei Themen politischer Natur, die die Gemüter der Bundesbürger von 1950 zu bewegen vermochten, nämlich die, wie sie meinten, »offene Frage« einer Wiedervereinigung Deutschlands und die plötzlich aktuell gewordene Möglichkeit einer Remilitarisierung. Beide Fragen beschäftigten auch Bundeskanzler Adenauer, nur daß er dazu eine ganz andere Meinung hatte als die Mehrheit der Westdeutschen, auch wenn er dies nicht offen bekannte.

Was die nationale Einheit Deutschlands betraf, so hatte Adenauer sie — im Gegensatz zu den meisten seiner Landsleute — schon im Herbst 1945 als »auf unabsehbare Zeit verloren« angesehen, aber auch bereits damals im Verlust der deutschen Einheit seine große Chance erkannt, nun die eigenen, seit 1919 gehegten Pläne zu verwirklichen. Er, der einstige Präsident des preußischen Staatsrats, hatte Preußen stets verabscheut, Berlin als eine ferne, heidnische Stadt angesehen und für eine nach Westen hin orientierte rheinische Republik plädiert. Was östlich der Rheinprovinz lag, waren für ihn nur noch Randgebiete Europas. Seine Vorstellungswelt war und blieb rheinisch-katholisch; der Harz war für ihn schon Asien. Selbstverständlich glaubte er weder an eine deutsche Wiedervereinigung, noch hielt er sie für wünschenswert, trotz aller Lippenbekenntnisse zu diesem angeblich obersten Ziel seiner Politik.

Was die Remilitarisierung betraf, so gehörte eine neue bundesdeutsche Wehrmacht an sich keineswegs zu dem, was Adenauer sich wünschte. Er war durchaus kein Militarist, aber er war ein Machtpolitiker. Er hielt militärische Macht für unerläßlich.

»Es wurde mir klar«, heißt es dazu in seiner autorisierten Biographie von Paul Weymar, »daß in einer Zeit wie der unsrigen Politik so viel Kraft hat, wie die Kraft bedeutet, die hinter ihr steht. Wenn man keine Macht besitzt, kann man keine Politik machen. Ohne Kraft wird unser Wort nicht beachtet.« Hinzu kam, daß er die Einbringung deutscher Truppen in ein westeuropäisch-amerikanisches Militärbündnis für ein geeignetes Mittel hielt, die Bundesrepublik noch fester an den Westen zu binden. Daß dabei die Aussicht auf eine Wiedervereinigung gänzlich dahinschwand, paßte durchaus in sein politisches Gesamtkonzept.

Die Mehrheit der Bundesbürger war indessen völlig anderer Meinung. Zwar hielten zu Beginn der fünfziger Jahre nur 18 Prozent der erwachsenen Bevölkerung die Wiedervereinigung Deutschlands für das wichtigste politische Ziel, wogegen fast die Hälfte eine Besserung der Einkommensverhältnisse und die Hebung des Lebensstandards zur obersten Forderung machte. Aber in den folgenden Jahren und während das Ziel der nationalen Einheit in immer weitere Fernen rückte, stieg der Anteil derer, die der Wiedervereinigung höchste Priorität einräumten, gewaltig an, was aber nicht bedeutete, daß man der Verwirklichung dieses Traums große

Chancen einräumte. Schon zu Beginn der fünfziger Jahre hielt nur etwa die Hälfte der Bundesbürger eine »Wiedervereinigung in den Grenzen von 1937« in absehbarer Zeit und auf friedlichem Wege für möglich. Dagegen war die andere Hälfte der Ansicht, daß keinerlei Aussicht dafür bestände und daß allenfalls ein neuer Krieg die Einheit Deutschlands wiederherstellen könnte. Aber diesen neuen Krieg wollten nur sehr wenige, trotz der Aussicht, diesmal zusammen mit der ganzen westlichen Welt gegen die Sowjetunion anzutreten. Der überwältigenden Mehrheit der Bundesbürger waren Frieden, wirtschaftlicher Aufschwung und Sicherheit weit wichtiger als die Wiederherstellung der nationalen Einheit.

Der stark ausgeprägte Wunsch nach Sicherheit könnte vermuten lassen, daß die Bundesbürger im Jahre 1950 zwar keinen Krieg wünschten, doch dem von ihrem Bundeskanzler immer stärker propagierten Gedanken der Aufstellung eigener Streitkräfte als Teil einer westeuropäischen Verteidigungsarmee einige Sympathien entgegengebracht hätten. Aber das war durchaus nicht der Fall: Nur etwa ein Drittel der Bevölkerung äußerte bei Meinungsumfragen Zustimmung zu dieser Idee, mit oder ohne Einschränkungen, und auch der Aufbau einer selbständigen bundesdeutschen Wehrmacht wurde nur von einer Minderheit befürwortet.

Die große Mehrheit der Westdeutschen und fast die Gesamtheit der politisch Interessierten wollten von einer Wiederbewaffnung absolut nichts wissen. Auch vertraten insgesamt 77 Prozent der Bundesbürger in dieser Frage den Standpunkt der sozialdemokratischen Opposition, daß über die Aufstellung einer Bundeswehr weder die Bonner Regierung noch der Bundestag und schon gar nicht die Besatzungsmächte entscheiden dürften, sondern nur eine Volksabstimmung, und über deren Ausgang war kein Zweifel möglich: Zu Beginn der fünfziger Jahre wäre für eine Remilitarisierung in der Bundesrepublik keine Mehrheit zu gewinnen gewesen, ganz gleich, wie man sie den Bundesbürgern schmackhaft zu machen versucht hätte.

Aber viele der politisch Interessierten in Westdeutschland ahnten bereits, was Rudolf Augstein dann später so formuliert hat: »Die neue deutsche Armee wurde nicht gegründet, um den Bonner Staat zu schützen, sondern der neue Staat wurde gegründet, um eine Armee gegen die Sowjets ins Feld zu stellen . . .«

Zu Beginn der fünfziger Jahre war der erste Schritt getan: Man hatte, nachdem zuvor durch die Währungsreform die Weichen endgültig in Richtung auf ein kapitalistisches Gesellschaftssystem gestellt worden waren, die Staatsgründung vollzogen und durch die Bildung einer Mitte-Rechts-Koalition einen in der Wirtschaft liberalen, ansonsten konservativen Kurs festgelegt. Bundeskanzler Adenauer war jedoch längst entschlossen, so rasch wie möglich auch den zweiten Schritt zu tun und die neue Bundesrepublik aufzurüsten.

Die Aufstellung einer westdeutschen Armee und ihre feste Einbindung in ein westliches, gegen die Sowjetunion gerichtetes Militärbündnis würde die Wiederherstellung der deutschen Einheit für lange Zeit unmöglich machen, aber zugleich — und das war das oberste Ziel Adenauerscher Politik — den westdeutschen Teilstaat festigen und unlösbar mit dem verbinden, was er das »christliche Abendland« nannte.

Eile war geboten, weil der Ost-West-Konflikt, der sich im Sommer 1950 durch den Korea-Krieg noch erheblich verschärft hatte und Adenauers Plänen so überaus förderlich war, in einigen Jahren möglicherweise abflauen oder gar beendet sein konnte. Dann hätte das Interesse der Amerikaner, die Bundesrepublik mit den Dollarmilliarden des Marshall-Plans zu einer starken Bastion des kapitalistischen Westens auszubauen, zweifellos nachgelassen. Die Bundesrepublik mußte, wenn sie Bestand haben sollte, dann schon ein Machtfaktor sein, der im Bunde mit Frankreich Westeuropa führen und notfalls auch ohne die Unterstützung durch amerikanische Truppen verteidigen konnte.

Das waren die Gründe, die Adenauer zur Eile trieben, und deshalb bemühte er sich um eine rasche Aufrüstung der Bundesrepublik. Es machte ihm nichts aus, sondern lag durchaus in seiner autokratischen Natur, daß er sich mit seinen Remilitarisierungsabsichten über die eindeutige Ablehnung solcher Pläne durch die Mehrheit des Volkes souverän hinwegsetzte. Er beabsichtigte, alle — sein Kabinett, das Parlament, seine eigene Fraktion, die Länderregierungen und erst recht die Bürger der Bundesrepublik — ganz einfach vor vollendete Tatsachen zu stellen.

Schon 1950 hatte sich Adenauer längst auf das festgelegt, was er als »Politik der Stärke« definierte. In Anlehnung an die unter dem damaligen US-Außenminister Dean Acheson entwickelte Strategie des »Roll back« sollte die Bundesrepublik politisch, militärisch und wirtschaftlich voll in die westliche Allianz integriert und diese in eine Position der Stärke gegenüber dem Ostblock gebracht werden. Da die Bundesrepublik aber nicht gleichzeitig das auf Wiedervereinigung hoffende Provisorium sein konnte, als das sie proklamiert worden war, wenn sie sich endgültig als souveräner, zum Westen gehöriger Staat mit der Europäischen Wirtschaftsgemeinschaft und der NATO verband, versuchte Adenauer, diesen Widerspruch durch einige recht kühne Behauptungen zu beseitigen, zumindest zu übertünchen: Die Wiedervereinigung, die Rückgewinnung der Grenzen von 1937 und die Verdrängung der Sowjets aus allen von ihnen seit 1939 annektierten oder beherrschten Gebieten sollten gewaltlos, »in Frieden und Freiheit«, vor sich gehen, allein bewirkt durch die Anziehungskraft von Wohlstand und Freiheit, wie sie in der Bundesrepublik herrschten, sowie durch die Stärke ihrer Bündnispartner und ihre eigene, Unangreifbarkeit sichernde Verteidigungskraft.

Abgesehen davon, daß weder Frankreich noch England, noch gar die kleineren Nachbarn der Bundesrepublik, eine deutsche Wiedervereinigung wünschten, erst recht nicht eine Wiederherstellung Deutschlands in den Grenzen von 1937, beschwor die offensive Darstellung dieser Ziele, wie Adenauers Kabinettsmitglieder sie häufig in Sonntagsreden betrieben und er selbst sie mitunter, wenn es ihm gerade nützlich erschien, ebenfalls nicht scheute, im In- und Ausland

Zweifel am Friedenswillen der Bundesrepublik herauf. Das war ein gefährliches Spiel, zumal nach dem Ausbruch des Korea-Kriegs, als die Europäer befürchteten, daß es nun auch an ihrem »Eisernen Vorhang« zu einem Zusammenstoß der beiden großen Machtblöcke und zu einem atomar geführten Krieg kommen könnte.

Um so schwerer wog deshalb die bereits im August 1950 von Adenauer ohne Wissen seines Kabinetts gegebene und zunächst geheimgehaltene Zusage an die Hohen Kommissare der Besatzungsmächte: Die Bundesrepublik sei bereit, sofort deutsche Streitkräfte aufzustellen und sie in das westliche Militärbündnis zu integrieren. Dies hatte zum Rücktritt des Bundesinnenministers Dr. Gustav Heinemann geführt, der damals noch der CDU angehörte. Adenauer kam Heinemanns demonstrative Amtsniederlegung zwar sehr ungelegen, aber in seiner Politik ließ er sich davon nicht beirren. Er ging von da an nur noch vorsichtiger zu Werke. Auch fühlte er sich bestärkt in seiner Überzeugung, daß Kabinett und Parlament, Partei und Fraktion zwar notwendige Übel wären, mit deren Vorhandensein in einer Demokratie es sich abzufinden und die es zu beschäftigen galt, die man aber besser nicht in die Geheimnisse der hohen Politik einweihen oder gar mitregieren lassen sollte.

Die Ausübung der Macht, so fand der vierundsiebzigjährige Kanzler, war allein seine Sache. Die nötigen Vorbereitungen hatten seine Gehilfen zu leisten, und zwar so unauffällig wie nur möglich und so fern jeder Kontrolle durch Parlament, Presse und Öffentlichkeit, wie es nur eben ging.

2. Geheimpolitik in Dickicht und Sumpf

Am Donnerstag, dem 5. Oktober 1950, gegen Abend, als es bereits dunkel geworden war, befaßte sich das Plenum des Deutschen Bundestags mit seinem ersten Skandal: Das Nachrichtenmagazin *Der Spiegel*, bis dahin noch wenig beachtet, hatte aufgedeckt, daß einige Abgeordnete der Bayernpartei entgegen einem früher gefaßten Fraktionsbeschluß für Bonn als provisorische Bundeshauptstadt gestimmt und damit dem Kanzler einen Herzenswunsch erfüllt hatten. Dieselben Abgeordneten hatten zuvor Geldzuwendungen erhalten, mit denen ihr plötzlicher Sinneswandel möglicherweise in ursächlichem Zusammenhang stand. Als Vermittler und Überbringer des Geldes hatte *Der Spiegel* den bis dahin der Öffentlichkeit kaum bekannten CSU-Abgeordneten Franz Strauß genannt.

Am selben Donnerstagabend fanden sich fernab der Bundeshauptstadt, in den Wäldern der südlichen Eifel, wo im Tal der Salm, etwa auf halbem Wege zwischen Wittlich und Kyllburg, ein altes Kloster steht, etliche Gäste ein. Die meist schon älteren Herren, die sich auf verschiedenen Wegen und sorgsam darauf achtend, daß sie nicht verfolgt wurden, in das abgelegene Kloster, die Zisterzienserabtei Himmerod, begaben, waren keine frommen Pilger, auch keine Jäger, wie man aus ihrer Kleidung hätte schließen können. Es waren die Teilnehmer einer streng geheimgehaltenen Klausurtagung, die sich mit einem bestimmten Teil der künftigen Entwicklung Westdeutschlands befassen sollte und auf Wunsch Konrad Adenauers einberufen worden war.

Es ging dabei nicht, wie man annehmen könnte, um religiöse, ethische oder staatsphilosophische Fragen, und schon gar nicht waren die klösterlichen Exerzitien der in Himmerod versammelten Gäste von innerer Einkehr oder gar Bußfertigkeit bestimmt. Die Klausur diente nicht einmal friedlichen Zwecken, und sie war von Konrad Adenauers »Sicherheitsbeauftragtem«, dem damals 51jährigen ehemaligen General der Panzertruppen Gerhard Graf v. Schwerin, organisiert worden, Träger des ihm von Hitler sieben Jahre zuvor verliehenen Ritterkreuzes mit Eichenlaub und Schwertern.

Nachdem der Abt von Himmerod dem als »Erbauungskreis« getarnten Gremium eine schöne, vom Zweck der Zusammenkunft allerdings inhaltlich weit entfernte Predigt gehalten und den darob etwas verlegenen, weil zumeist protestantischen Herren seinen Segen erteilt hatte, übernahm der Ranghöchste in der Runde den Vorsitz: Generaloberst a. D. Heinrich v. Vietinghoff-Scheel, im Zweiten Weltkrieg Oberbefehlshaber der 10. Armee, dann noch bis zum bitteren Ende im April 1945 Hitlers getreuer Oberbefehlshaber Südwest.

Weitere ranghohe Teilnehmer waren die ehemaligen Generalleutnante Adolf Heusinger und Dr. Hans Speidel, der eine bis zuletzt Hitlers militärischer Chefplaner, der andere Generalstabschef im besetzten Frankreich. Beide gehörten sie zu den ungeschoren davongekommenen Mitwissern, aber nicht zu den Teilnehmern des allzu späten und gescheiterten Putschversuchs vom 20. Juli 1944. Ebenfalls gekommen war der General der Infanterie a. D. Hermann Foertsch, ein früher Anhänger Hitlers, der schon 1933/34 an der ideologischen Anpassung der alten Reichswehr an die Bedürfnisse der Nazi-Diktatur maßgeblich mitgearbeitet hatte. Ein weiteres Dutzend ehemaliger hoher Offiziere der Wehrmacht, die meisten davon im Generals- oder Admiralsrang, vervollständigte die Runde, an der als Vertreter des Bundeskanzleramts der ehemalige Ordonnanzoffizier des Generalleutnants Speidel, Dr. Rolf Pauls, teilnahm.

Das Ergebnis der bis zum Montag, dem 9. Oktober 1950,

in Himmerod tagenden Geheimkonferenz der Militärs war eine umfangreiche Studie, die Graf v. Schwerin dann als »die Magna Charta der deutschen Wiederbewaffnung« feierte. Dazu ist anzumerken, daß die Besatzungsmächte erst zehn Monate zuvor, am 16. Dezember 1949, ein »Gesetz über die Ausschaltung des Militarismus« erlassen hatten, das jeden Deutschen mit lebenslangem Zuchthaus bedrohte, der es unternahm, für eine Wiederaufrüstung Deutschlands auch nur zu werben. Noch am 8. Mai 1950, dem fünften Jahrestag der bedingungslosen Kapitulation aller deutschen Streitkräfte und nur fünf Monate vor der Himmeroder Geheimkonferenz, hatten die drei Hohen Kommissare der westlichen Besatzungszonen, die inzwischen zur Bundesrepublik Deutschland vereinigt waren, ein noch weitergehendes Gesetz, die völlige Vernichtung der industriellen Rüstungskapazitäten betreffend, beschlossen und verkündet.

Wie reimte sich das zusammen — hie die Entschlossenheit der Siegermächte, jeden Versuch einer deutschen Wiederbewaffnung schon im Keim zu ersticken, da die mit dem Segen des Bundeskanzlers eine solche Remilitarisierung vorbereitende Klausurtagung? Hinzu kam, daß die Hohen Kommissare mit den Aufgaben und Aktivitäten des Grafen v. Schwerin und dessen Gehilfen durchaus vertraut waren. Der stellvertretende Hochkommissar Großbritanniens, Sir Christopher Steele, hatte Adenauer zur Ernennung Schwerins sogar selbst geraten.

Die Lösung dieses Rätsels findet sich zum einen in der Doppelbödigkeit der Deutschlandpolitik der Westalliierten: Sie taten zwar noch so, als hielten sie an ihrem Kriegsziel, der dauernden Entmilitarisierung Deutschlands, eisern fest. Aber insgeheim hatten sie längst jenen amerikanischen Wirtschafts- und Militärkreisen nachgegeben, die die Bundesrepublik zu einem starken Bollwerk des westlichen Kapitalismus machen, rasch wiederaufrüsten und als Vorhut des atlantischen Bündnisses gegen den Ostblock verwenden wollten. Zum andern — und erst damit löste sich das Rätsel ganz — waren die in der Abtei Himmerod die baldige Wiederbewaffnung Westdeutschlands planenden Generale — und mit ihnen die meisten anderen Angehörigen der alten, durch ihre enge Verbindung mit dem Naziregime kompromittierten Führungsschichten — im Herbst 1950 bereits fest davon überzeugt, daß es sich bei dem sie noch behindernden Besatzungsstatut ebenso um ein bloßes Provisorium handelte wie bei der im Vorjahr gegründeten Bundesrepublik und deren scheinbar ehernen Grundsätzen: Nie wieder Nazis in öffentlichen Ämtern, nie wieder deutsche Soldaten, nie wieder kapitalistische Ausbeutung und ungezügelte Profitgier! Wiedervereinigung nur in Frieden und Freiheit!

Auch die entsprechenden Bestimmungen des Grundgesetzes und der von den Siegermächten verordnete, in die Verfassung übernommene Bruch mit allen im Widerspruch zu diesen Prinzipien stehenden Traditionen, ja, die ganze parlamentarische Demokratie nach westlichem Vorbild schienen den Generalen und vielen ihrer Freunde in Industrie und Bankwelt nichts als Provisorien zu sein, bald vorübergehende Übel, die vorerst notgedrungen in Kauf genommen werden mußten.

Manche meinten gar, die derzeitige Übergangsphase sei weiter nichts als eine Atempause zwischen dem Zweiten Weltkrieg, der für Deutschland allein durch die Verbohrtheit und den Unverstand des »Führers« verlorengegangen sei, und dem nächsten Krieg, bei dem der Sieg sicher wäre, weil Deutschland dann an der Seite der USA stehen und die noch angeschlagene Sowjetunion im Handumdrehen aus Europa verdrängen, militärisch vernichten und endgültig unterwerfen würde.

Aber trotz dieser günstigen Aussichten durfte sich die Bundesrepublik — darin waren sich die alten Militärs einig — nicht ohne feste Garantien und bestimmte Vorleistungen des Westens dem antisowjetischen Bündnis anschließen. Es mußte zuvor sichergestellt sein, daß die militärischen Anstrengungen der Deutschen diesmal nicht, wie zweimal zuvor, unbelohnt bliebe. Beim Kampf für die amerikanischen Interessen durften die eigenen nicht zu kurz kommen.

Daher hatten die in Himmerod tagenden Generale auch die Bedingungen beraten und beschlossen, unter denen sich die Bundesrepublik wiederbewaffnen und an dem beteiligen sollte, was sie schönfärberisch »die Verteidigung Westeuropas« nannten, obwohl an dem offensiven Charakter dieses Unternehmens keine Zweifel möglich waren.

Im einzelnen forderten die Generale nicht nur volle militärische Gleichberechtigung im westlichen Bündnis, ein sofortiges Ende der »Diffamierung alles Soldatischen« (womit sie die vollständige Rehabilitierung der einstigen Wehrmacht sowie die Freilassung und Entschädigung der als Kriegsverbrecher abgeurteilten Militärs, aber auch der Wirtschaftsführer, hohen Beamten und Waffen-SS-Führer, meinten), die Aufhebung der alliierten Kontrollrechte und die Wiederherstellung der uneingeschränkten deutschen Souveränität sowie die Ausrüstung der neu aufzustellenden deutschen Verbände — zunächst zwölf Divisionen mit zusammen 250000 Mann — mit modernsten Waffen. Sie verlangten vielmehr auch eine planmäßige Erziehung des Volks und besonders der Jugend zur »Wehrbereitschaft«, eine »Sonderstellung der Armee« in Staat und Gesellschaft sowie vom operativen Standpunkt aus »eine Verteidigung möglichst weit östlich und eine offensive Kampfführung«, wobei sie »die strategische Entscheidung von vornherein mit allen Kräften an der Njemen-Weichsel-Linie suchen« wollten.

Gewiß hatten die Militärs auch bestimmte zeitliche Vorstellungen, was die Verwirklichung dieser Forderungen betraf. Es sollte, so fanden sie, nicht nochmals mehr als zwei Jahrzehnte — wie nach dem Ersten Weltkrieg, von der Niederlage im November 1918 bis zum siegreichen Einmarsch in Polen im September 1939 — dauern. Die Zeit der »Schmach«, als die ihnen die vierzehn Jahre der Weimarer Republik in Erinnerung waren, mußte diesmal abgekürzt werden.

Die ehemaligen Oberbefehlshaber und Kommandeure der untergegangenen großdeutschen Wehrmacht sahen sich nämlich nicht etwa in der Rolle von durch eigene Schuld geschlagenen und entmachteten Heerführern, sondern in der eines Gneisenau oder Scharnhorst, und sie gaben dem Provisorium, das die Siegermächte im Westen Deutschlands geschaffen hatten, etwa die Frist, die Preußen von seinem Zusammenbruch im Herbst 1806 bis zum entscheidenden Sieg in der Völkerschlacht bei Leipzig im Oktober 1813, allenfalls bis zu Napoleons endgültiger Niederlage bei Waterloo im Sommer 1815, benötigt hatte, also sieben, höchstens neun bittere Jahre, von denen sie im Oktober 1950 ja bereits mehr als die Hälfte, nämlich die seit der Kapitulation vom Mai 1945 vergangenen fünfeinhalb Jahre, hinter sich hatten.

Schon bald, so nahmen sie an, würde es wieder soweit sein, könnte sich Deutschland »aus seiner tiefsten Erniedrigung« erheben, seine Armeen bis »an die Njemen-Weichsel-Linie« vorstoßen lassen und »blitzartig« die Resultate des Zweiten Weltkriegs korrigieren.

Wie selbstverständlich gingen die Militärs davon aus, daß die Gebiete westlich des Njemen und der Weichsel, die es im ersten Ansturm »zurückzugewinnen« galt, zu Deutschland gehörten und nur »vorübergehend unter fremde Verwaltung« geraten wären. Obwohl sich die Bundesrepublik offiziell mit dem Anspruch begnügte, Deutschland »in den Grenzen vom 31. Dezember 1937« wiederherzustellen, könnte sie — so schienen die Militärs wohl zu meinen — als die »Rechtsnachfolgerin des Deutschen Reiches« auch Hitlers »Generalgouvernement« und einiges mehr für sich reklamieren. Deshalb, so jedenfalls folgerten sie, war alles, was sich nach der raschen Eroberung des Territoriums der DDR und Westpolens bis zur Linie Memel—Warschau—Krakau militärisch abspielen würde, nicht etwa ein weit nach Osten vorgetragener Angriff der Bundesrepublik und ihrer Verbündeten auf fremdes Gebiet, sondern Rückgewinnung und Verteidigung, die es dann allerdings offensiv zu führen gelte.

Damit kein Mißverständnis entsteht: Kein Verantwortlicher in Bonn sprach offen von der Absicht, einen Angriffskrieg gegen die Sowjetunion zu führen. Vielmehr gingen die

Militärs, ebenso wie die Politiker, schlicht davon aus, daß es in der Absicht der Sowjetunion liege, die Bundesrepublik anzugreifen, und daß es diesem Angriff blitzschnell zuvorzukommen gelte. Sie unterstellten einfach, daß »der Gegner« keinen Frieden wolle; daß er nicht rüste, weil er sich seinerseits bedroht fühle, sondern weil er prinzipiell aggressiv sei. Jeden Augenblick, so versicherten sich die strategischen Planer, müsse man auf einen sowjetischen Überfall gefaßt sein und deshalb Vorkehrungen treffen, die auf bundesdeutschem Boden aussichtslose Verteidigung tief ins gegnerische Gebiet hinein nach vorn zu verlagern. Das setzte natürlich voraus, daß man mit dieser »Vorwärtsverteidigung« schon begonnen hatte, ehe der Gegner zum Angriff aufmarschiert war, ehe er seine ersten, vernichtenden Schläge führen konnte, und am besten noch bevor er die Möglichkeit hatte, den — nur als Verteidigung gedachten — Angriff abzuwehren.

Mit alledem reduzierte sich der Unterschied zwischen einem regelrechten Angriffskrieg und der geplanten »Vorwärtsverteidigung« auf die dem Gegner unterstellte Angriffsabsicht. Aber die war ja, so versicherten sich die Politiker und Militärs gegenseitig, bei den Bolschewisten von vornherein gegeben oder, wie man es später nannte, »systemimmanent«: Das kommunistische Regime trug den Beweis seiner Kriegslüsternheit in sich selbst.

Mit solchen Auffassungen und Plänen befanden sich die Generale durchaus im Einklang sowohl mit den Vorstellungen, die schon die Reichswehr-Führung vor 1933 entwickelt hatte und mit denen die Wehrmacht zum Werkzeug der verbrecherischen Politik der Nazis gemacht worden war, als auch in wesentlicher Übereinstimmung mit den Auffassungen vieler der damaligen Bonner Politiker.

Zwischen den offiziellen Feindbildern von einst und denen des Herbstes 1950 gab es nur einen deutlichen Unterschied: Es war nicht mehr, wie früher, von der »jüdisch-bolschewistischen Weltgefahr« die Rede, die es rücksichtslos »abzuwehren« galt. Da inzwischen das Judentum Osteuropas von den Deutschen weitgehend ausgerottet worden war und man ja zudem im Bündnis mit den Westmächten, deren Abscheu vor diesem Massenmord sich seit 1945 nicht verringert hatte, gegen den Ostblock zu Felde ziehen wollte, fehlte nun die judenfeindliche Komponente gänzlich. Es war nur noch von der »bolschewistischen Gefahr« die Rede, der durch »Vorwärtsverteidigung« offensiv zu begegnen wäre.

Die einstigen Generale Hitlers, die die Überfälle auf Polen, Dänemark, Norwegen, die Benelux-Staaten, Frankreich, Jugoslawien, Griechenland und die Sowjetunion vorbereitet und durchgeführt hatten, waren als nunmehrige Planer und künftige Befehlshaber der Bundeswehr eifrig darum bemüht, die ehemalige Wehrmacht Hitlers reinzuwaschen von jeglicher Mitschuld an den »Vorkommnissen«, die — neben massenhafter Verletzung des Kriegs- und Völkerrechts und barbarischem Vorgehen auch gegen die nichtjüdische Bevölkerung — zur fast völligen Vernichtung der Juden in den besetzten Gebieten geführt hatten.

Die Mohrenwäsche, die die Militärs zu betreiben gedachten und mit der sie in den langen Jahren der Ära Adenauer erstaunliche Erfolge erzielten, widersprach der historischen Wahrheit. Gewiß hatte es in den ersten Monaten des Zweiten Weltkriegs einzelne Proteste hoher Offiziere gegen das brutale Vorgehen der SS- und Polizeiverbände in Polen gegeben. General Ulex, der Oberbefehlshaber in Krakau, hatte sogar von einem »die Ehre des ganzen deutschen Volkes befleckenden Zustand« gesprochen. Aber der Regelfall war etwa der des Generalobersts v. Küchler, der im Herbst 1939 die SS noch scharf kritisiert hatte, jedoch im Jahr darauf die Vernichtungsmaßnahmen im Osten bereits rechtfertigte und in einem Tagesbefehl erklärte: »Ich betone die Notwendigkeit, dafür Sorge zu tragen, daß sich alle Soldaten der Armee, besonders die Offiziere, jeder Kritik an dem im Generalgouvernement durchgeführten Kampf mit der Bevölkerung, z. B. der Behandlung der polnischen Minderheiten, der Juden und kirchlichen Angelegenheiten, enthalten. Die völkische Endlösung dieses Volkskampfes, der an der Ostgrenze seit Jahrhunderten tobt, verlangt besonders strenge Maßnahmen ...«

»Dies ging so weit«, heißt es hierzu in dem von Helmut Krausnick und Hans-Heinrich Wilhelm verfaßten Werk *Die Truppe des Weltanschauungskrieges,* »daß vereinzelt nicht direkt Zuständige den in erster Linie für die Durchführung« — der Massenmorde an der jüdischen Bevölkerung — »Verantwortlichen ihr persönliches Mitgefühl aussprachen — wie Generalfeldmarschall v. Bock seinem Höheren SS- und Polizeiführer v. d. Bach-Zelewski.«

Aber v. Bock war nicht der einzige Heerführer, der mit den Mördern fühlte und den unschuldigen Opfern jede Rücksichtnahme verweigerte. »Selbst so angesehene Frontbefehlshaber wie Reichenau, Manstein und Hoth bekundeten und verlangten in grundlegenden Befehlen Verständnis für die ›harte, aber gerechte Sühne am jüdischen Untermenschentum‹«, heißt es hierzu in dem genannten Standardwerk.

Was vor dem Krieg niemand für möglich gehalten hatte, nämlich ein Zusammengehen von Wehrmacht und SS bei der Vorbereitung und Durchführung scheußlichster Verbrechen, wurde mit der Zeit zur täglichen Routine. In Polen hatten die Wehrmachtsoffiziere noch schaudernd und mit zusammengebissenen Zähnen den von den Einsatztruppen durchgeführten Greueltaten zugesehen; einzelne hatten deutlich ihren Abscheu bekundet oder gar Protest erhoben. Doch je länger der Krieg dauerte, je grausamer das Vorgehen der SS und ihrer einheimischen Hilfskräfte wurde, desto mehr verstrickte sich die Wehrmachtführung in diese Verbrechen, fügten sich die Frontoffiziere und Soldaten ins scheinbar Unvermeidliche. »Seit Beginn der Planung des Rußlandkrieges und während seines Ablaufs«, hat dazu Manfred Messerschmidt, Leitender Historiker am Militärgeschichtlichen Forschungsamt der Bundeswehr, festgestellt, »ergab sich ein noch engeres Zusammenwirken von Wehrmacht, Hitler und SS. Es kulminierte in der Beteiligung der Wehrmacht an verbrecherischen Planungen und Aktionen.

Proteste einzelner Offiziere, mancher Generale, können an dem Gesamteindruck nur wenig ändern, zumal da derartige Proteste bestenfalls vor« — dem Oberbefehlshaber des Heeres Generalfeldmarschall Walter v. — »Brauchitsch artikuliert wurden, nicht gegenüber Hitler. Der Komplex der verbrecherischen Befehle, der die Wehrmacht endgültig aus der Zuschauerrolle in die aktive Teilhabe an der ideologisch geforderten Vernichtungspraxis hineinmanövrierte, wirft die Frage auf, wo die Heeres- und Wehrmachtführung überhaupt noch eine Grenze zwischen ihren Maßstäben für die Kriegführung und den Zumutungen Hitlers sowie den Praktiken der SS zu ziehen gedachte. Auf dem Gebiet des Kriegsvölkerrechts, einer der wichtigsten Errungenschaften zwischenstaatlicher Kulturleistungen, bietet sich das Bild eines absoluten Versagens der militärischen Führung. Hitlers rasseideologischen, sozialdarwinistischen Forderungen wurde keine moralische Potenz entgegengesetzt . . . Das lange genährte Feindbild des Bolschewismus lieferte der militärischen Führungsspitze . . . die innere Plausibilität für den Abschied von Recht und Humanität. Daraus folgte jene Belastung des deutschen Namens, an der Generationen zu tragen haben werden.«

Messerschmidt, der heutige Chefhistoriker der Bundeswehr, führt dann zahlreiche Beispiele für den Abschied der Wehrmacht von Recht und Humanität an und fügt hinzu: »Selbst Offiziere, die zeitweise zum Widerstand zählten, gehörten zu den Vollzugsorganen der Vernichtungspolitik . . . Die SS-Einsatzkommandos meldeten häufig Beispiele hervorragender Unterstützung durch Heeresbefehlshaber. Erwähnt seien Namen wie General der Infanterie Karl-Heinrich v. Stülpnagel (AOK 17), Generaloberst Erich Hoepner (Oberbefehlshaber Panzergruppe 4), Generalfeldmarschall v. Rundstedt (Oberbefehlshaber Heeresgruppe Süd), Generalfeldmarschall v. Reichenau (AOK 6). Im Bereich des AOK 6 fand nach der Einnahme der Stadt Kiew mit Billigung Reichenaus eine der größten Mordaktionen statt«, nämlich das Massaker an Zehntausenden von Juden in der Schlucht von

Babi Jar im September 1941. »Der Stab der Einsatzgruppe C meldete am 28. September 1941 dazu: ›Exekutionen von mindestens 50000 Juden vorgesehen. Wehrmacht begrüßt Maßnahmen und erbittet radikales Vorgehen. Stadtkommandant befürwortet öffentliche Hinrichtung von 20 Juden.‹ Dennoch ist es auf unterer Ebene im Bereich des AOK 6 zu Reibungen mit SS- und Polizeikommandos gekommen. Um diese Erscheinungen abzustellen, erließ Reichenau am 10. Oktober 1941 den später von Hitler für ›ausgezeichnet‹ befundenen Befehl, den Rundstedt an die ihm unterstellten Verbände weitergab. Der Oberbefehlshaber des Heeres (v. Brauchitsch) ließ den Befehl an alle Verbände im Osten gehen mit der Aufforderung, ›im gleichen Sinne entsprechende Anordnungen zu erlassen‹ . . . Alle diese Befehle stehen in untrennbarem Zusammenhang mit der Vernichtung des osteuropäischen Judentums. Reichenau formulierte: ›Das wesentliche Ziel des Feldzuges gegen das jüdisch-bolschewistische System ist die völlige Zerschlagung der Machtmittel und die Ausrottung des asiatischen Einflusses im europäischen Kulturkreis. Hierdurch entstehen auch für die Truppe Aufgaben, die über das hergebrachte einseitige Soldatentum hinausgehen. Der Soldat ist im Ostraum nicht nur ein Kämpfer nach den Regeln der Kriegskunst, sondern auch Träger einer unerbittlichen völkischen Idee und der Rächer für alle Bestialitäten, die deutschem und artverwandtem Volkstum zugefügt wurden. Deshalb muß der Soldat für die Notwendigkeit der harten, aber gerechten Sühne am jüdischen Untermenschen volles Verständnis haben‹ . . .«

Soweit ein — bald darauf tödlich verunglückter — deutscher Feldmarschall im Jahre 1941, als der in Wahrheit durch nichts gerechtfertigte Massenmord bereits im vollen Gange war.

Etwa zur gleichen Zeit erschien eine der »wehrgeistigen« Erziehung der deutschen Jugend dienende Propagandaschrift, in der es unter anderem hieß: »Wir können melden, daß wir den Auftrag, den die Geschichte, Deutschland und der Führer uns gestellt haben, durchführten bis zum letzten ... Keine Anerkennung aber kann uns stolzer machen als die des Führers!«

Der Verfasser dieser im amtlichen »Wehrmacht-Verlag« erschienenen Schrift war damals Major im Generalstab einer Panzerdivision. Es war der nunmehrige Oberst a. D. Johann Adolf Graf v. Kielmansegg, der zu den Teilnehmern an der Himmeroder Geheimkonferenz vom Oktober 1950 gehörte und dort als »Sekretär« des »Erbauungskreises« das Protokoll führte.

Graf Kielmansegg leitete zu dieser Zeit in Bonn das »Sekretariat des Expertenausschusses« der »Zentrale für Heimatdienst« des Grafen Schwerin. Schon die Tarnbezeichnungen dieser — in Wahrheit für die Wiederaufrüstung zuständigen — Dienststellen lassen die Unsicherheit erkennen, die in der Bundeshauptstadt und speziell im Bundeskanzleramt in bezug auf die Opportunität herrschte, die hohen Militärs der großdeutschen Wehrmacht Hitlers mit dem — vorerst noch streng geheimen — Wiederaufbau einer deutschen Armee zu betrauen.

Einerseits gab es keine anderen erfahrenen »Fachleute« als die Generale und Stabsoffiziere aus dem »Dritten Reich«, und unter diesen waren einwandfrei unbelastete Nazigegner seltene Ausnahmen, selbst unter den wenigen Überlebenden, die auch nur entfernt etwas mit dem Putschversuch vom 20. Juli 1944 zu tun gehabt hatten. Anderseits waren sich Adenauer und seine engsten Berater durchaus darüber im klaren, wie empört die Öffentlichkeit des In- und Auslandes reagieren würde, präsentierte man ihr eines Tages die jetzt in schlichtes Zivil gekleideten Herren, die noch vor wenigen Jahren hochdekorierte Wehrmacht-Kommandeure gewesen waren, in der Uniform der Bundeswehr als Befehlshaber der Streitkräfte eines neuen, demokratischen deutschen Staats, der angeblich mit der düsteren Vergangenheit gebrochen hatte.

Adenauers Bedenken richteten sich vor allem gegen den womöglich bald im Rampenlicht stehenden Grafen v. Schwerin, obwohl gerade diesem Panzergeneral weder politische

Fehltritte noch Kriegsverbrechen vorzuwerfen waren, ja, den der Kanzler selbst mit der Einberufung der Himmeroder Geheimkonferenz betraut und in dem Glauben gelassen hatte, er werde bald eine Spitzenposition in der aufzubauenden Bundeswehr einnehmen dürfen. Aber Adenauer war es inzwischen klargeworden, daß er besser einen erfahrenen Generalstäbler als einen Truppenführer mit der planerisch-organisatorischen Aufgabe der Aufstellung einer neuen Armee beauftragt hätte. »Zudem ging Schwerin, gradlinig und aufrichtig wie er war, die Fähigkeit ab, den undurchsichtig-wechselhaften Kurs des Kanzlers mitzusteuern«, hat dazu Arnulf Baring bemerkt und hinzugefügt: »Vor allem war dem Bundeskanzler klar, welche politische Belastung sein Sicherheitsberater für ihn werden mußte in dem Augenblick, in dem die westdeutsche Wiederbewaffnung in die parlamentarische Auseinandersetzung geriet. Nicht nur in den Augen der Linken, auch in seiner eigenen Fraktion, ja im ganzen wenig wehrfreudigen Hause mußte Schwerin als die Verkörperung des ostelbischen Militarismus erscheinen. Hatte er nicht die doppelte Belastung, ein General und obendrein noch ein Graf zu sein? Adenauer begab sich daher auf die mühsame Suche nach einem geeigneten Nachfolger, bei dem ihm ein Parlamentarier vom linken Flügel seiner Fraktion vorschwebte, der ihm den Zugang zur deutschen Arbeiterschaft unter Umgehung der SPD ermöglichen sollte.« Die Zeit drängte; die Amerikaner waren, wie Adenauer wußte, fest entschlossen, gegen alle Widerstände aus Paris und London die baldige Aufstellung bundesdeutscher Streitkräfte durchzusetzen. Der Kanzler wußte auch, daß die bisherige »Bundeszentrale für Heimatdienst« ihre Aufgabe nicht erfüllen konnte, sobald man von der Vorausplanung zur organisatorischen Praxis übergehen würde. Dann brauchte die Aufrüstung ein großes, in Abteilungen und Referate gegliedertes Ministerium, und das bedeutete, daß der Nachfolger des davon noch nichts ahnenden Grafen Schwerin das Zeug zum Minister und einigen Rückhalt bei der CDU/CSU-Fraktion haben mußte.

Anfang Oktober, während Schwerin die Himmeroder Geheimkonferenz durchführte, fand Adenauer den Mann, den er suchte. Es war der CDU-Bundestagsabgeordnete Theodor Blank, ein gelernter Tischler und einstiger christlicher Gewerkschafter, der inzwischen 3. Vorsitzender der Industriegewerkschaft Bergbau geworden war und es im Zweiten Weltkrieg zum Oberleutnant einer Panzerjägereinheit gebracht hatte.

Nun brauchte Adenauer nur noch einen Vorwand, um Schwerin loszuwerden, und dieser lieferte schon sehr bald den gewünschten Anlaß durch eine kleine Ungeschicklichkeit im Umgang mit der Presse. Am 27. Oktober 1950 ließ Adenauer ihm mitteilen, daß er sich von ihm zu trennen wünsche; Schwerin könne aber auch selbst um seine Entlassung bitten, was dieser auch sofort tat.

Theodor Blank, inzwischen mit den Bezügen eines Staatssekretärs zum »Beauftragten des Bundeskanzlers für die mit der Vermehrung der alliierten Truppen zusammenhängenden Fragen« ernannt, erledigte den Rest. Er löste am 8. November Schwerins bisherige Dienststelle auf, indem er einfach den rund dreißig Mitarbeitern zum Monatsende kündigte. Nur drei Offiziere, darunter Oberst a. D. Graf v. Kielmansegg, wurden in die neue »Dienststelle Blank«, wie sie kurz genannt wurde, übernommen. Einige der Generale, die an der Himmeroder Klausurtagung teilgenommen hatten, insbesondere die Generalleutnante Heusinger und Speidel, wurden als »Gutachter« weiterbeschäftigt. Eingedenk der schnöden Behandlung des Grafen v. Schwerin verlangten und erhielten sie den Status »freier Mitarbeiter«, dafür allerdings auch monatlich nur 400 DM »Beraterhonorar«, das in keinem Verhältnis zu den Diensten stand, die sie Adenauer leisteten.

So hatte General Speidel schon im Sommer 1950 auf Wunsch des Kanzlers eine umfangreiche Denkschrift ausgearbeitet, die Adenauer dann durch seinen Wohnungsbauminister Wildermuth, einen Bekannten Speidels, im Kabinett vortragen ließ. Speidel hatte darin ausgeführt, daß die militärische Lage Deutschlands noch nie zuvor in der Geschichte so schlecht gewesen sei wie jetzt, fünf Jahre nach der bedingungslosen Kapitulation. Die Westmächte hätten aus dem »Fanal von Korea« keine Konsequenzen für Europa gezogen. Die USA forderten zwar einen Verteidigungsbeitrag der Bundesrepublik, aber es fehlten alle Voraussetzungen dafür. Bevor Bonn sich auf die amerikanischen Wünsche einlassen könnte, brauchte es Vorleistungen und Garantien.

Die Besatzungstruppen, so hatte Speidel weiter festgestellt, seien viel zu schwach, um Westdeutschland im Falle eines Angriffs aus dem Osten verteidigen zu können, und bisher fehle jede feste Zusage Washingtons, Verstärkungen zu schicken. Man müsse also damit rechnen, daß die Amerikaner gar nicht bereit seien, das Bundesgebiet zu verteidigen.

Es folgte eine detaillierte Beschreibung der bedrohlichen militärischen Stärke der Sowjetunion sowie eine sehr pessimistische Schilderung der psychologischen Lage in Westdeutschland; die »Ohne mich«-Stimmung sei weit verbreitet; von »Wehrbereitschaft« oder gar »Wehrfreudigkeit« könne keine Rede sein.

Sodann befaßte sich Speidels Denkschrift mit der Frage, was zu tun wäre. Eine Verteidigung aus eigener Kraft sei vorerst nicht möglich. Nur wenn die USA deutlich machten, daß sie eine sowjetische Invasion Westeuropas keinesfalls hinnehmen, sondern sofort und massiv eingreifen würden, werde ihre Abschreckung wirksam sein, dies aber auch nur für die Dauer ihrer atomaren Überlegenheit, schätzungsweise bis 1952. Also, folgerte Speidel, müßten deutsche Streitkräfte bis zu diesem Zeitpunkt aufgestellt werden. Er schätzte, man würde bis dahin zwölf bis fünfzehn Divisionen zusammenbringen können, vorausgesetzt, die Alliierten deckten den Aufbau.

Speidels Beurteilung der Lage entsprach weitgehend der in der Bevölkerung Westdeutschlands vorherrschenden Meinung. Niemand in der Bundesrepublik glaubte ernsthaft an die Möglichkeit einer erfolgreichen Verteidigung des Landes aus eigener Kraft, und nur die wenigsten waren davon überzeugt, daß die Amerikaner — von den anderen Besatzungsmächten ganz zu schweigen — Westdeutschland gegen einen Angriff aus dem Osten wirksam verteidigen könnten oder auch nur wollten; allenfalls würden sie das linke Rheinufer zu halten versuchen.

Insofern stimmten die Lagebeurteilungen des Generals und die der Bevölkerung überein, und auch hinsichtlich der Notwendigkeit fester Garantien, die die USA der Bundesrepublik für den Verteidigungsfall geben müßten, waren die Bundesbürger derselben Meinung wie Speidel. Doch die weiteren Forderungen Speidels wurden von der Bevölkerungsmehrheit keineswegs unterstützt. Die Westdeutschen befürchteten insbesondere, daß ihre Soldaten von den westlichen Verbündeten diskriminiert und im Kriegsfall rücksichtslos geopfert werden würden.

Weit besser wäre es, so fanden die meisten Bundesbürger zu Beginn der fünfziger Jahre, Westdeutschland würde sich unter Verzicht auf jede Remilitarisierung — und damit auch auf jede Provokation — ganz dem friedlichen Aufbau widmen, vor allem Arbeitsplätze schaffen und den Lebensstandard erhöhen. Die Bundesrepublik, so war immer wieder zu hören, sollte sich aus dem Streit zwischen den Weltmächten heraushalten. So könnte sie sich den Anspruch erwerben, als ein friedliches und neutrales, wenngleich mit seinen Sympathien ganz auf der Seite des Westens stehendes Land respektiert und von ihren Schutzmächten, zumal von den USA, notfalls mit allen Kräften verteidigt zu werden.

Adenauer hielt dergleichen für wirklichkeitsferne Träumereien, die zudem für seine eigenen Pläne schädlich waren. Am gefährlichsten erschien ihm ein Streben nach Neutralität, denn dies konnte doch noch zu einer Wiedervereinigung Deutschlands führen und seine Politik, deren Hauptziel die Westintegration der Bundesrepublik war, durchkreuzen.

Aber der Kanzler maß der öffentlichen Meinung keine entscheidende Bedeutung bei, jedenfalls nicht in dem Sinne, daß er seine Politik danach ausgerichtet oder auch nur abgeändert hätte. Er zog die Stimmung im Land nur insoweit ins

Kalkül, als er sie sich und seinen Plänen nutzbar machen konnte oder Möglichkeiten sah, ihr erfolgreich entgegenzuwirken.

Adenauers wichtigster Gehilfe auf dem Gebiet der Erkundung sowie der Beeinflussung der öffentlichen Meinung war zu Beginn der fünfziger Jahre der Rechtsanwalt Dr. Otto Lenz, den er daneben auch mit anderen, zum Teil sehr heiklen Aufgaben betraute. Mit Hans Globke, Walter Hallstein und Herbert Blankenhorn gehörte Lenz zum »inneren Kreis um den Kanzler«. Diese vier Männer, die sich gegenseitig nicht sonderlich grün waren und häufig in wechselnden Bündnissen gegeneinander intrigierten, waren meist besser und rascher informiert sowie einflußreicher und mächtiger als die einzelnen Bundesminister.

Herbert Blankenhorn, als Mann des Jahrgangs 1904 der jüngste der vier Kanzlergehilfen, war ein gebürtiger Elsässer. Seit 1929 Berufsdiplomat, hatte er im »Dritten Reich« Karriere gemacht und war von 1943 bis zum Zusammenbruch Referatsleiter der in die Verbrechen der Nazis verstrickten Politischen Abteilung des Auswärtigen Amts gewesen. 1945 gehörte Blankenhorn, zuvor Mitglied der NSDAP, zu den Gründern der CDU in der britischen Besatzungszone und wurde 1948 deren Generalsekretär, zugleich ein enger Mitarbeiter Adenauers, der damals noch keine Ahnung von den Spielregeln und Fachausdrücken der Diplomatie hatte, sondern jener »Provinzler« ohne Sprachkenntnisse und Auslandserfahrung war, als den ihn André François-Poncet, der damalige Hochkommissar Frankreichs, später beschrieben hat. Blankenhorn, so weiß Arnulf Baring zu berichten, kostete es damals viel Mühe, Adenauer »den Unterschied zwischen UNO und NATO, zwischen der deutschen ›Europa-Union‹, einem eingetragenen Verein, und dem Straßburger Europarat klarzumachen. Der Kanzler nahm seinen diplomatisch so versierten, mit allen Protokollfragen vertrauten und sehr anpassungsfähigen persönlichen Referenten und CDU-Generalsekretär dann als Ministerialdirigenten ins Bundeskanzleramt mit. »Sein Hauptwert für Adenauer lag in seiner schöpferischen politischen Phantasie«, meint dazu der gut informierte Baring, nennt Blankenhorn aber einen »Mann des Hintergrunds, glänzend unter vier Augen, dagegen im großen Kreise eher gehemmt . . ., beweglich, wendig, wohl ohne eigene Linie, jedenfalls anpassungsfähig bis zur Illoyalität«, der dann »ein unentbehrlicher Ratgeber des Kanzlers im unübersichtlichen Gelände der außenpolitischen ersten Phase« wurde.

Im Juni 1950 war Blankenhorn zum Ministerialdirektor befördert und zum Leiter einer neuen »Dienststelle für Auswärtige Angelegenheiten« im Bundeskanzleramt ernannt worden. Damit schien er für die Öffentlichkeit der Verantwortliche für den außenpolitischen Kurs und der designierte Chef eines künftigen Auswärtigen Amts geworden zu sein. Aber den Kurs bestimmte weiterhin der Kanzler allein, und was Blankenhorns Ernennung und Beförderung betraf, so bedeuteten beide paradoxerweise in Wahrheit den Beginn seines Abstiegs. An seine Stelle trat Walter Hallstein.

Denn als im Mai 1950 der französische Außenminister Robert Schuman seinen Plan für die Bildung einer europäischen Gemeinschaft für Kohle und Stahl, die spätere Montan-Union, dem Bundeskanzler durch Jean Monnet erläutern ließ, klagte Adenauer, er wisse für die schon in wenigen Tagen beginnenden Verhandlungen keinen geeigneten bundesdeutschen Delegationsführer. Monnet riet ihm, einen politisch völlig unbelasteten Fachmann, am besten einen Professor mit internationalen Erfahrungen, zu benennen. Adenauer gefiel dieser Gedanke, und unter den wenigen infragekommenden Wissenschaftlern wählte er Hallstein aus, einen Wirtschaftsjuristen mit guten Sprachkenntnissen und Auslandserfahrung, zur Zeit noch Ordinarius in Frankfurt am Main.

Professor Walter Hallstein, Jahrgang 1901, ein trockener, präziser Jurist mit scharfem Verstand, übernahm also den Vorsitz bei den am 20. Juni 1950 beginnenden Verhandlungen. »Da Adenauer von den vorwiegend wirtschaftlichen Problemen des Planes« — für eine europäische Gemeinschaft für Kohle und Stahl — »nichts verstand«, heißt es dazu bei Baring, »hatte Hallstein freie Hand ... Hallstein selbst verfaßte die Instruktionen, die ihm zu erteilen waren.« Zwei Monate nach Übernahme seiner Aufgabe berief Adenauer ihn zum Staatssekretär im Bundeskanzleramt, womit Hallstein sowohl Blankenhorns Dienststelle für Auswärtige Angelegenheiten als auch der von Ministerialdirektor Dr. Globke geleitete Geschäftsbereich des Innern unterstellt wurde.

Allerdings beschäftigte sich Professor Hallstein ausschließlich mit der bundesdeutschen Außenpolitik, und auch dabei verstand er sich als der fachkundige Gehilfe des Kanzlers. In Globkes Angelegenheiten — Personalpolitik, Organisation, Verwaltung, geheimdienstliche Vorgänge und manches andere — mischte er sich niemals ein. Hans Globke, Adenauers rechte Hand, trat nach außen hin selten in Erscheinung und erledigte seine Aufgaben ebenso fleißig und penibel, wie er während der ganzen Zeit der Nazi-Schrekkensherrschaft im Reichsinnenministerium, erst unter Dr. Wilhelm Frick, dann unter dem »Reichsführer SS« Heinrich Himmler gearbeitet hatte, wo er vornehmlich mit »Judenangelegenheiten« befaßt gewesen war.*

Ursprünglich hatte Adenauer vorgehabt, Globke zu seinem Staatssekretär zu ernennen und ihm offiziell die Leitung des Bundeskanzleramts zu übertragen. Doch Globke selbst hatte davon abgeraten, wohl weil er seine politische Belastung für gravierender hielt, als Adenauer sie einschätzte. Für das Amt des Staatssekretärs schlug Globke — nachdem klargeworden war, daß Hallstein sich nur der Außenpolitik widmete und demnächst in das neuzuschaffende Auswärtige Amt hinüberwechseln würde — den Rechtsanwalt Dr. Otto Lenz vor, der dann auch tatsächlich im Januar 1951 ins Bundeskanzleramt berufen wurde.

Otto Lenz, ein Mann des Jahrgangs 1903, hatte vor 1933 der Zentrumspartei nahegestanden, die auch die politische Heimat Adenauers und Globkes gewesen war. Bereits mit

* Die Vergangenheit des Dr. Hans Maria Globke ist ausführlich dargestellt in Bernt Engelmann, *Wie wir wurden, was wir sind*, München, 1980, S. 110ff.

sechsundzwanzig Jahren war er Pressereferent im preußischen Justizministerium und persönlicher Referent des damaligen, dem Zentrum angehörenden Ministers Hermann Schmidt geworden. Auch unter den Nazis blieb Dr. Lenz im Justizministerium, zuletzt im Rang eines Landgerichtsdirektors, bis er 1938 freiwillig ausschied und in eine Berliner Anwaltskanzlei eintrat. Schon damals knüpfte er Verbindungen nach allen Seiten hin an, zur Abwehr, zum SD, zum hohen Klerus und zu einigen Vertretern des heimlichen Widerstands. Einige Monate nach dem 20. Juli 1944 wurde er verhaftet und »wegen Nichtanzeige eines hochverräterischen Unternehmens« zu der für die damaligen Verhältnisse bemerkenswert glimpflichen Strafe von vier Jahren Zuchthaus verurteilt. Doch da war die Nazi-Herrschaft schon fast zu Ende; kaum eingeliefert, wurde Otto Lenz von den einrükkenden Sowjets befreit und galt nun als ein Mann des Widerstands.

Er hatte dann in Berlin die CDU mitbegründet, sich aber bald nach München abgesetzt. Dort wurde er Sozius eines alten Bekannten, des Rechtsanwalts Dr. Josef Müller, der »der Ochsensepp« genannt wurde. Müller stieg bald darauf zum CSU-Landesvorsitzenden und bayerischen Justizminister auf. Zum Kreis seiner politischen Schüler gehörten damals, neben Lenz, auch Franz Josef Strauß, Dr. Fritz Zimmermann sowie der Abwehr-Major a.D. Achim Oster, der von der aufgelösten »Zentrale für Heimatdienst« des Grafen v. Schwerin ins Bundeskanzleramt übernommen worden war und die Aufgabe hatte, einen militärischen Geheimdienst aufzubauen.

Was Otto Lenz betraf, der von Beobachtern der Bonner Szene als »lebensfroh, findig und fintenreich, von quirliger Aktivität« beschrieben wurde, so war seine Amtsführung im Bundeskanzleramt so unbekümmert unkonventionell, daß sie dem akkuraten Globke oft die Haare zu Berge stehen ließ. Er war nur sporadisch im Amt, oft selbst für Adenauer unauffindbar. Er unterhielt Kontakte nach allen Seiten hin — zur SPD-Opposition, zu den Christdemokraten Italiens, zu den alliierten Hochkommissaren wie zu hohen Beamten der DDR, zu Industriefirmen und zu ausländischen Geheimdiensten. Er vermittelte Geschäfte, ließ sich mit Nachrichtenhändlern ein, protegierte auch die obskursten alten Freunde und unterhielt neben seiner Tätigkeit im Bundeskanzleramt eine Anwaltskanzlei in Bonn.

Es sei für ihn »immer merkwürdig gewesen«, bemerkte hierzu später Adenauers Bundesinnenminister Dr. Robert Lehr, der Nachfolger Gustav Heinemanns, »daß ein Staatssekretär gleichzeitig Rechtsanwalt sein konnte«. Und Lehr fügte hinzu, er wisse nicht, ob der Rechtsanwalt dem Staatssekretär genützt habe; die umgekehrte Annahme sei vielleicht richtiger — womit, wie sich bald zeigen sollte, der recht konservative Minister durchaus recht hatte.

Für das Bundeskanzleramt betrieb Otto Lenz im wesentlichen das, was man damals in Bonn »moderne Meinungspflege« nannte. Er gründete eine Fülle von Gesellschaften und Vereinen, die teils die Regierungspolitik generell, teils eines ihrer Ziele unterstützen sollten; er »förderte« die Arbeit (und oftmals auch die Besserung des Lebensstandards) von Redakteuren und Korrespondenten; er finanzierte mit Geldern, die nicht immer aus dem »Reptilienfonds« des Bundeskanzlers, damals noch Titel 31, später Titel 300, sondern oft auch aus sehr dunklen Quellen stammten, allerlei Aktionen, Kongresse, Veranstaltungsreihen und »zwanglose Zusammenkünfte«, die »dem freien Meinungsaustausch« sowie der massiven Beeinflussung von Multiplikatoren dienten. Lenz war es auch, der Adenauer auf die politischen Verwendungsmöglichkeiten der Demoskopie hinwies. Schon bevor Lenz nach Bonn gekommen war, hatte er freundschaftliche Beziehungen zu dem Ehepaar Erich Peter Neumann und Dr. Elisabeth Noelle-Neumann unterhalten, die seit 1946 in Allensbach am Bodensee ein Institut für Demoskopie betrieben. Um die Jahreswende 1950/51 wurden die Allensbacher dann vom Bundeskanzleramt beauftragt, die politische Stimmung in der Bevölkerung ständig zu untersuchen und darüber laufend zu berichten.

So war es Adenauer und seinen engsten Mitarbeitern bekannt, daß die im Herbst 1950 von den Außenministern der Ostblock-Staaten gemachten Vorschläge — Abzug aller Besatzungstruppen aus beiden deutschen Staaten mit dem Ziel ihrer Wiedervereinigung zu einem blockfreien und neutralen demokratischen Staat — sowie die sowjetische Einladung zu einer Viermächtekonferenz über Deutschland mit denselben Zielen bei der Bevölkerung der Bundesrepublik auf erhebliches Interesse und mindestens bedingte Zustimmung stießen. Die Mehrheit der Bundesdeutschen sah auch kein Hindernis darin, daß die östliche Seite von einem deutschen Verzicht auf die ehemaligen Ostprovinzen ausging und die Vertreter von Bundesrepublik und DDR gleichberechtigt und paritätisch an den Verhandlungen beteiligen wollte. Erst einmal verhandeln, meinten die allermeisten, später würde man weitersehen.

Bundeskanzler Adenauer erkannte sofort die Gefahr, die der sowjetische Vorschlag für seine eigenen Pläne bedeutete. Er sah auch Anzeichen dafür, daß sich Frankreich und England, nicht zuletzt unter dem wachsenden Druck der öffentlichen Meinung, mit dem sowjetischen Vorschlag befreunden und eine dauernde Neutralisierung Deutschlands ernsthaft in Betracht ziehen könnten.

Zwar ging dann die im März 1951 einberufene Viermächtekonferenz in Paris nach wochenlangen vergeblichen Bemühungen am 21. Juni 1951 wieder auseinander. Aber damit war der Bundeskanzler, der den Konferenzverlauf aufmerksam verfolgt hatte, noch längst nicht aller seiner Sorgen ledig. Er fürchtete, daß es doch noch zu einer Verständigung zwischen Ost und West und zu einem Ende des Kalten Kriegs kommen könnte, was dann fast automatisch zur Folge gehabt hätte, daß über einen Truppenabzug aus ganz Deutschland sowie dessen Wiedervereinigung und Neutralisierung verhandelt worden wäre. Das aber hätte seine Hoffnungen auf ein endgültiges Aufgehen der Bundesrepublik im »Abendland«, nämlich in einem kapitalistischen, katholisch-konservativen Westeuropa, zunichte machen können.

Tatsächlich kam schon zwei Tage nach dem Scheitern der Pariser Viermächtekonferenz eine neue sowjetische Friedensoffensive: Der Chefdelegierte der Sowjetunion, Jakob A. Malik, bot am 23. Juni 1951 in einer Rundfunksendung der Vereinten Nationen sofortige Waffenstillstandsverhandlungen in Korea an. Er löste damit nicht nur freudige Überraschung in der ganzen westlichen Welt und lebhafte diplomatische Aktivität aus, sondern gab auch der Hoffnung neuen Auftrieb, daß nun auch der Kalte Krieg beendet werden könnte.

»Adenauer fürchtete sogleich«, so notierte sich Arnulf Baring nach einem Journalistentreffen mit dem Kanzler, »selbst die Amerikaner könnten nunmehr die geplanten westlichen Verteidigungsanstrengungen für übertrieben halten und damit auch die westdeutsche Bewaffnung als weniger dringend, wenn nicht gar überflüssig empfinden; ›vom Waffenstillstandsfieber angesteckt‹, wie er sagte, waren einflußreiche Kräfte in England und Frankreich jetzt ohnehin schon der Meinung, man müsse eine Aufrüstung Deutschlands vermeiden. Nach Adenauers Überzeugung durfte die Bundesrepublik aber keinesfalls waffenlos bleiben.«

Einen Tag nach Verkündung des sowjetischen Waffenstillstandsangebots in New York erklärte Adenauer in einer Rede vor dem CSU-Parteitag in Bad Reichenhall:

»Neutralisierung unter gleichzeitiger Demilitarisierung Deutschlands bedeutet, daß wir in ganz kurzer Zeit ein Satellitenstaat sind. Es bedeutet weiter, meine Damen und Herren, daß in Frankreich und Italien der Kommunismus triumphieren wird; es bedeutet, daß das christliche Abendland erledigt ist; es bedeutet, daß die Vereinigten Staaten ihr Interesse an Europa verlieren. Darum, meine Freunde: Wer die Neutralisierung und Demilitarisierung Deutschlands hier bei uns will, ist entweder ein Dummkopf allerersten Ranges oder ein Verräter.«

Natürlich war diese Schwarzmalerei weit weniger für die in Reichenhall versammelten CSU-Delegierten bestimmt als für das Ausland. Die ganze Rede Adenauers vom 24. Juni

1951 richtete sich an das konservative, bürgerlich-kapitalistische Lager des Westens, dem er einzureden versuchte, die Sowjetunion wolle die Bundesrepublik unzerstört ihrem Herrschaftsbereich eingliedern, weil sie dann ganz Europa erobern könnte und auch die USA nicht mehr zu fürchten brauchte.

Glaubte er selbst an solche Absichten Moskaus? Bestand tatsächlich für die Bundesrepublik die akute Gefahr, auf gewaltsame oder andere Weise in den Herrschaftsbereich der Sowjetunion zu geraten?

Ob Adenauer selbst an seine Behauptungen glaubte, läßt sich nicht mit Sicherheit sagen; vieles spricht dafür, daß er es nicht wirklich tat und in Wahrheit nichts anderes im Sinn hatte als die Durchsetzung seiner eigenen politischen Ziele, unter denen die endgültige Trennung der Bundesrepublik vom übrigen Deutschland, ihre Remilitarisierung und feste Integration ins »christliche Abendland« obenan standen. Um diese Ziele durchzusetzen, war ihm nahezu jedes Mittel recht, auch der Rückgriff auf die Drohung mit jener schrecklichen »bolschewistischen Gefahr«, mit der die in Deutschland jeweils Herrschenden den Bürgern Angst gemacht hatten, seit es überhaupt eine kommunistische Herrschaft in Rußland gab.

Doch hatte es wirklich eine solche Gefahr jemals gegeben? Seit in Rußland die Kommunisten an der Macht waren, hatte das ganze bürgerliche Lager in Deutschland immer und immer wieder mit dem Schreckensruf »Die Russen kommen!« Angst verbreitet, vermehrte Rüstung durchgesetzt und — bis hin zu den heutigen Berufsverboten — die Linke als potentielle Verbündete des zum Überfall bereiten Sowjetreichs verfemt und verteufelt. Doch obwohl die Sowjetunion bis etwa 1938 gegenüber dem Deutschen Reich, erst recht seit deren Bestehen gegenüber der Bundesrepublik, militärisch weit überlegen gewesen ist, waren nicht das Reich und auch nicht die Bundesrepublik jemals von der Sowjetunion militärisch angegriffen worden. Vielmehr war es umgekehrt gewesen: Die deutschen Machthaber hatten ihrerseits wiederholt die Sowjetunion bedroht, angegriffen und in ihrer Existenz ernstlich gefährdet.

Bereits im Ersten Weltkrieg hatte sich die militärische Führung des Deutschen Reichs schon nach sehr kurzer Zeit nicht mehr an den am 15. Dezember 1917 mit den neuen Machthabern in Rußland geschlossenen Waffenstillstand gehalten; im Februar 1918 hatten die deutschen Truppen kurzerhand Weißrußland und die Ukraine besetzt. Die von Hungersnot sowie von konterrevolutionären Armeen, Aufständen in den Grenzprovinzen und ausländischen Interventionstruppen hart bedrängte Sowjetunion hatte sich im Frieden von Brest-Litowsk am 3. März 1918 einem deutschen Diktat unterwerfen müssen. Dieses sah vor, daß Finnland, Kurland, Litauen, Polen und die Ukraine eine Schein-Unabhängigkeit erhalten, in Wahrheit von deutschen Truppen besetzt und zu Satellitenstaaten des Reichs gemacht werden sollten. Wenig später war selbst dies der deutschen Führung noch nicht genug: Sie ließ auch Georgien militärisch besetzen.

Erst der militärische Zusammenbruch des Deutschen Reichs an der Westfront und der Untergang der Hohenzollern-Monarchie führten dazu, daß die Sowjetunion dem Würgegriff der deutschen Militärs entkommen konnte. Wenig später, am 14. April 1922, schloß sie mit der Weimarer Republik in Rapallo einen »aus wirtschaftlichen und politischen Bedürfnissen herausgewachsenen« Normalisierungsvertrag, der sich für beide Seiten günstig auswirkte. Trotz der krassen ideologischen Gegensätze herrschte dann fast zwei Jahrzehnte lang Friede zwischen beiden Ländern.

Kurz vor dem deutschen Überfall auf Polen schlossen Hitler und Stalin einen Nichtangriffspakt, der die übrige Welt überraschte und schockierte, denn damit war das Schicksal Polens und der baltischen Länder besiegelt, ein neuer Weltkrieg unvermeidlich. Der Pakt wurde am 23. August 1939 in Moskau von den Außenministern v. Ribbentrop und Molotow unterzeichnet. In einem geheimen Zusatzprotokoll gestand Hitler der Sowjetunion alle von Stalin geforderten Annexionen zu; umgekehrt erklärte sich Moskau damit einverstanden, daß Deutschland West-Polen und Litauen schluckte. Die Grenze zwischen Deutschland und der Sowjetunion sollte künftig quer durch Polen, etwa entlang der Narew-Weichsel-San-Linie, verlaufen. Nach der raschen Niederwerfung Polens durch die deutsche Wehrmacht wurde der Nichtangriffspakt am 28. September 1939 durch einen deutsch-sowjetischen Grenz- und Freundschaftsvertrag ergänzt. Beide Pakte wurden strikt eingehalten, bis Hitler sie auf eklatanteste Weise brach, indem er völlig unprovoziert und ohne Vorwarnung die deutschen Armeen am Morgen des 22. Juni 1941 auf breitester Front in die Sowjetunion einfallen ließ.

Dieser auf deutscher Seite unter dem Decknamen »Barbarossa« sorgfältig vorbereitete, für die Sowjetunion völlig überraschende Überfall hatte zunächst für die Angegriffenen, später auch für die Angreifer, katastrophale Folgen: Die überrumpelten sowjetischen Armeen wurden eine nach der anderen eingekesselt und vernichtet; Millionen sowjetischer Soldaten fielen, wurden ermordet oder kamen in deutscher Kriegsgefangenschaft ums Leben. Die Bevölkerung der von den deutschen Truppen eroberten Gebiete wurde als »Untermenschen« behandelt und von besonderen Einsatzgruppen der SS und Polizei in einer Weise und in einem Umfang abgeschlachtet, wie sie in der neueren Geschichte ohne Beispiel sind. Was an Arbeitsfähigen übrigblieb, wurde als Arbeitssklaven verschleppt.

Es dauerte fast vier Jahre, bis die sowjetischen Truppen die vom Feind verwüsteten Gebiete zurückerobert und die deutschen Angreifer in deren eigenem Land zur Kapitulation gezwungen hatten.

Bleibt nur noch zu erwähnen, daß natürlich auch die gewaltigen Verluste und Qualen der deutschen Soldaten, das Elend der vor den anrückenden sowjetischen Truppen flüchtenden Zivilisten, die Leiden der Opfer aller Akte der Vergeltung und aller Ausschreitungen, die der Eroberung deutscher Gebiete folgten, ebenso die Not der aus den Ostprovinzen Vertriebenen und das traurige Los der Millionen deutscher Soldaten in sowjetischer Kriegsgefangenschaft, samt und sonders die fast zwangsläufigen Folgen des von der Nazi-Führung unter Bruch des Freundschafts- und Nichtangriffspakts organisierten Überfalls und des jedem Menschen- und Völkerrecht spottenden Verhaltens der deutschen Eroberer in den besetzten Gebieten waren. Desgleichen hatten allein die Nazis die Verantwortung dafür, daß nun als Folge ihres Größenwahns und ihrer Skrupellosigkeit die Rote Armee an der Elbe und halb Europa unter sowjetischer Herrschaft stand.

Zu Beginn der fünfziger Jahre sprach alles dafür, daß sich an dieser Situation für lange Zeit nichts ändern würde, sofern sich der Westen nicht entschloß, auf eine Remilitarisierung der Bundesrepublik zu verzichten. Um ihre neuerliche Bedrohung durch deutsches Militär zu verhindern, war die Sowjetunion bereit, die Grenzen ihres Herrschaftsgebiets nach Osten zurückzunehmen — wie weit, das wäre noch auszuhandeln gewesen. Aber Adenauer und seine Berater lehnten jedes Nachgeben in der Frage der Wiederbewaffnung kategorisch ab. Ihr einziges Argument war die »bolschewistische Gefahr«, obwohl es kein Anzeichen dafür gab, daß die Sowjetunion einen Angriff auf die Bundesrepublik plante. Sie war vielmehr besorgt um ihre eigene Sicherheit und deutlich zu Zugeständnissen bereit, wenn sich dadurch der Frieden an ihrer Westgrenze stabilisieren ließe.

So wäre es eigentlich die wichtigste Aufgabe der Bonner parlamentarischen Opposition, in erster Linie der SPD, gewesen, gegen die Remilitarisierungspläne Adenauers energisch Front zu machen und die deutliche Abneigung der Bevölkerungsmehrheit gegen eine massive Aufrüstung sowie ihren begreiflichen Wunsch nach Wiedervereinigung, Erhaltung des Friedens und Abzug aller fremden Truppen politisch zu nutzen.

Es gab auch Anzeichen dafür, daß starke Kräfte in der SPD dies so sahen. Auf einer Konferenz der sozialistischen und sozialdemokratischen Parteien West- und Nordeuropas, die im März 1950 in Witten an der Ruhr stattgefunden hatte, war von der SPD beispielsweise eine Denkschrift vorgelegt worden, in der es hieß: »Die deutsche Arbeiterbewegung, zu der fünf Millionen in den Gewerkschaften organisierte Arbeiter gehören, hat sich zu dem Verzicht auf die Bewaffnung entschieden. Sie traut sich zu, jeder deutschen Regierung die Einhaltung dieser Linie, falls nötig, aufzuzwingen.« Und auf dem Hamburger Parteitag der SPD, ebenfalls im Frühjahr 1950, wurde eine Entschließung einstimmig verabschiedet, die sich gegen jede Remilitarisierung wandte.

Aber anderseits verstand sich die von Kurt Schumacher geführte SPD als eine den Staat mittragende, »konstruktive« Opposition; nach der knapp verlorenen ersten Bundestagswahl hatte die sozialdemokratische Führung sofort auf jeden Versuch verzichtet, mit den Unionsparteien eine Koalition zu bilden, was Adenauers Absichten sehr entgegenkam. »Einer der Gründe, weswegen die SPD 1949 bewußt in die Opposition gegangen ist«, schrieb dazu später Carlo Schmid, »war, daß wir der Meinung gewesen sind, daß die parlamentarische Demokratie bei uns in Deutschland nur dadurch funktionsfest gemacht werden könne, daß eine starke Partei in die Opposition geht, die den Staat bejaht, auch, wenn sie die gegenwärtige Regierung schlecht findet. Nur so könne verhindert werden, meinten wir, daß die Unzufriedenen, die es ja immer geben wird, sich radikalen Parteien anschließen müssen, die den Staat verneinen. Diese Unzufriedenen haben so die Möglichkeit, sich einer Partei anzuschließen, die sich zwar gegen die jetzige Regierung stellt, die aber bereit ist, den Staat und seine Grundordnung zu erhalten und zu verteidigen.«

Die SPD forderte nicht nur die Wiedervereinigung, sondern sie wollte sie wirklich, denn bei freien Wahlen in einem wiedervereinigten Deutschland wäre ihr die absolute Mehrheit sicher gewesen. Darüber hinaus setzte sich Kurt Schumacher mit Nachdruck für die Rückgabe der Ostprovinzen ein, wohl nicht zuletzt, um damit den ihrer verlorenen Heimat nachtrauernden Flüchtlingen und Vertriebenen letzte

Hemmungen zu nehmen, sich der SPD anzuschließen. Vor allem aber verstand sich die SPD als »dritte Kraft« zwischen Kapitalismus und Kommunismus. Sie war mindestens in ebenso starkem Maße antikommunistisch wie antikapitalistisch. Sorgsam vermied sie selbst jeden Anschein einer Übereinstimmung mit den Zielen der Kommunisten, und dies um so nachdrücklicher, je mehr Adenauer versuchte, Sozialdemokraten und Kommunisten in einen Topf zu werfen und beide als »Handlanger Moskaus« hinzustellen. Da die Kommunisten die entschiedensten Gegner jeder westdeutschen Remilitarisierung und jedes Bündnisses mit dem Westen waren, fühlte sich die SPD-Führung schon bald genötigt, die Haltung der Partei in der Wiederbewaffnungsfrage zu revidieren und von einem strikten Nein zu einem bedingten Ja überzugehen, wobei dieser Wandel durch zwei Faktoren wesentlich mitbewirkt und beschleunigt wurde: Da war einmal die rücksichtslose Behandlung derjenigen Sozialdemokraten in der DDR, die sich nicht dem Herrschaftsanspruch der Kommunisten unterwarfen, und da war zum andern die Hysterie, von der die westdeutsche Bevölkerung im Sommer 1950 allem Anschein nach ergriffen worden war und die ihre Ursache in den Ereignissen auf dem koreanischen Kriegsschauplatz zu haben schien.

An der Schürung dieser Hysterie, richtiger: an der Erwekkung des Eindrucks, die Bundesbürger wären von Angst vor der »bolschewistischen Gefahr« geschüttelt, hatten der Bundeskanzler und seine Gehilfen ihre helle Freude. Zum einen paßte dieser Eindruck vorzüglich in Adenauers Konzept, zum andern bewies er erstmals den Erfolg des von Otto Lenz gesteuerten Propaganda-Apparats.

3. Vom »Mann auf der Straße« und anderen kleinen Leuten sowie von »denen da oben«

»Einfältige Weiber und hysterische Männer machen in unverständiger Angstpsychose durch unüberlegte Hortungskäufe die Lebensmittelgeschäfte leer«, schimpfte im Juli 1950 der südbadische Wirtschaftsminister Dr. Eduard Lais, und er fügte hinzu, kein Mensch erwäge im entferntesten, das Kartensystem wieder einzuführen; es seien genügend Lebensmittel vorhanden, um die leeren Geschäfte wieder aufzufüllen, und man werde allen Spekulanten, die durch Zurückhalten von Ware die Preise hochdrücken wollten, energisch auf die Finger klopfen.

Tatsächlich glaubte damals fast die Hälfte der Bundesbürger, daß durch den Korea-Krieg der Friede in Deutschland gefährdet wäre; knapp vierzig Prozent vertraten die Ansicht, die Lebensmittelversorgung Westdeutschlands könnte durch den Korea-Krieg beeinträchtigt werden. Aber weniger als ein Viertel der Bevölkerung, 22 Prozent, erklärte es für »zweckmäßig«, einen Lebensmittelvorrat anzulegen, und gar nur magere fünf Prozent hatten sich tatsächlich größere Mengen Lebensmittel auf Vorrat gekauft, vor allem Öl, andere Fette, Mehl, Gemüsekonserven, Zucker, Dosenfleisch, Speck und Nährmittel.

Für die auffallende Diskrepanz zwischen der Masse der Ängstlichen und den wenigen Hamsterern gab es sehr einfache Erklärungen: Fast vierzig Prozent derer, die die Anlage von Lebensmittelvorräten nicht für zweckmäßig hielten, waren der Meinung, dergleichen sei ohnehin sinnlos bei dem im Kriegsfall zu befürchtenden Atomschlag; die übrigen gaben zu, schlicht kein Geld dafür zu haben.

Die Einkommen der Arbeiter, die mit ihren Familien damals noch mehr als die Hälfte der Bevölkerung Westdeutschlands ausmachten, und die der Angestellten und kleinen Beamten, damals mit ihren Angehörigen zusammen erst ein Viertel der Bundesbürger, hatten sich nur geringfügig verbessert. Dagegen waren die Preise, sowohl für Lebensmittel wie vor allem für Kleidung und Schuhe, infolge des Korea-Booms kräftig gestiegen, wobei der Einzelhandelspreis für Röstkaffee mit 14,35 DM je Pfund die Spitze hielt.

Ein vierköpfiger Arbeitnehmerhaushalt mit einem Monatseinkommen um 350 DM gab im Wochendurchschnitt 7 DM für Brot, 3,90 DM für Fleisch, 1,90 DM für Schmalz oder Öl, 2 DM für Margarine, 7 DM für Frisch- und Büchsenmilch, 2,10 DM für Käse, 4,80 DM für Kartoffeln, Obst und Gemüse, 1,90 DM für Fisch und 6,50 DM für Mehl, Nudeln und Hülsenfrüchte aus, außerdem rund sieben DM für Sonstiges, darunter 14 Hühnereier zu je 20 Pfennig und ein Viertelpfund Bohnenkaffee zu 3,60 DM.

Mehr als die Hälfte des Einkommens wurde für die Ernährung benötigt, und das Wohnen — Miete, Heizung, Strom und Nebenkosten — verschlang oft den größten Teil des Rests. Die durchschnittliche Monatsmiete für eine Zweizimmerwohnung mit Küche und Bad betrug in Hamburg 60 bis 100 DM, in München 75 bis 150 DM. So blieb selbst für die dringendsten Anschaffungen kaum etwas übrig.

Trotzdem fanden bei einer Meinungsumfrage in den frühen fünfziger Jahren fast vierzig Prozent der Bundesbürger — darunter aber nur ein Viertel der Arbeiter, jedoch 54 Prozent der Angestellten und Beamten —, daß »die Arbeiter heute in Westdeutschland im allgemeinen gut verdienen«. Ein weiteres Drittel der Gesamtbevölkerung — 37 Prozent der Arbeiter und 27 Prozent der Angestellten und Beamten — war der Meinung, »die Arbeiter verdienen gerade ausreichend«. Nur ein knappes Viertel aller erwachsenen Einwohner Westdeutschlands, aber immerhin mehr als ein Drittel der Arbeiterschaft und 14 Prozent der Angestellten und Beamten, erklärte, die Arbeiter der Bundesrepublik verdienten »nicht gut«. 16 Prozent der Gesamtbevölkerung wußten keine Antwort.

Auf die weitere, absichtlich provozierend gestellte Frage: »Manche Leute sagen, Westdeutschland ist für die Reichen ein Paradies und für die Armen eine Hölle — stimmt das oder stimmt das nicht?«, meinte die Hälfte aller Bundesbürger: »Eine Hölle — das stimmt nicht!« Aber fast dreißig Prozent, bei der Arbeiterschaft sogar mehr als ein Drittel, erklärten: »Eine Hölle — das stimmt!« Der Rest, wiederum 16 Prozent, konnte oder mochte sich nicht entscheiden.

Dies alles scheint Rätsel aufzugeben, zumal der Umstand, daß so viele Bundesbürger von guten Verdienstmöglichkeiten sprachen, wo doch die Statistik klar ausweist, daß das Gros der Bevölkerung sich nur gerade satt essen konnte, im übrigen aber außerstande war, sich auch nur das Nötigste anzuschaffen. Dieser scheinbare Widerspruch ist jedoch leicht zu erklären, denn zum einen waren die Ansprüche noch sehr bescheiden, zum anderen die Einkommen in Wirklichkeit beträchtlich höher, weil in beinahe jedem Haushalt auf die eine oder andere Weise noch etwas hinzuverdient wurde, das von der Statistik nicht erfaßt werden konnte.

Dabei ging es den meisten Bundesbürgern darum, ihren Lebensstandard zu erhöhen, eine bessere Wohnung zu bekommen und diese schön einzurichten, sich gut zu kleiden und mit alledem Ansehen zu erlangen. Die breite Unterschicht sehnte sich nach kleinbürgerlicher Wohlanständigkeit, wie es in diesem Ausmaß noch nie zuvor der Fall gewesen war. Auf die Frage: »Wer, glauben Sie, ist im allgemeinen mehr angesehen: ein Buchhalter, der 300 Mark im Monat verdient, oder ein Gießereiarbeiter, der 450 Mark im Monat nach Hause bringt?«, antworteten 58 Prozent: »Der Buchhalter«, 18 Prozent konnten sich nicht entscheiden, und nur 24 Prozent gaben dem um die Hälfte mehr verdienenden Facharbeiter den Vorzug. Mehr als die Hälfte der Arbeiterschaft meinte, es wäre besser gewesen, man hätte etwas mehr gelernt und könnte nun einem »besseren« Beruf nachgehen, auch wenn man als Angestellter weniger Einkommen hätte.

Das einstmals stark ausgeprägte Klassenbewußtsein der deutschen Arbeiterschaft war weitgehend der Sehnsucht nach dem »weißen Kragen« gewichen.

Um so klassenbewußter waren dagegen die Unternehmer, zumal die Großindustriellen, die aller Ungunst der Zeit zum Trotz in den fünf Jahren, die zwischen dem Zusammenbruch des Großdeutschen Reiches und dem Beginn der fünfziger Jahre lagen, ihre alte Position zurückzuerobern versucht hatten. Auch und gerade diejenigen, die von den alliierten Militärgerichtshöfen als Kriegsverbrecher abgeurteilt und eingesperrt worden waren, hatten sich davon nicht entmutigen lassen.

So waren beispielsweise die im IG-Farben-Prozeß (»Fall 6«) vom amerikanischen Militärtribunal in Nürnberg 1948 zu längeren Freiheitsstrafen verurteilten Direktoren dieses größten, tief in die Verbrechen der Nazis verstrickten Konzerns Anfang der fünfziger Jahre nicht nur samt und sonders wieder auf freiem Fuß, sondern auch in Spitzenpositionen der bundesdeutschen Wirtschaft aufgestiegen. Der ehemalige SS-Obersturmbannführer Dr. Heinrich Bütefisch, Vorstandsmitglied des IG-Farben-Konzerns und verantwortlich für das Leuna-Werk in Auschwitz, dafür von Hitler ausgezeichnet mit dem Ritterkreuz des Kriegsverdienstkreuzes, auch Mitglied des »Freundeskreises des Reichsführers SS Heinrich Himmler«, in Nürnberg zu sechs Jahren Gefängnis verurteilt, wurde Anfang der fünfziger Jahre Aufsichtsratsvorsitzender der Kohle-Öl-Chemie GmbH in Gelsenkirchen und Mitglied des Aufsichtsrats der Ruhrchemie AG, Oberhausen.

Der in Nürnberg zu acht Jahren Gefängnis verurteilte ehemalige Wehrwirtschaftsführer Dr. Otto Ambros, Vorstandsmitglied des IG-Farben-Konzerns, als solches verantwortlich für das Buna-Programm und bis 1942 Betriebsführer des Konzerns in Auschwitz, dann Leiter des Sonderausschusses C (Chemische Kriegführung), wurde Anfang der fünfziger Jahre Aufsichtsrat bei der Süddeutsche Kalkstickstoffwerke

AG, bei Telefunken, bei der VIAG, bei der Bergwerksgesellschaft Hibernia und der Scholven-Chemie AG, Gelsenkirchen.

Der ebenfalls zu acht Jahren Gefängnis verurteilte Dr. Ing. Walther Dürrfeld, von 1943 an Direktor der IG-Farben-Betriebe in Auschwitz, wurde nach seiner Freilassung Vorstandsmitglied der Scholven-Chemie AG in Gelsenkirchen-Buer. Und so wie Bütefisch, Ambros und Dürrfeld rückten alle anderen verurteilten IG-Farben-Direktoren ebenfalls wieder in führende Positionen der Wirtschaft auf.

Das galt auch für die als Kriegsverbrecher abgeurteilten Konzernchefs, wie Alfried Krupp v. Bohlen und Halbach oder Friedrich Flick, sowie für die in Spruchkammerverfahren glimpflich davongekommenen Industriemagnaten, wie Fritz Thyssen oder Werner v. Siemens. Und erst recht konnten diejenigen rasch wieder in ihren alten Besitzstand eintreten, die überhaupt nicht vor Gericht gestellt, sondern nur in »automatischen Arrest« genommen worden waren. So wurde 1948, einige Monate vor der Währungsreform, ein Häftling aus dem britischen Internierungslager Recklinghausen entlassen, der wenige Jahre später nicht nur zu den Reichsten der Bundesrepublik zählte, sondern auch, ohne selbst in Erscheinung zu treten, erheblichen Einfluß auf die Bonner Politik nahm. Es war dies der 1909 in Bonn geborene spätere Kaufhaus-Konzernchef Helmut Horten.

Als Sohn eines Senatspräsidenten am Kölner Oberlandesgericht, dessen Bruder, Dr. Titus Maria Horten, Prior der Dominikaner und Generalprokurator der China-Mission seines Ordens war, hatte Helmut Horten nach dem Wunsch seiner Familie entweder Jurist oder Theologe werden sollen. Doch Helmut Horten trat nach der Schule, zum Entsetzen seiner Eltern und Verwandten, als Verkäuferlehrling in ein Warenhaus ein. Bereits mit 27 Jahren gelang es ihm, sich selbständig zu machen: Mit Hilfe eines befreundeten Commerzbankdirektors »arisierte« er das Duisburger Kaufhaus Gebr. Alsberg, und in den folgenden Jahren übernahm er noch zahlreiche kleinere und größere Kaufhäuser in Wattenscheid, Bielefeld, Gevelsberg und dann sogar im ostpreußischen Königsberg sowie in Marienburg und Marienwerder. 1939, als der Zweite Weltkrieg ausbrach, war Helmut Horten bereits vielfacher Millionär und verfügte zudem über beste Beziehungen zu den braunen Machthabern. Als die Rationierung begann und es Textilien nur noch gegen Bezugscheine gab, wurde er mit der Verwaltung und Verteilung der Kontingente im Bereich Ruhr/Niederrhein betraut, was zur Folge hatte, daß er nicht zur Wehrmacht einrücken mußte, sondern sich weiter seinen Geschäften widmen konnte.

Nach dem Untergang des Hitlerreichs war Helmut Horten wegen seiner hohen Position in der Kriegswirtschaft und in Nazi-Organisationen von der britischen Besatzungsmacht verhaftet worden. Nach fast zweijährigem Aufenthalt im Internierungslager hatte Horten dann durch einen Hungerstreik seine vorzeitige Entlassung erzwungen (wobei es sicherlich auch eine Rolle spielte, daß Hortens Patenonkel, der Dominikanerprior, während der Nazizeit im Konzentrationslager ums Leben gekommen war). Und schon zehn Monate später, am 1. Dezember 1948, kurz vor dem ersten Weihnachtsfest nach der Währungsreform, eröffnete Horten in Duisburg sein erstes Nachkriegs-Kaufhaus. Der Andrang des Publikums war so stark, daß ein großes Aufgebot von Polizei und Feuerwehr nötig war, die Ordnung einigermaßen aufrechtzuerhalten. Offenbar hatte Horten es verstanden, große Mengen an hochwertigen Textilien über die Kriegs- und ersten Nachkriegsjahre hinweg in sicheren Verstecken zurückzuhalten, und sie wurden ihm buchstäblich aus den Händen gerissen — gegen harte, knappe DMark, die es ihm ermöglichten, rasch zu expandieren. Binnen weniger Jahre hatte sich der Horten-Konzern über das ganze Bundesgebiet ausgedehnt und gehörte schließlich zur Spitzengruppe der großen Warenhauskonzerne.

Hortens Generalbevollmächtigter wurde übrigens schon Anfang der fünfziger Jahre sein früherer Mithäftling Rudolf Tesmann, ehedem SS-Obersturmbannführer und zuletzt Verbindungsmann der NSDAP-Auslandsorganisation zur

Parteikanzlei des Reichsleiters Martin Bormann. Der einst sehr einflußreiche Naziführer vertrat später die Horten-Interessen im Präsidium des Wirtschaftsrats der CDU, wogegen Helmut Horten selbst enge Verbindung zum rechten Flügel der Freien Demokraten und zu Franz Josef Strauß hielt.

Aber Hortens Generalbevollmächtigter Tesmann war nicht der einzige hohe Funktionär der NSDAP-Auslandsorganisation, der nach seiner Freilassung aus der Internierungshaft eine führende Position in der Wirtschaft erhielt: So wurde der Legationsrat a.D. Gerhard Kreuzwendedich Todenhöfer, ein Württemberger des Jahrgangs 1913, der mit 17 Jahren bereits 1930 Mitglied der NSDAP und ein fanatischer Nazi geworden war, im »Dritten Reich« als besonderer Günstling des mächtigen Reichsleiters Bormann zunächst stellvertretender Referatsleiter Deutschland III (Judenangelegenheiten) im Auswärtigen Amt, dann stellvertretender Leiter des »Sonderreferats« und Verbindungsmann zu Bormann und Goebbels. SS-Hauptsturmführer Todenhöfer förderte dann in der Rundfunkpolitischen Abteilung die Karriere seines engsten Freundes, des späteren CDU-Politikers und Adenauer-Günstlings Kurt Georg Kiesinger. Umgekehrt half Kiesinger dem nach seiner Freilassung im neuen Bonner Auswärtigen Amt nicht mehr unterzubringenden, weil allzu belasteten Freund. Todenhöfer wurde Generaldirektor der C.-Baresel-Bau-AG in Stuttgart. Deren Aufsichtsratsvorsitzender war der langjährige Präsident des CDU-Wirtschaftsrats, Dr. Klaus Scheufelen.

Wie Rudolf Tesmann von Horten, so wurde ein anderer hoher Nazi-Funktionär und SS-Führer von einem Vertrauensmann Friedrich Flicks während der gemeinsamen Internierungshaft für eine führende Position in der Wirtschaft gewonnen, nämlich Dr. Hanns Martin Schleyer, schon vor 1933 als Gymnasiast Mitglied der HJ, dann der SS und der NSDAP, zuletzt im besetzten Prag Leiter des Präsidialbüros des »Zentralverbands der Industrie für Böhmen und Mähren«. Dr. Schleyer, Schwiegersohn eines zur Obersten SA-

Führung zählenden Arztes, des Gruppenführers Dr. Ketterer, war auf dessen Intervention hin als »bewährter SS-Führer aus der Kampfzeit mit besonders wichtigen politischen Aufgaben in Prag« dort als »unabkömmlich« anerkannt und von einer Wiedereinberufung zur Wehrmacht freigestellt worden. Bald nach seiner Freilassung aus dem »automatischen Arrest«, in den er 1945 von der Besatzungsmacht genommen worden war, hatte Dr. Schleyer als Vertrauensmann Friedrich Flicks in die Daimler-Benz AG eintreten und dort zum Vorstandsmitglied aufsteigen können. Als er 1977 von Terroristen entführt und ermordet wurde, war er Präsident der Bundesvereinigung der deutschen Arbeitgeberverbände (BDA) und des Bundesverbands der deutschen Industrie (BDI).

Friedrich Flick selbst, der nach dem Zweiten Weltkrieg sofort verhaftet und zweieinhalb Jahre später von einem amerikanischen Militärgericht wegen Ausbeutung von Arbeitssklaven, Plünderung und finanzieller Unterstützung der SS zu sieben Jahren Gefängnis verurteilt worden war, hatte schon vom Gefängnis aus mit dem Wiederaufbau seines Konzerns begonnen. Als er 1950 vorzeitig aus der Haft entlassen wurde, konnte er sofort die vorbereiteten Verkäufe seiner Kohlezechen durchführen. Mit rund 250 Millionen DM an flüssigen Mitteln kaufte er sich dann in diejenigen Industriezweige ein, die ihm aufgrund seines im Kriegsverbrechergefängnis betriebenen Studiums als die aussichtsreichsten erschienen: in die Auto- und Kunststoffproduktion sowie in die Papier-, Zellstoff- und Chemie-Industrie. Er erwarb damals fast die Hälfte des Aktienkapitals der Daimler-Benz AG, über 80 Prozent der Dynamit-Nobel AG und zu hundert Prozent die Feldmühle AG.

Wie schon in den Jahren der Weimarer Republik und im »Dritten Reich«, hielt sich Friedrich Flick selbst politisch im Hintergrund. Dafür wurde einer seiner engsten Mitarbeiter, der ihn schon während seiner Haft häufig besucht hatte, politisch aktiv. Es war dies der Rechtsanwalt Dr. Wolfgang Pohle, vor 1945 engster Mitarbeiter des Mannesmann-Generaldirektors Wilhelm Zangen, Leiter der »Reichsgruppe Industrie« und des Hauptausschusses für Rüstung und Kriegsproduktion im Ministerium von Albert Speer. Bald nach 1945 wurde Wolfgang Pohle Vorsitzender des wirtschaftspolitischen Ausschusses der rheinischen CDU, daneben Generalbevollmächtigter des Flick-Konzerns. Von 1953 an gehörte Dr. Pohle, der später nach München übersiedelte und Schatzmeister der CSU wurde, der Unionsfraktion im Bundestag an. Zusammen mit seinen politischen Freunden sorgte er für eine staatliche Investitionsförderung in Milliardenhöhe, für unternehmerfreundliche Steuer- und Abschreibungsregelungen sowie sehr bald auch für umfangreiche Staatsaufträge, zumal im Bereich der — anfangs noch getarnten — Wiederaufrüstung. Das gewaltige Arbeitslosenheer und die sehr geringe Anzahl von offenen Stellen garantierten, trotz angeheizter Konjunktur und im Korea-Boom emporschnellender Preise, für nur sehr langsam steigende Löhne. Westdeutschlands Stahlindustrie, das Rückgrat der bundesdeutschen Wirtschaft, florierte wie in den besten Tagen der Wiederaufrüstung vor dem Zweiten Weltkrieg, und Friedrich Flick verdiente daran am meisten. Er investierte fleißig weiter, vor allem im Bereich der noch sehr zukunftsträchtigen Automobilindustrie, die sich in den fünfziger Jahren geradezu explosiv entwickelte.

Das eigene Auto, vor dem Zweiten Weltkrieg für die allermeisten Deutschen allenfalls ein Wunschtraum, wurde in den fünfziger Jahren zum eigentlichen Symbol des »Wirtschaftswunders« und zum stolz vorgezeigten Beweis des eigenen Erfolgs. 1938 hatte es im Deutschen Reich bereits fast 1,3 Millionen Personenkraftwagen gegeben; 1948 waren in den drei Westzonen noch 192 000 Autos vorhanden, die meisten davon völlig überalterte Fahrzeuge aus der Vorkriegszeit.

Bis zum Jahresende 1950 war der Bestand an zugelassenen Personenkraftwagen im Bundesgebiet auf 539 000 gestiegen; ein beträchtlicher Teil davon waren firmen- oder behördeneigene Fahrzeuge. Nach der Statistik kamen auf je tausend

Bundesbürger knapp elf Autos, doch zog man die Dienstfahrzeuge ab, so hatte nicht einmal jede hundertste Familie einen eigenen Wagen.

In den folgenden Jahren stieg die Anzahl der zugelassenen Personenkraftwagen sprunghaft an, aber erst im Laufe des Jahres 1955 war der Vorkriegsstand wieder erreicht. Nun hatte schon etwa jede zwanzigste bundesdeutsche Familie ein eigenes Auto, und bald war es jede zwölfte, jede zehnte, jede achte, schließlich gegen Ende der fünfziger Jahre bereits jede fünfte. Von da an gab es nicht nur eine tiefe soziale Kluft zwischen den wenigen stolzen Besitzern eines Privatwagens und den vielen, die kein Auto hatten, sondern auch eine breite Rangskala mit bescheidenen, sehr langsamen Kleinstwagen am unteren und chauffeurgesteuerten, schweren und schnellen Luxuslimousinen am obersten Rand.

Im Oktober 1952, als die Motorisierung noch in den Anfängen steckte, stellte das Allensbacher Institut für Demoskopie im Auftrag des Bundeskanzleramts einer statistisch-repräsentativen Personengruppe die Frage: »Bei uns fahren heute schon wieder ziemlich viele Leute mit großen, schweren Autos herum. Wenn Sie zu bestimmen hätten: Würden Sie, solange es noch vielen schlechtgeht, solche teuren Autos verbieten oder erlauben?«

Trotz dieser deutlich an vorhandene Ressentiments appellierenden, absichtlich herausfordernden Fragestellung, die in Wahrheit nur das vorhandene Ausmaß sozialer Spannungen erkunden sollte, ließen sich nur 39 Prozent der befragten erwachsenen Bundesbürger dazu verleiten, für ein Verbot der schweren Wagen zu stimmen. Nicht einmal bei der noch weitestgehend auf Fahrräder und öffentliche Verkehrsmittel angewiesenen Industriearbeiterschaft gab es eine Mehrheit, die »das Herumfahren mit großen, schweren Autos« zu verbieten bereit gewesen wäre. Nur in Großbetrieben mit mehr als tausend Beschäftigten fanden sich unter den Arbeitern und Arbeiterinnen tatsächlich 51 Prozent, denen die teuren Autos verbotswürdig erschienen.

Sicherlich spielte es bei der Beantwortung dieser Frage

eine nicht unwesentliche Rolle, daß es ja gerade die »großen, schweren« und schnellen Autos waren, von denen die meisten Jüngeren, vor allem die jungen Männer, träumten und die sie anderen schon deshalb nicht verbieten mochten, damit sie selbst weiter an die Möglichkeit der Verwirklichung ihres Wunschtraums glauben konnten.

Bei der weiblichen Bevölkerung stand das eigene Auto nicht so deutlich an der Spitze der Wunschliste. Die Anschaffung von Kleidung und allerlei modischem Zubehör, Wäsche und Schmuck sowie sonstiger Dinge, die der Verbesserung des eigenen äußeren Erscheinungsbildes dienten, stand bei den Frauen an erster Stelle, gefolgt von Wünschen nach Verbesserung der Wohnungseinrichtung oder Anschaffungen für die Aussteuer; erst an dritter Stelle rangierte die Sehnsucht nach dem eigenen Auto.

Dazu ist anzumerken, daß damals für die vielen alleinstehenden Frauen der jüngeren und mittleren Jahrgänge die Frage »Wie kriege ich einen Mann?« absolut vorrangig war. Das erklärte sich nicht allein aus dem gewaltigen Frauenüberschuß, der eine Folge des Krieges war, sondern auch aus dem allgemeinen Verlangen nach Geborgenheit, materieller Sicherheit und bürgerlicher Wohlanständigkeit sowie nach Anpassung an die von Kirche, Staat und Gesellschaft vorgeschriebenen Normen.

Es gab ein allgemeines dringendes Bedürfnis nach einer wieder völlig »heilen Welt«, in der man in sichtbar wachsendem Wohlstand und mit deutlich zunehmendem Ansehen friedlich und von allen wohl gelitten leben konnte. Für dieses Ziel waren die allermeisten Bundesdeutschen bereit, sich Tag für Tag abzurackern und alle anderen Interessen, soweit vorhanden, zurückzustellen.

In engem Zusammenhang mit diesen Sehnsüchten standen einerseits der Wunsch, die erst wenige Jahre zurückliegenden »Vorkommnisse« — so umschrieb man mit Vorliebe die beispiellosen Verbrechen der Nazis — so weit wir irgend möglich in Vergessenheit geraten zu lassen, anderseits die Bereitschaft, sich mit der Politik der Regierenden nahezu kritiklos abzufinden in der begründeten Hoffnung, daß sie einen dann ebenfalls in Ruhe ließen und kein politisches Engagement des einzelnen Bürgers erwarteten.

Nur scheinbar im Widerspruch zu dieser unpolitischen und passiven Grundhaltung einer breiten Mehrheit stand die zunächst entschiedene, sich meist in »Ohne mich«- und »Ohne uns«-Parolen äußernde Ablehnung aller Remilitarisierungspläne. Solange Adenauer nicht klar erkennen ließ, daß er zu einer Aufstellung westdeutscher Streitkräfte fest entschlossen war, und solange die Führung der SPD und der Gewerkschaften jede Wiederbewaffnung kompromißlos abzulehnen schien, gab es zwar Ansätze zu einer Bewegung, die sich über den bloßen Protest hinaus zu einer mächtigen und möglicherweise erfolgreichen Opposition hätte entwickeln können.

Aber dann begann Bundeskanzler Adenauer sich deutlicher auszudrücken. Die von Staatssekretär Otto Lenz gesteuerte Regierungspropaganda verbreitete Angst vor »den Russen« und diffamierte die Kampagne gegen die Wiederaufrüstung als »prokommunistisch« und »von Moskau gesteuert«. Die Organisation einer breiten Unterschriftensammlung wurde von Bundesinnenminister Dr. Robert Lehr als »Angriff auf die verfassungsmäßige Ordnung« kurzerhand verboten, wiederum mit dem Hinweis auf »kommunistische Drahtzieher«, obwohl zu den Initiatoren auch Lehrs Amtsvorgänger Dr. Gustav Heinemann und zahlreiche andere angesehene Persönlichkeiten zählten, die zweifellos keine Kommunisten waren.

Es hagelte Verbote und Ordnungsstrafen, zumal gegen kommunistische Tageszeitungen, die an der Rechtmäßigkeit des Verbots der Unterschriftensammlung Kritik übten. Schließlich nahmen am 16. und 17. September 1950 die leitenden Gremien der SPD erneut zur Remilitarisierungsfrage Stellung. Sie lehnten eine Wiederbewaffnung »in der gegenwärtigen Situation« entschieden ab und mißbilligten Adenauers gegenteiliges Angebot an die Westmächte. Aber gleichzeitig nannte die SPD-Führung nun Bedingungen, unter denen sie bereit wäre, einem militärischen Beitrag der Bundesrepublik zur »Verteidigung des Westens« zuzustimmen; es ging ihr, so erklärte sie, vor allem um volle Gleichberechtigung und um feste Garantien der Westmächte für den Schutz des Bundesgebiets.

Mit alledem waren der Kampagne gegen die Wiederaufrüstung der Schwung und der Zusammenhalt genommen. Bis auf die Kommunisten, die bei den ersten Bundestagswahlen knapp sechs Prozent der Stimmen erhalten hatten, einige linke Sozialdemokraten und eine Handvoll Pazifisten aus christlicher Verantwortung fügten sich die Remilitarisierungsgegner schon bald ins offenbar Unvermeidliche, während die Bundesregierung nun ihrerseits eine Kampagne gegen die Kommunisten begann, mit der der letzte Widerstand gegen die Aufrüstung gebrochen werden sollte.

Bereits am 19. September, zwei Tage nach dem Übergang der SPD-Führung vom kategorischen Nein zum bedingten Ja zur Wiederbewaffnung, erließ die Bundesregierung eine Verordnung, wonach Mitglieder der KPD und aller anderen kommunistischen oder als kommunistisch angesehenen Organisationen, darunter auch die »Vereinigung der Verfolgten des Naziregimes« (VVN), aus dem öffentlichen Dienst sofort zu entfernen waren.

Dieses erste »Berufsverbot«, von dem vor allem Männer und Frauen betroffen waren, die in den Jahren der Nazi-Diktatur Widerstand geleistet hatten und schwersten Verfolgungen ausgesetzt gewesen waren, stellte nur den Auftakt der nun einsetzenden Kommunistenverfolgung dar. Nach einer Welle von Versammlungsverboten, Haussuchungen und Beschlagnahmen verabschiedete der Bundestag im Frühsommer 1951 das erste Strafrechtsänderungsgesetz, das als neues Delikt die sogenannte Staatsgefährdung einführte. Es wurde mit den Stimmen der Regierungskoalition und der SPD angenommen; sechs Jahre später bekannte der sozialdemokratische »Kronjurist« Adolf Arndt, »daß jenes Gesetz keine gesetzgeberische Meisterleistung« gewesen sei und sich »wegen seiner Unklarheiten und der Unbestimmtheit mancher Begriffe ... nicht so bewährt hat, wie es für ein rechtsstaatliches Strafgesetz unerläßlich« gewesen wäre.

In der Rechtspraxis wurde die neue Strafbestimmung fast ausschließlich gegen Linke, vornehmlich gegen Kommunisten und in besonderem Maße gegen Jugendliche angewandt. Nach Angaben des Bundesjustizministeriums wurden bis 1955 insgesamt 35 189 Ermittlungsverfahren wegen Staatsgefährdung allein gegen Jugendliche eingeleitet. 6429 von ihnen kamen in Untersuchungshaft und wurden in 425 Strafprozessen zu insgesamt mehr als tausend Jahren Gefängnis verurteilt, ganz zu schweigen von den zahlreichen zu langjährigen Freiheitsstrafen verurteilten kommunistischen Funktionären und den etlichen tausend Beamten, Angestellten und Arbeitern, die allein wegen ihrer Gesinnung ohne Versorgungsansprüche aus dem öffentlichen Dienst entlassen wurden. Bis zu welcher Absurdität die Richter sich in ihren Urteilen gegen wirkliche oder vermeintliche Kommunisten verstiegen, zeigt eine Entscheidung des Bundesgerichtshofs aus jenen Jahren, in der es wörtlich heißt: »Wer sich, ohne Mitglied« einer verbotenen kommunistischen Jugendorganisation »zu sein, an mehreren Tagen einige Stunden lang zur Auskunftserteilung und zur Entgegennahme etwaiger Teilnehmer-Anmeldungen für das von der FDJ veranstaltete 2. Deutschlandtreffen Pfingsten 1954 bereitgehalten hat, macht sich, auch wenn kein Interessent erschienen war, des Verbrechens nach den Paragraphen 128, 49, 94 StGB schuldig.« Der Paragraph 128 des Strafgesetzbuchs umreißt den Tatbestand der Geheimbündelei und sieht für Mitglieder eine Gefängnisstrafe bis zu sechs Monaten vor; der Paragraph 49 beschreibt die Gehilfenschaft bei der Begehung eines Verbrechens oder Vergehens; der Paragraph 94 bezieht sich auf »Strafverschärfung bei verfassungsverräterischer Absicht« und lautete in der damaligen Fassung, soweit auf den betreffenden Fall bezüglich: »Wird eine Tat, die nach den Vorschriften über ... Angriffe gegen die öffentliche Ordnung (§§ 123—139) ... strafbar ist, in der Absicht begangen, den Bestand der Bundesrepublik Deutschland zu beeinträchtigen, einen der in § 88 bezeichneten Verfassungsgrundsätze zu beseitigen, außer Geltung zu setzen oder zu untergraben oder eine solche Bestrebung zu fördern, so kann ... auf Zuchthaus bis zu fünf Jahren oder auf Gefängnis und, wenn die Tat auch ohne diese Strafverschärfung ein Verbrechen wäre, auf Zuchthaus bis zu fünfzehn Jahren erkannt werden.«

Mit solchen Terrorurteilen wurden damals »Gehilfen« kommunistischer Jugendtreffen zu langen Freiheitsstrafen verurteilt, während nazistische Massenmörder auf freiem Fuß blieben.

Zwar hatte Konrad Adenauer schon in seiner ersten Regierungserklärung ausdrücklich betont: »... Im übrigen dürfen wir nicht mehr zwei Klassen von Menschen in Deutschland unterscheiden: die politisch Einwandfreien und die Nichteinwandfreien. Diese Unterscheidung muß baldigst verschwinden!« Aber dies bezog sich nicht auf die gemaßregelten Kommunisten und andere Linke, sondern ausschließlich auf die in Entnazifizierungsverfahren als »belastet« eingestuften ehemaligen Nazis. Diese mit Freiheits- oder Geldstrafen sowie mit Ausschluß aus dem öffentlichen Dienst und aus führenden Positionen der Wirtschaft, Verlust ihrer Versorgungsansprüche und Verbot jeder politischen Betätigung bestraften »Nichteinwandfreien« sollten nach dem Willen des Bundeskanzlers möglichst rasch wieder in den Staat und die Gesellschaft integriert werden.

Nun war die Mehrzahl der am schwersten Belasteten ohnehin von der Entnazifizierung nicht erfaßt worden. Viele der für die Greueltaten Verantwortlichen hatten sich ins Ausland, vornehmlich nach Südamerika, absetzen können, häufig mit Hilfe vatikanischer Stellen, ausländischer Geheimdienste und der »Odessa« (= Organisation ehemaliger SS-Angehöriger). Wer von der finanziell gut ausgestatteten Fluchthilfe-Organisation mit Geld und falschen Papieren versehen worden war, konnte auch in der Bundesrepublik unbehelligt leben. Zahlreiche prominente Nazis waren aber auch mit Hilfe sogenannter »Persilscheine« ungeschoren davongekommen; es handelte sich dabei um reine Gefälligkeitsatteste, worin den Beschuldigten menschliches Verhalten in Einzelfällen oder gar heimlicher Widerstand bescheinigt wurde, wobei der katholische Klerus oft auch späte Reue in einwandfreies Verhalten während der Nazizeit umzudeuten bereit war. Schließlich hatte in vielen Fällen auch die Bestechlichkeit mancher Spruchkammervorsitzenden, Ankläger oder Zeugen dafür gesorgt, daß in Wahrheit schwerbelastete Nazis äußerst glimpflich behandelt worden waren.

Dies alles hatte dazu geführt, daß von der Entnazifizierung im allgemeinen nur jene hart getroffen worden waren, die weder über viel Geld noch über gute Beziehungen verfügten. Diese »unbilligen Härten« zu beseitigen waren alle im Bundestag vertretenen Parteien bereit, ausgenommen die Kommunisten. So war in das Grundgesetz der Artikel 131 aufgenommen worden, der bestimmte, daß die Rechtsverhältnisse all jener Personen, einschließlich der Flüchtlinge und Vertriebenen, die seit dem 8. Mai 1945 aus dem öffentlichen Dienst »aus anderen als beamten- und tarifrechtlichen Gründen ausgeschieden sind und bisher nicht oder nicht ihrer früheren Stellung entsprechend verwendet werden«, durch ein Bundesgesetz zu regeln sei.

Noch in der ersten Legislaturperiode verabschiedete der Bundestag dieses »131er Gesetz«, das am 11. Mai 1951 in Kraft trat. Es ist kaum anzunehmen, daß sich die Mehrzahl der Abgeordneten darüber im klaren war, was mit diesem Gesetz angerichtet wurde. Anstatt nur die zahlreichen Härtefälle zu beseitigen, wie es ursprünglich beabsichtigt gewesen war, erhielten praktisch alle als belastete Nazis entlassenen Beamten und Angestellten des öffentlichen Dienstes ihre vollen Versorgungsbezüge zurück, insgesamt mehr als 150000. Zwar hieß es in dem Gesetz, daß jene, die durch ein Entnazifizierungsverfahren als für den öffentlichen Dienst untragbar erklärt worden waren, keinen Anspruch auf Wiederverwendung erhalten sollten, aber in der Praxis sah es dann ganz anders aus: Ehemalige Gestapo-Kommissare, hohe SA- und SS-Führer, Mitarbeiter des einstigen Reichssicherheitshauptamts, Getto-Verwalter, Staatsanwälte der Sondergerichte und sonstige an den scheußlichsten Verbrechen Beteiligte kehrten nun als Beamte auf Lebenszeit oder gar als unabsetzbare Richter in den öffentlichen Dienst der Bundesrepublik zurück.

Bund, Länder und Gemeinden wurden durch das Gesetz verpflichtet, zwanzig Prozent der Besoldungsmittel für die Einstellung sogenannter »131er« zu verwenden. So kam es, daß nicht nur die Entnazifizierung jäh beendet und in ihr Gegenteil verkehrt wurde, sondern daß die ehemaligen Nazis nun auch noch bevorzugt werden mußten, zum Nachteil aller Unbelasteten und zum Schaden der Demokratie.

Als man dies erkannte, war es bereits zu spät. »Die gröbste Fehlleistung im demokratischen Sinne, an deren Folgen die Bundesrepublik seit ihrem Bestehen leidet und noch lange leiden wird«, nannte der liberale Publizist und spätere Generalsekretär der Freien Demokraten Karl Hermann Flach das »131er Gesetz« in einem 1963 veröffentlichten Bericht, und vier Jahre später stellte der Philosoph Karl Jaspers resigniert fest: »Dies Fortwirken der alten Nationalsozialisten ist ein Grundgebrechen der inneren Verfassung der Bundesrepublik.«

Das »Fortwirken« der alten Nazis, die häufig in weit größerem Umfang, als es die Richtlinien vorsahen, in den öffentlichen Dienst wiedereingestellt wurden, vor allem in den Justiz- und Polizeidienst*, trat anfangs noch nicht so deutlich in Erscheinung. Berichte darüber, die im In- und Ausland auftauchten, wurden von der Bundesregierung als »kommunistische Propaganda« abgetan. Hingegen ließ sich, was in Bonn selbst vor sich ging, vor der Öffentlichkeit nicht so leicht verschleiern. Als im März 1951 ein neues Bundesministerium, das Auswärtige Amt, geschaffen wurde, dessen Leitung sich der Bundeskanzler zunächst selbst vorbehielt,

* Hinsichtlich der Besetzung wichtiger Posten in der Polizei mit ehemaligen Gestapobeamten und SS-Führern vgl. Bernt Engelmann, *Wie wir wurden, was wir sind,* München, 1980, S. 278 f.

wies die *Frankfurter Rundschau* in einer Artikelfolge mit der Überschrift »Ihr naht euch wieder . . .«, detailliert nach, daß dort sogar überwiegend Beamte aus dem einstigen Ministerium des — erst fünf Jahre zuvor in Nürnberg als Hauptkriegsverbrecher hingerichteten — Nazi-Außenministers Joachim v. Ribbentrop in leitende Stellungen berufen worden waren.

Ein vom Bundestag daraufhin eingesetzter Untersuchungsausschuß ermittelte dann, daß tatsächlich zwei Drittel aller Mitarbeiter des neuen Auswärtigen Amts ehemalige NSDAP-Mitglieder waren, darunter hohe SA- und SS-Führer, Agenten des Sicherheitsdienstes (SD) und sogar einige an Gewaltverbrechen unmittelbar Beteiligte. Der Ausschuß kam in seinem Abschlußbericht zu der — auf Druck der CDU/CSU hin sehr zurückhaltend formulierten — Feststellung, daß Personen eingestellt und mit wichtigen Aufgaben betraut worden waren, »deren Verwendung das Vertrauen des In- und Auslands zur demokratischen Entwicklung beeinträchtigen könnte«.

Aber Konrad Adenauer, der schon mit der Berufung des schwer belasteten Dr. Globke ins Bundeskanzleramt den personalpolitischen Kurs seiner Regierung deutlich gemacht hatte, ließ sich auch von dieser Rüge, mit der das Parlament die Presseberichte bestätigt hatte, nicht im geringsten beirren. Vor dem Bundestag erklärte der Kanzler: »Man kann doch ein Auswärtiges Amt nicht aufbauen, meine Damen und Herren, wenn man nicht wenigstens zunächst an den leitenden Stellen Leute hat, die von der Geschichte von früher etwas verstehen«, was wohl heißen sollte: die wußten, wo man nachschlagen kann, wie *chargé d'affaires* geschrieben und ausgesprochen wird, wo Tannu Tuwa liegt und wieviel Schuß Salut der Maharadscha von Bharatpur zu beanspruchen hat; die zum Cut weder Nagelstiefel noch braune Halbschuhe mit Kreppsohlen trugen und jeden, vom Doyen abwärts, korrekt anreden und in der Tischordnung unterbringen konnten.

Adenauer forderte deshalb die Abgeordneten und mit diesen die Presse und die Öffentlichkeit auf, doch endlich mit der »Naziriecherei« Schluß zu machen, »denn«, so erklärte er mit erhobenem Zeigefinger, »verlassen Sie sich darauf, meine Damen und Herren, wenn wir damit anfangen, weiß man nicht, wo das aufhört!«

Niemand wußte genau, was der Kanzler mit diesen kryptischen Worten meinte. Vielleicht dachte er ja an seine eigenen engsten Berater, neben Globke auch an Blankenhorn, der schließlich ebenfalls aus dem Ribbentrop-Ministerium kam und NSDAP-Mitglied gewesen war. Oder an Dr. Erich Kordt, den neuen Vorsitzenden der wichtigen Ost-West-Planungskommission, ehedem SS-Obersturmbannführer und Vertrauensmann Himmlers im Stab von Ribbentrop. Oder an Hasso v. Etzdorf, den neuen Ministerialdirigenten, der vom Kanzler für den künftigen Posten eines bundesdeutschen Botschafters in London vorgesehen war, obwohl er als einstiger SA-Obersturmbannführer und Verbindungsmann v. Ribbentrops zur Wehrmacht eine für solche Aufgabe etwas peinliche Vergangenheit hatte.

Nicht, daß Konrad Adenauer eine besondere Vorliebe für ehemalige Nazis gehabt hätte; eher war das Gegenteil der Fall. Aber einesteils brauchte er Leute, die Fremdsprachen beherrschten, sich mit dem Protokoll auskannten und mit dem diplomatischen Ritual vertraut waren. Und andernteils bevorzugte er Mitarbeiter, die völlig von seinem Wohlwollen abhängig waren und es nicht wagen konnten, auf eigene Faust Politik zu machen oder gar seine Weisungen zu mißachten.

Außerdem wußte der Kanzler, daß die Bundesbürger ihm mehrheitlich vertrauten; daß sie, was immer auch linke Blätter schreiben mochten, nur glauben würden, was sie glauben sollten (und meist auch wollten). In dieser Gewißheit sah sich Adenauer durch die Resultate der Meinungsumfragen bestätigt: Als die 1950 erst begonnene Renazifizierung des öffentlichen Dienstes und nicht zuletzt auch der Ministerialbürokratie vier Jahre später ihren Höhepunkt erreicht hatte, ergab eine Allensbacher Enquete, daß die Bevölkerung der

Bundesrepublik den im In- und Ausland erscheinenden Berichten darüber wenig Glauben schenkte.

Auf die Frage: »Was meinen Sie ganz allgemein — haben ehemalige Nationalsozialisten heute in Westdeutschland viel Einfluß oder wenig Einfluß oder gar keinen Einfluß auf die Politik?«, antworteten lediglich zwölf Prozent, die Nazis hätten wieder »viel Einfluß«. Insgesamt 49 Prozent, also fast die Hälfte der Bundesbürger, vertraten die Ansicht, die früheren Nazis hätten »wenig« oder »gar keinen Einfluß«. Weitere 23 Prozent erklärten, sie könnten dazu keine Meinung äußern; sie wüßten darüber nicht Bescheid.

Anders ausgedrückt: Fast drei Viertel der erwachsenen Bevölkerung Westdeutschlands konnten oder wollten die Tatsachen nicht erkennen, sei es aus Mangel an Information oder weil sie glaubten, was die Verantwortlichen ihnen versicherten, nämlich, daß eine Renazifizierung nicht stattgefunden habe, sei es, daß sie einfach nicht wahrhaben wollten, was ihnen eigentlich hätte mißfallen müssen.

Vor allem aber hatte die überwältigende Mehrheit der Bundesbürger zu dieser Zeit ganz andere Interessen; den meisten war es ziemlich gleichgültig, zumindest nicht sehr wichtig, ob und wie viele ehemalige Nazis wieder in Justiz und Verwaltung, selbst in der hohen Ministerialbürokratie, untergekommen waren. Für sie war von alles überragender Bedeutung allein die Frage, ob es in und mit der Bundesrepublik weiter aufwärtsginge; ob sich ihr eigener, schon merklich verbesserter Lebensstandard weiter erhöhen ließe oder ob ihre unermüdliche Plackerei am Ende wieder einmal vergeblich gewesen sein würde.

Verblüffenderweise schwand in diesen Jahren des beginnenden »Wirtschaftswunders« mit der größten Not auch der anfängliche Optimismus dahin. Kurz vor der Gründung der Bundesrepublik und vierzehn Monate nach der Währungsreform, im August 1949, hatten es noch 54 Prozent der erwachsenen Bevölkerung Westdeutschlands für durchaus oder wenigstens vielleicht möglich gehalten, »daß in Deutschland ein wirtschaftlicher Zustand erreicht wird, unter dem alle, also auch die Besitzlosen, ohne Not leben können«; nur 38 Prozent hatten dies damals für »unmöglich« gehalten. Fünf Jahre später, im Dezember 1954, hatte sich, obwohl es doch in vieler Hinsicht aufwärtsgegangen war, die Anzahl der Optimisten beträchtlich vermindert, wogegen die der Pessimisten stark angewachsen war: Nur noch 40 Prozent der Bundesbürger hielten ein Leben ohne Not für alle Menschen in ihrem Staat für »möglich« oder »vielleicht möglich«; die Mehrheit, 53 Prozent, sah die Erreichbarkeit eines solchen Zustandes als »unmöglich« an.

Was war geschehen, das die Hoffnungen so vieler Menschen in Westdeutschland zerstört hatte? Die Schaufenster waren doch prall gefüllt mit den schönsten Waren, die Anzahl der privaten Kraftfahrzeuge hatte sich sprunghaft vermehrt, der Kanzler und sein stets dicke Zigarren rauchender Wirtschaftsminister Ludwig Erhard gaben sich ungemein stolz und zufrieden mit den Erfolgen dessen, was sie »Soziale Marktwirtschaft« getauft hatten, und wer Zeitungen las oder Rundfunk hörte, erfuhr nichts als Positives: Das Bruttosozialprodukt stieg, die Außenhandelsbilanz entwickelte sich sehr günstig, die Produktionsziffern schnellten empor, der Handel verzeichnete ständig wachsende Umsätze und der Wohnungsbau übertraf alljährlich die Erwartungen.

Wie kam es dann, daß dennoch so viele Bundesbürger ihre ursprüngliche Hoffnung, daß alle im Land ohne Not würden leben können, aufgegeben hatten?

4. Was gut ist für die Deutsche Bank . . .

»Ich habe nur *ein* Vaterland, das heißt Deutschland, und da ich nach alter Verfassung nur ihm und keinem besonderen Teil desselben angehöre, so bin ich auch nur ihm und nicht einem Teil desselben von ganzer Seele ergeben.«

So anno 1812 der Reichsfreiherr Karl vom und zum Stein, der damals als Vertreter Rußlands in ein geteiltes und besetztes Deutschland heimkehrte. Als deutschem Patrioten, so erklärte der Freiherr vom Stein weiter, seien ihm die verschiedenen in Deutschland herrschenden Regime völlig gleichgültig. Sein Wunsch bestehe allein darin, daß Deutschland seine »Selbständigkeit und Unabhängigkeit und Souveränität« wiedererlange und sie zwischen Ost und West behaupte. Dies liege nicht nur im Interesse der Nation, sondern auch ganz Europas. Weder könne Deutschland zerstückelt bleiben und »auf dem Weg alter zerfallener und verfaulter Formen« erhalten werden, noch sei es Europa zuträglich, wenn »eine militärische künstliche Grenze« mitten durch Deutschland und auf seinen Ruinen errichtet würde.

Was Deutschland, so Stein, neben Einheit, Selbständigkeit und Unabhängigkeit von fremden Bündnissystemen am dringendsten brauche, sei eine Neuordnung der gesellschaftlichen Verhältnisse, die Beseitigung der gänzlich überholten, morschen und sozialen Strukturen sowie eine Reform von Grund auf, sowohl des Staates wie aller Bereiche der Gesellschaft.

Der Freiherr vom Stein, in den fünfziger Jahren anläßlich seines 200. Geburtstags von der Bundesrepublik Deutschland mit offiziellen Feiern sowie einer Sonderbriefmarke geehrt, wäre 1952 mit seinem hundertvierzig Jahre zuvor abgelegten Bekenntnis in Bonn auf heftigste Ablehnung gestoßen. Konrad Adenauer hätte ihn sofort als einen »Dummkopf oder Verräter«, als gefährlichen »Neutralisten« und »Handlanger Moskaus« diffamiert. Ja, Stein wäre wieder, wie schon zu seinen Lebzeiten durch König Friedrich Wilhelm III. von Preußen, aus dem öffentlichen Dienst entfernt, womöglich auch noch wegen »Staatsgefährdung« angeklagt worden.

(Der führende Zentrumspolitiker der Weimarer Republik und ehemalige Reichskanzler Joseph Wirth, der in den fünfziger Jahren mit seinem »Bund der Deutschen« im Wahlbündnis mit Dr. Gustav Heinemanns Gesamtdeutscher Volkspartei vergeblich gegen Adenauers Politik der Westintegration und Wiederaufrüstung sowie für ein wiedervereinigtes, unabhängiges Deutschland im Sinne der Steinschen Thesen stritt, wurde deshalb tatsächlich der »Staatsgefährdung« beschuldigt und in ein Ermittlungsverfahren verwikkelt.)

Wenn nun das Eintreten für ein geeintes, souveränes und von allen Bindungen an den einen oder anderen Machtblock freies Deutschland sowie für gründliche gesellschaftliche Reformen als »staatsgefährdend« und verbrecherisch galt, so stellt sich die Frage, was denn von Adenauer und seinen Freunden als »staatserhaltend« und für die Bundesrepublik nützlich angesehen wurde. Auf diese Frage gab damals einer der engsten Berater des Bundeskanzlers Konrad Adenauer eine ebenso zynische wie prägnante und aufschlußreiche Antwort. Er erklärte: »Was gut ist für die Deutsche Bank, ist auch gut für die deutsche Bundesrepublik.«

Der Kanzlerfreund und -berater, von dem dieses Wort stammt, das ursprünglich in der amerikanischen Konzernwelt und in bezug auf die USA geprägt wurde, war der Bankier Hermann Josef Abs. Erläuternd sei hinzugefügt, daß es die Deutsche Bank AG noch gar nicht wieder gab, als Abs so kategorisch deren Wohlergehen mit dem der Bundesrepublik gleichsetzte. Die Deutsche Bank AG, gegründet 1870, also noch vor dem wilhelminischen Kaiserreich, und bis 1945 das mächtigste Kreditinstitut des europäischen Kontinents, war nach dem Zweiten Weltkrieg von den Siegermächten — ebenso wie die beiden anderen deutschen Großbanken, die Dresdner Bank AG und die Commerzbank AG — aufgelöst worden. Im Bericht der amerikanischen Militärregierung für Deutschland (OMGUS) vom November 1946 war noch von der erheblichen Mitverantwortung der Leitungsgremien der Deutschen Bank AG für die verbrecherische Politik der Nazis die Rede gewesen, und in bezug auf Hermann J. Abs hieß es im OMGUS-Bericht: »Abs war der spiritus rector der niederträchtigen Deutschen Bank, die eine ungewöhnliche Konzentration wirtschaftlicher Macht mit aktiver Teilhaberschaft an der verbrecherischen Politik des Naziregimes verband. Die Deutsche Bank des Hermann Abs handelte wie eine Spitzeninstitution der deutschen Regierung und diente der wirtschaftlichen Durchdringung der Satellitenstaaten und der in Europa besetzten Länder ... Abs setzte seine ganze Kraft ein zur Ausdehnung der Herrschaft Deutschlands über Europa.«

Nachdem die Deutsche Bank AG wie auch die beiden anderen Großbanken zunächst in elf Regionalinstitute aufgesplittert worden waren, die keine zentrale Leitung und keine gemeinsame Geschäftspolitik haben durften, war es Hermann Josef Abs verboten worden, bei einer der Nachfolgebanken einen Posten zu bekleiden. Aber Anfang der fünfziger Jahre standen alle diese alliierten Beschränkungen nur noch auf dem Papier; praktisch hielt Abs bereits alle Fäden wieder in seiner Hand und betrachtete sich — ähnlich wie Adenauer schon vor der Gründung der Bundesrepublik — längst als »Sprecher« der noch nicht wiedervereinigten Großbank. Hermann Josef Abs, der maßgebende Architekt unserer vom Großkapital beherrschten bundesdeutschen Gesellschaft und heute Ehrenvorsitzender der Deutschen Bank AG und Präsident ihres Aufsichtsrats, 1901 in Bonn geboren und aus streng katholischer rheinischer Juristenfamilie, war ein Mann nach Adenauers Herzen: ein westlich orientierter, in

Wirtschaftsfragen liberaler Konservativer mit hervorragenden Auslandsbeziehungen, dem der hohe Klerus ebenso vertraute wie die Bankwelt Westeuropas und der USA.

Nach einem abgebrochenen Jurastudium und einer Lehrzeit bei Privatbanken in Köln, London, Paris, Amsterdam und New York hatte Abs von 1930 an in Berlin als Direktor, erst bei Delbrück, Schickler & Co, dann bei der Deutschen Bank AG gearbeitet. Während der Nazidiktatur war er — im Gegensatz zum Vorstandsvorsitzer und »Betriebsführer« Dr. Karl Ritter v. Halt, der vorzugsweise in SS-Uniform auftrat — gegenüber den braunen Machthabern zurückhaltend gewesen. Als Leiter der Auslandsabteilung der auch noch während des Krieges in den neutralen Ländern sehr aktiven Deutschen Bank hatte Direktor Abs stets die Ausrede parat, er dürfe sich im Interesse der wichtigen Wirtschaftsbeziehungen nicht politisch exponieren. Indessen war er beispielsweise einer der maßgebenden Männer in jenen kleinen Arbeitskreisen, die von 1943 an — mit Wissen des SD-Chefs Otto Ohlendorf — »Nachkriegsplanung« betrieben und die ersten Weichen für die Entwicklung der Bundesrepublik gestellt hatten.* Abs nahm deshalb nach dem Kriege auch nicht für sich in Anspruch, daß er den Nazis Widerstand geleistet hätte.

»Jemand, der nicht von den Nazis gehenkt oder erschossen worden ist«, pflegte der Bankier in den frühen fünfziger Jahren zu spötteln, »hat nach meinem Gefühl nicht das Recht, sich auf den Widerstand gegen Hitler zu berufen.« Ähnlich streng dachten kurz nach der Kapitulation auch die Alliierten, denn im Sommer 1945 verhafteten sie den Bankdirektor Abs und sperrten ihn für drei Monate in das Hamburg-Altonaer Gefängnis, ohne Rücksicht darauf, daß der als Kriegsverbrecher Verdächtige, in Jugoslawien dann in Abwesenheit zu fünfzehn Jahren Zwangsarbeit Verurteilte, kurz zuvor im britischen Hauptquartier seine Dienste angeboten und Vorschläge für eine Neuordnung des westdeutschen Geld- und Kreditwesens unterbreitet hatte.

* Vgl. Bernt Engelmann, *Wie wir wurden, was wir sind*, München, 1980, S. 272f.

Mit nur neunzig Tagen Haft kam Hermann Abs sehr glimpflich davon, aber es dauerte dann noch eine ganze Weile, bis er wieder eine Anstellung fand. Als im November 1948 die Kreditanstalt für Wiederaufbau gegründet wurde, die die Gegenwertgelder von rund zwanzig Milliarden Mark Marshall-Plan-Hilfe zu verwalten und zu verteilen hatte, wurde Hermann Josef Abs dort der maßgebende Mann. Damit hatte er als Chef der größten Geldsammelstelle Westdeutschlands noch vor Gründung der Bundesrepublik bereits wieder eine Schlüsselstellung eingenommen.

Abs dachte indessen nicht daran, seine gesamte Energie dem neuen Institut zu widmen. Er betrachtete seinen dortigen Posten nur als eine günstige Startposition. Sein Hauptaugenmerk galt der Wiedervereinigung, nicht Deutschlands, aber der Deutschen Bank, deren regionale Aufsplitterung ihm nicht als Dauerlösung erschien.

Erst 1957 waren alle Nachfolgeinstitute der Deutschen Bank wieder unter einem Dach vereint, und nun konnte Hermann Josef Abs endlich den Platz im Vorstandskollegium der auch formal wiederhergestellten Großbank einnehmen. Schon längere Zeit vorher hatte er sich dort die Führungsposition gesichert. Die Legende weiß zu berichten, daß er sich bei den ersten Vorbesprechungen gegenüber seinen Kollegen auf Adenauer berufen und erklärt habe, einer müsse den Vorsitz im künftigen Bankvorstand haben und gegenüber der Öffentlichkeit als Sprecher der Deutschen Bank auftreten. Er meine, man solle in alphabetischer Reihenfolge verfahren, wodurch zwar zunächst ihm selbst das schwere und verantwortungsvolle Amt zufallen würde, aber erstens wüßte er ohnehin keinen Besseren, und zweitens werde man sich ja abwechseln.

Eines der älteren Vorstandsmitglieder hatte sich dann vorsichtig und voll böser Ahnungen erkundigt, wann denn die erste Ablösung des »Sprechers« stattfinden sollte, worauf Abs ernst erklärt hatte: »Das, meine Herren, steht natürlich in Gottes Hand, aber sterben müssen wir ja alle einmal . . .«

Diese selbstsichere, vor Überrumpelungstaktik nicht zurückschreckende »Amtsanmaßung« war ganz im Adenauerschen Stil und nach des Kanzlers Geschmack. Kein Wunder, daß der Regierungschef den katholischen Großbankier bald ebenso schätzte wie seinen langjährigen rheinisch-protestantischen Freund Robert Pferdmenges vom größten Privatbankhaus der Bundesrepublik, Sal. Oppenheim jr. & Cie in Köln, und daß er beide zu seinen engsten Beratern erkor, wobei er Hermann Josef Abs dann auch mit einer wichtigen offiziellen Mission betraute, nämlich mit der Führung der bundesdeutschen Delegation, die in London über die Regelung der Auslandsschulden des Deutschen Reiches zu verhandeln hatte.

Abs und Pferdmenges, im Hintergrund die mit der Oppenheim-Bank und der Commerzbank-Gruppe wirtschaftlich, mit Bundeskanzler Adenauer und dem Kölner Kardinal Frings verwandtschaftlich verbundene Neußer Familie Werhahn, die zur Spitzengruppe der westdeutschen Großkapitalisten zählte (und heute noch zählt), stellten gemeinsam mit dem Bundeskanzler die Weichen; ihr Ziel war es, die alten wirtschaftlichen Eigentumsverhältnisse und die Macht der Konzerne wiederherzustellen.

Mit dem Gesetz Nr. 27 der alliierten Hohen Kommission vom 20. Mai 1950, das gegen den Widerstand der Franzosen von den Amerikanern durchgesetzt wurde, begann der von den westdeutschen Großaktionären ersehnte Prozeß einer schrittweisen Liquidierung der ursprünglichen Ziele der alliierten Entflechtungspolitik: Im Abschnitt 5 war die Entschädigung der ehemaligen Aktionäre der aufzulösenden Altkonzerne enthalten, und mit der ersten Durchführungsverordnung wurde bestimmt, daß die »Umgestaltung« der im Gesetz genannten Konzerne — von ihrer Zerschlagung war nicht mehr die Rede — Sache der Vorstände dieser Unternehmen sein sollte.

Im September 1950 hatte sich dann die Bundesregierung in die Entflechtungspolitik eingeschaltet. Rein formal stellte sie sich ganz auf den Boden der alliierten Gesetze und deren Ziele — Beseitigung der übermäßigen Konzentration wirtschaftlicher Macht, Verhinderung der Bildung eines neuen Rüstungspotentials und Ausschaltung des Einflusses der alten, durch ihre Zusammenarbeit mit dem Nazi-Regime kompromittierten Eigentümer —, aber faktisch ging es ihr um einen raschen Abschluß der Entflechtung und die Wiederherstellung sowohl der »bewährten« Strukturen wie der alten Eigentumsverhältnisse. In beiden Punkten konnte sich Bonn gegenüber den Besatzungsmächten durchsetzen: Im Mai 1951 wurde entschieden, daß die Aktien der neu zu bildenden Gesellschaften an die Aktionäre der aufzulösenden Konzerne fallen sollten; einige Wochen zuvor waren auch die Strukturfragen, zumal die Wiederherstellung des von deutscher Seite geforderten Kohle-Stahl-Verbunds, zur Zufriedenheit der Konzernherren geregelt worden. Im Endergebnis blieb von der ganzen Entflechtungspolitik wenig übrig; nur zwei Mammutgebilde — die IG Farbenindustrie AG und die Vereinigte Stahlwerke AG — wurden tatsächlich aufgelöst und dezentralisiert; die übrigen Großunternehmen wuchsen bald wieder zu Konzernen unter den alten Firmennamen zusammen, und was die beiden einstigen Riesen, die IG Farben und den Stahlverein, betraf, so war bei ihnen aus betriebswirtschaftlichen Gründen eine gewisse Dezentralisierung ohnehin vonnöten gewesen. Mitte 1952, sieben Jahre nach Kriegsende, waren die Großaktionäre der Montan- und Chemiekonzerne wieder uneingeschränkt im Besitz ihrer alten Macht; die Auflösung des IG-Farben-Trusts in drei Nachfolgegesellschaften — Farbwerke Hoechst, Bayer Leverkusen und BASF — deckte sich mit den Plänen, die die Konzernleitung schon während des Krieges entworfen hatte, und das Grundkapital der drei — nach wie vor eng verbundenen — IG-Farben-Nachfolgegesellschaften überstieg schon bald das des alten Mammutkonzerns um ein Mehrfaches.

Auch die »zerschlagenen« Großbanken wuchsen im Verlauf der fünfziger Jahre wieder zusammen und erreichten 1956 mit ihrer Kapitalmacht bereits den Vorkriegsstand; bis zum Ende der fünfziger Jahre waren sie etwa viermal so finanzstark und mächtig geworden, wie sie 1938 gewesen waren.

»Das Ergebnis der Dekartellisierung«, hat Eberhard Schmidt dazu bemerkt, »stand in krassem Widerspruch zu ihren einst verkündeten Zielen. Die ohnehin bescheidenen Resultate wurden innerhalb kurzer Zeit rückgängig gemacht. Es setzte ein Rekonzentrationsprozeß ein, der weit über den Vorkriegsstand hinausging. Er war zwangsläufig verbunden mit einer Verstärkung der wirtschaftlichen und politischen Macht jener Kreise der deutschen Großbourgeoisie, die auch nach dem Willen der Westmächte für immer von den Schaltern der Macht entfernt werden sollten.«

Noch begünstigt wurde diese Entwicklung von einer glänzenden Konjunktur, und diese wiederum von vielfältigen, sehr gezielten Maßnahmen Bonns. Nachdem die westdeutsche Industrieproduktion bereits im März 1950 den Vorkriegsstand wieder erreicht hatte, betrug Ende 1950 die Zuwachsrate der industriellen Nettoproduktion gegenüber dem Vorjahr 24 Prozent, in der Konsumgüterindustrie sogar 31,4 Prozent. Auch in den folgenden Jahren übertraf das Ausmaß und Tempo des Wachstums der bundesdeutschen Industrieproduktion bei weitem das aller anderen westlichen Industriestaaten.

Diese als »Wirtschaftswunder« gepriesene Entwicklung war auf eine ganze Reihe von Faktoren zurückzuführen; die aus den USA in die Bundesrepublik gepumpten Marshall-Plan-Gelder und der gewaltige Nachholbedarf waren nur zwei davon. Hinzu kam, daß Westdeutschland über weit billigere, aber hochqualifizierte Arbeitskräfte verfügte als seine Hauptkonkurrenten und daß die immer noch aus dem Osten in die Bundesrepublik strömenden Flüchtlinge und Umsiedler für die Erhaltung der »industriellen Reservearmee« von Arbeitslosen und für nur sehr langsam steigende Löhne sorgten. Sodann hatten die alliierten Demontagen der ersten Nachkriegszeit bewirkt, daß die westdeutsche Industrie ihre veralteten Maschinen und Anlagen frühzeitig losgeworden war und zwangsläufig durch eine weit modernere Ausrüstung ersetzt hatte. Auch konnte die Industrie der Bundesrepublik nun Produktionszweige entwickeln, die die westliche Konkurrenz wegen der beschleunigten Aufrüstung — die in Westdeutschland noch nicht eingesetzt hatte — vernachlässigen mußte.

Vor allem aber kamen die westdeutschen Industriekonzerne in den Genuß einer ganzen Reihe staatlicher Förderungsmaßnahmen, wie es sie in diesem Ausmaß noch nie zuvor gegeben hatte. Neben Export- und Steuerbegünstigungen sowie enorm vermehrten Abschreibungsmöglichkeiten war es besonders die Investitionshilfe des Staats, mit der das industrielle Wachstum angekurbelt wurde. Schon im Jahre 1950 wurden fast 26 Prozent aller Industrieinvestitionen vom Staat und damit von der Masse der Steuerzahler finanziert; fast 18 Prozent der gesamten Staatsausgaben flossen als Investitionshilfen in die Industrie. Von 1950 bis 1956 stellte der Staat mehr als zwei Drittel aller langfristigen Finanzierungsmittel zur Verfügung, und damit wurden die öffentlichen Haushalte zum Hauptkreditgeber der privaten Wirtschaft, wobei die Konzerne der Schwerindustrie und die Energiewirtschaft zu Lasten der übrigen Unternehmen erheblich bevorzugt wurden.

Die günstige Entwicklung der Konjunktur und die umfangreichen staatlichen Lenkungs- und Förderungsmaßnahmen verstärkten die Konzentration in ungeahntem Ausmaß: Schon 1951 konzentrierte sich die Roheisen- und Rohstahlproduktion auf fünfzehn Großunternehmen, bei denen nahezu neunzig Prozent der westdeutschen Gesamterzeugung lagen. Anfang 1954 verfügten acht Eisen- und Stahlkonzerne über mehr als zwei Drittel der gesamten Rohstahlkapazität der Bundesrepublik. Im Bereich der Elektroindustrie wurde der Markt von nur zwei Konzernen, Siemens und AEG, nahezu vollständig beherrscht. Im Chemie-Bereich lagen 1951 die Umsätze der drei IG-Farben-Nachfolgekonzerne bereits über denen, die der als übermächtig angesehene Trust vor dem Zweiten Weltkrieg erzielt hatte.

Gleichzeitig verschmolzen Bank- und Industriekapital,

und allein die beiden Bankhäuser, deren Chefs Bundeskanzler Adenauer in allen wichtigen finanz-, wirtschafts- und gesellschaftspolitischen Fragen berieten, beherrschten bald eine kaum noch zu überblickende Vielzahl von Aufsichts- und Verwaltungsräten, zumal in den vom »Wirtschaftswunder« besonders begünstigten Bereichen.

Anfang 1953 — inzwischen war der Vertrag über die Montan-Union mit Frankreich und den Benelux-Staaten gegen den heftigen Widerstand der Sozialdemokraten, die darin ein Erschwernis für die deutsche Wiedervereinigung und eine Stärkung des kapitalistischen Einflusses erkannten, ratifiziert worden; die Westmächte hatten den Kriegszustand mit Deutschland für beendet erklärt, das Ruhrstatut aufgehoben, sogar eine Aufhebung des Besatzungsstatuts in Aussicht gestellt, und in Paris war der von Adenauer so sehnlich gewünschte Vertrag über die Bildung einer Europäischen Verteidigungsgemeinschaft (EVG) unter Einbezug der Bundesrepublik unterzeichnet worden — konnten die Herren der westdeutschen Industrie und Bankwelt wieder von sich behaupten: Wir sind wieder wer!

Aber wenn sie damit ihren weit weniger reichen und mächtigen Mitbürgern einreden wollten, diese Feststellung gelte für alle Bundesdeutschen, so konnten sie damit zwar viele täuschen, aber die Tatsachen sprachen deutlich gegen diese stolze Behauptung:

Gewiß war die Arbeitslosigkeit merklich zurückgegangen, nämlich von elf Prozent im Jahresdurchschnitt 1950 auf 9,5 Prozent im Jahre 1952, doch für die 1,7 Millionen Bundesbürger, die auf die kärgliche Arbeitslosenunterstützung angewiesen waren, bot das nur einen schwachen Trost.

Auch die Löhne und Gehälter waren gestiegen — von durchschnittlich 213 DM netto je Beschäftigtem und Monat im Jahre 1950 auf 261 DM zu Beginn des Jahres 1953. Aber dabei hatte sich, infolge der ansteigenden Preise, das Realeinkommen noch nicht spürbar verbessert; es erreichte erst Mitte der fünfziger Jahre wieder den — schon damals nicht eben üppigen — Vorkriegsstand.

Deutlich verschlechtert hatte sich dagegen das Verhältnis der Lohnquote, das heißt: des Anteils, den die Arbeiter und Angestellten von den in den Unternehmen erwirtschafteten Profiten als Lohn oder Gehalt erhielten, zur Gewinnquote. 1952 machte die Lohnquote 34 Prozent aus, der Anteil der Unternehmergewinne hingegen 66 Prozent. Selbst in der Zeit der Naziherrschaft, als die Eigentümer der Industriebetriebe kräftig zulangen durften, war dieses Verhältnis für sie noch nicht so günstig gewesen.

Auch das 1952 verabschiedete Lastenausgleichsgesetz, das die höchst ungerechte Behandlung der kleinen Sparer gegenüber den Eigentümern von Sachwerten bei der Währungsreform eigentlich hätte mildern sollen, wurde für die Masse der Bevölkerung eine herbe Enttäuschung. Die bestehenden Eigentumsverhältnisse wurden durch das Gesetz überhaupt nicht angetastet; anstatt durch Eigentumsübertragungen, wurden die Geschädigten mit Geldzahlungen abgefunden. Die bei der Währungsreform von 1948 so enorm bevorzugten Reichen wurden nun zwar zur Kasse gebeten, aber sie konnten ihrer Abgabepflicht nachkommen, ohne auch nur eine Mark aus ihrem Vermögen anzugreifen. Zwar sollten sie — so sah es das Gesetz vor — die Hälfte ihres Sachvermögens und aller durch die Zusammenstreichung ihrer Schulden erzielten Gewinne an den Lastenausgleichsfonds abführen — in kleinen Raten, verteilt auf dreißig Jahre —, aber »es zeigte sich«, heißt es dazu in einem 1966 erschienenen volkswirtschaftlichen Standardwerk, »daß die 1948 gewählten Wertansätze für Aktien, Grundstücke, Gebäude, Maschinen weit hinter den tatsächlichen Werten zurückgeblieben waren. Statt der erwarteten Belastung von 50 v. H. war sie tatsächlich nur 10 bis 20 v. H., und je länger die Zahlung hinausgeschoben wurde, um so stärker machte sich die herrschende leichte Inflation bemerkbar. Die Verpflichteten leisteten und die Berechtigten erhielten real immer weniger. Der Lastenausgleich erfüllte nicht die hochgespannten Erwartungen der Jahre 1948/49 und entsprach seinem Namen schließlich nicht mehr.«

Erst recht verhinderte die Regierung Adenauer mit kräftiger Unterstützung durch die amerikanischen Besatzungsbehörden, daß die in der ersten Nachkriegszeit mit großer Zuversicht angestrebte Demokratisierung der Wirtschaft und Überführung der Schlüsselindustrien, des gesamten Bankwesens und der wichtigsten Verkehrseinrichtungen in Gemeineigentum Wirklichkeit wurden. Diese Forderungen wurden von einer sehr breiten Mehrheit der bundesdeutschen Bevölkerung erhoben; der Deutsche Gewerkschaftsbund, der die wichtigste Errungenschaft der frühen Nachkriegsjahre, die Einheitsgewerkschaft, in die Bundesrepublik hinübergerettet hatte, nahm schon auf seinem ersten Bundeskongreß im Oktober 1949 Leitsätze in sein Programm auf, die diese Ansprüche bekräftigten. Ebenfalls im Herbst 1949 stellte auch der erste bundesdeutsche Katholikentag in Bochum die Forderung nach Überführung der Grundstoffindustrien in Gemeineigentum, nach Demokratisierung der Wirtschaft und nach Einführung der Mitbestimmung auf.

Aber die Entscheidung über die Eigentumsfrage war längst gefallen; es blieb bei der Wiederherstellung des alten Zustands, und daran änderte auch die Tatsache nichts, daß der Bundestag am 7. Dezember 1950 einen Antrag der SPD annahm, der unter anderem von der Bundesregierung die Vorlage eines Gesetzentwurfs über die Neuordnung der Eigentumsverhältnisse in der Eisen- und Stahlwirtschaft einschließlich des Erzbergbaus entsprechend dem Artikel 15 des Grundgesetzes forderte. Adenauer dachte gar nicht daran, einem solchen Verlangen des Parlaments nachzukommen, und als die Kommunisten ein Jahr später, im Herbst 1951, noch einmal ein Gesetz über die »Enteignung und Überführung der Grundstoffindustrien in die Hand des Volkes« einbrachten, stimmte auch die SPD dagegen. Damit war die Frage der Sozialisierung endgültig vom Tisch.

Weit schwerer hatte es die Regierung Adenauer, eine Demokratisierung der Wirtschaft zu verhindern. Die Mitbestimmung wurde vom Deutschen Gewerkschaftsbund (DGB) mit allem Nachdruck gefordert, und die neue Einheitsgewerkschaft, in der damals bereits 5,5 Millionen Beschäftigte, etwa 35 Prozent der Arbeiter und Angestellten Westdeutschlands, organisiert waren, schien durchaus in der Lage zu sein, ihr Verlangen auch durchzusetzen.

Unter Führung des Sozialdemokraten Hans Böckler, eines fünfundsiebzigjährigen Veteranen der Gewerkschaftsbewegung, beschloß der DGB im Sommer 1950, zur Durchsetzung seiner Mitbestimmungsforderungen notfalls alle gewerkschaftlichen Kampfmittel einzusetzen. Das löste heftige Proteste der bürgerlichen Parteien aus, die dem DGB vorwarfen, er wolle »das Parlament vergewaltigen« und eine »politische Machtprobe« heraufbeschwören.

Im Bundestag, dem zu dieser Zeit je ein Gesetzentwurf der CDU/CSU und der SPD zur Regelung der Mitbestimmung vorlag, wurde die Kampfansage des DGB von Bundeswirtschaftsminister Ludwig Erhard und anderen Regierungssprechern energisch zurückgewiesen. Bald wurde deutlich, daß die Regierung Adenauer nicht nur jede Demokratisierung der Wirtschaft verhindern, sondern auch alle früheren Zugeständnisse zurücknehmen wollte. Das betraf insbesondere die in der westdeutschen Montanindustrie 1947 auf Betreiben der deutschen Gewerkschaften und der britischen Labour-Regierung eingeführte paritätische Mitbestimmung; im Oktober 1950 wurde bekannt, daß man im Bundeswirtschaftsministerium bereits daran arbeitete, diese für die Beschäftigten günstige Regelung wieder abzuschaffen und durch auf »deutschem Recht« basierende Bestimmungen zu ersetzen. Das führte zu einer weiteren Verschärfung der Auseinandersetzungen mit den Gewerkschaften, die ihrerseits in den Bereichen der Montan-Mitbestimmung, also im Kohlenbergbau und in der Eisen- und Stahlindustrie, Vorbereitungen für einen großen Proteststreik trafen.

In Briefen an den DGB-Vorsitzenden Böckler versuchte Adenauer gegen Jahresende 1950, die Gewerkschaften zum Einlenken zu bewegen. »Es kann keine Rede davon sein«, schrieb er am 14. Dezember, »daß die verfassungsgesetzlich gewährleistete Koalitionsfreiheit einer organisierten Minderheit, die die Gewerkschaften vom Ganzen gesehen sind, das Recht gibt, durch Niederlegung der Arbeit die Wirtschaft lahmzulegen, um dadurch bestimmte Akte der Gesetzgebung zu erzwingen.«

Doch die entschlossene Haltung der Industriegewerkschaften zwang Adenauer dann doch zum Nachgeben. Angesichts der noch bestehenden starken Widerstände gegen seine Wiederbewaffnungspläne konnte sich der Kanzler einen politischen Streik, zu dem die Gewerkschaften fest entschlossen schienen, einfach nicht leisten. So gab er in der Montan-Mitbestimmungsfrage seine Pläne auf, bewog die Unternehmer zum Einlenken und setzte es durch, daß die seit 1947 bestehende paritätische Mitbestimmung im Montanbereich — wo in elfköpfigen Aufsichtsräten vier Aktionäre, vier Belegschaftsvertreter, je ein Gewerkschafts- und Unternehmervertreter sowie ein Neutraler saßen und in den Vorständen ein Arbeitsdirektor die Arbeitnehmerinteressen wahrnahm — durch ein am 10. April 1951 verabschiedetes Bundesgesetz bestätigt wurde.

Damit hatte der DGB sich durchgesetzt, wenngleich nur in der Beibehaltung eines schon bestehenden Zustands in einem Teil der Wirtschaft. Was die gesamte übrige Industrie betraf, so waren die Gewerkschaften noch keinen Schritt vorwärtsgekommen, und Adenauer schien entschlossen, ihren Forderungen nicht nachzugeben.

Tatsächlich enthielt der von seinem Kabinett 1951 verabschiedete Entwurf eines Betriebsverfassungsgesetzes wesentliche Verschlechterungen des geltenden Rechts und stärkte die Autorität der Unternehmer. Betriebsrat und Belegschaft wurden darin zum betrieblichen »Burgfrieden« verpflichtet, der Einfluß der Gewerkschaften stark eingeschränkt, jede politische Betätigung in den Betrieben untersagt und die Rechte der Betriebsräte auf Information und formale Mitwirkung bei Einstellung und Entlassung sowie bei Stillegung des Betriebs eingegrenzt. Der Mitbestimmung wurde dadurch ein wenig Rechnung getragen, daß Gewerkschaftsvertreter im Aufsichtsrat sitzen konnten, doch das Verhältnis von zwei Dritteln Aktionärs- zu einem Drittel Belegschafts- und Gewerkschaftsvertretern gab der Unternehmerseite ein solches Übergewicht, daß von echter betrieblicher Mitbestimmung keine Rede mehr sein konnte. Die vom DGB geforderte überbetriebliche Mitbestimmung in der Wirtschaft wurde vom Gesetzentwurf stillschweigend übergangen, und Anfang 1952 verlautete, daß der gesamte öffentliche Dienst aus dem Geltungsbereich des Betriebsverfassungsgesetzes herausgenommen werden und eine besondere Regelung durch ein »Personalvertretungsgesetz« erfahren sollte.

Dies alles stieß zunächst auf sehr entschiedenen Widerspruch des DGB. Im April 1952 erklärte dessen Bundesvorstand, der Regierungsentwurf des Betriebsverfassungsgesetzes sei abzulehnen, weil er bestehende, bessere Betriebsregelungen aufhebe, die gesetzlichen Regelungen einzelner Bundesländer verschlechtere und sogar hinter dem Betriebsrätegesetz von 1920 zurückbleibe. Der DGB forderte seine Mitglieder auf, gegen die Regierungsvorlage zu demonstrieren, und im Mai fanden in den wichtigsten Industriezentren Massenkundgebungen gegen das geplante Betriebsverfassungsgesetz statt. Dazu kamen einzelne Warnstreiks und ein zweitägiger Ausstand der Druckereiarbeiter, der sämtliche bundesdeutschen Zeitungen am Erscheinen hinderte.

»Ich darf auch heute keinen Zweifel darüber aufkommen lassen«, schrieb daraufhin Bundeskanzler Adenauer an den Nachfolger des inzwischen verstorbenen DGB-Vorsitzenden Böckler, Christian Fette, »daß ich eine organisierte Schädigung der Volkswirtschaft durch Streiks, die nur unternommen werden, um der Parlamentsmehrheit den gewerkschaftlichen Willen aufzuzwingen, als einen Verstoß gegen das Grundgesetz und als eine gefährliche Störung der inneren Ordnung unseres Staatswesens ansehen muß.«

Diese Drohung des Kanzlers, der es offensichtlich auf eine Machtprobe ankommen lassen wollte, verfehlte nicht ihre beabsichtigte Wirkung. Nichts lag dem DGB und den die Gewerkschaften unterstützenden Sozialdemokraten ferner, als einen offenen Konflikt mit der Staatsmacht heraufzubeschwören, bei dem es womöglich zu Straßenschlachten mit der Bereitschaftspolizei oder gar zum Einsatz des inzwischen aufgestellten, als vorläufiger Ersatz für die noch fehlende Bundeswehr gedachten Bundesgrenzschutzes kommen könnte. So sagte die DGB-Führung alle Kampfmaßnahmen ab und hoffte, daß Adenauer nun im Gegenzug den Gewerkschaften einige Zugeständnisse machen würde.

Diese Hoffnung trog jedoch. Das Betriebsverfassungsgesetz wurde im Eiltempo noch vor der Sommerpause im Juli 1952 verabschiedet; alle Änderungsanträge der SPD scheiterten an der Regierungsmehrheit. Dem DGB blieb nur das Eingeständnis seiner Niederlage übrig. »Das Entscheidende ist«, so beschrieb sein Funktionärsorgan *Die Quelle* das traurige Resultat, »daß mit dem beschlossenen Gesetz die dringend notwendige Neuordnung und Demokratisierung der Wirtschaft, wie schon einmal in der Weimarer Republik, verhindert, an der grundsätzlichen Struktur der kapitalistischen Wirtschaft nichts verändert wird und das alleinige Entscheidungsrecht der Unternehmer aufrechterhalten bleibt.«

Tatsächlich war die Verabschiedung des Betriebsverfassungsgesetzes weit mehr als eine bloße Abstimmungsniederlage. Die Abfuhr, die Adenauer und die hinter ihm stehende bürgerliche Koalition den Gewerkschaften und der Sozialdemokratie erteilten, zeigte deutlich, daß der Kanzler seine Herrschaft als konsolidiert ansah. Das Bekenntnis von SPD und DGB zum bürgerlichen Staat und zur parlamentarischen Demokratie, ihr Umschwenken in der Frage der Westorientierung und der damit zusammenhängenden Frage der Wiederbewaffnung von der ursprünglichen strikten Ablehnung zur bedingten Unterstützung, vor allem aber der entscheidende Beitrag, den Gewerkschaften und Sozialdemokratie zum Wiederaufbau des geschlagenen und zerstörten Landes sowie zum inneren Frieden und zur Festigung der jungen Demokratie geleistet hatten — dies alles wurde ihnen nicht gelohnt, nicht einmal gedankt. Bundeskanzler Adenauer wußte sich im unbestrittenen Besitz der Macht, und da mochten die, die ihm durch ihr Wohlverhalten mit dazu verholfen hatten, nun, da er sie nicht mehr brauchte, sehen, wo sie blieben.

Für die Besitzenden der Bundesrepublik, zumal für die Großaktionäre und selbständigen Unternehmer, bedeutete die endgültige Abkehr von einer Demokratisierung der Wirtschaft die Konsolidierung ihrer Macht. Von jetzt an brauchten sie die im Grundgesetz verankerte Sozialbindung des Eigentums und die dort ebenfalls vorgesehene Möglichkeit einer Enteignung zum Wohle der Allgemeinheit nicht mehr zu fürchten. Das war für jene Kreise mindestens ebenso wichtig wie die zur selben Zeit von Adenauer erzielten, eng damit zusammenhängenden Erfolge auf dem Gebiet der Westintegration.

Am 26. Mai 1952, auf dem Höhepunkt der Auseinandersetzung um das Betriebsverfassungsgesetz, hatten die Außenminister Englands, Frankreichs und der USA sowie Bundeskanzler Adenauer als Außenminister der Bundesrepublik in Bonn den sogenannten »Deutschlandvertrag« abgeschlossen, der das bisherige Besatzungsstatut ablöste. Einen Tag später war in Paris ein »Vertrag über die Gründung der Europäischen Verteidigungsgemeinschaft« (EVG-Vertrag) von den Außenministern Frankreichs, Italiens, der Benelux-Staaten und der Bundesrepublik unterschrieben worden. Beide Verträge hingen eng miteinander zusammen: Der Deutschlandvertrag konnte nur wirksam werden, wenn der EVG-Vertrag in Kraft getreten war.

Aufgrund des heftigen französischen Widerstands hatte der ursprüngliche Plan für einen direkten Anschluß Westdeutschlands an die NATO aufgegeben werden müssen; die sogenannte »europäische Lösung« hatte sich durchgesetzt. In seiner ganzen Anlage und Zielsetzung folgte der EVG-Vertrag der Leitidee der Montan-Union: Es sollte eine mit eigenen Hoheitsrechten ausgestattete Staatengemeinschaft hergestellt werden. Folglich sollte die Streitmacht der EVG nicht nur unter einem gemeinsamen Oberbefehl stehen, sondern die ganze Armee sollte einen europäischen Status haben, wodurch die Hoheitsrechte der EVG-Mitglieder und die nationale Verfügbarkeit der eingebrachten Kontingente erheblich eingeschränkt wurden.

Diese EVG war von Anfang an als ein Bestandteil der NATO geplant worden. Die Vertreter der USA, die neben den Engländern als »Beobachter« an den Verhandlungen teilgenommen hatten, sorgten auch dafür, daß dies im Vertrag deutlich zum Ausdruck kam. Das Bestreben Bonns war es gewesen, die volle Gleichberechtigung innerhalb der EVG zu erreichen, was die Franzosen zu verhindern versucht hatten, jedoch nur mit teilweisem Erfolg: Bonn war ein eigenes Verteidigungsministerium zugestanden worden, und die nationalen Kontingente hatte man auf Divisionsstärke erhöht. Doch nicht alle Wünsche Adenauers wurden erfüllt, insbesondere blieb die Bundesrepublik zunächst ohne den von Adenauer ersehnten direkten Anschluß an die NATO. Damit hatte sie als einziger Staat in der EVG kein Mitspracherecht bei den Entscheidungen des NATO-Rats.

Auch in der Frage der Ausrüstung und Bewaffnung war Bonn gezwungen, erhebliche Zugeständnisse zu machen. »Trotz heftigen Sträubens« mußte sich Adenauer, so hat es Arnulf Baring beschrieben, bei den letzten Verhandlungen Mitte Februar 1952 zu der Erklärung bequemen, »die Bundesrepublik werde als strategisch exponiertes Gebiet keine Diskriminierung darin erblicken, daß ihr die Herstellung bestimmter Kriegsmaterialien untersagt bleibe«. Das betraf nicht nur die Herstellung von A-, B- und C-Waffen, also atomaren, bakteriellen und chemischen Kampfstoffen, sondern auch die von schweren und weitreichenden Waffen sowie größeren Kriegsschiffen.

Es verdient festgehalten zu werden, daß diese Forderungen von den Westmächten, vor allem von Frankreich, ausgingen und daß diese darüber hinaus Adenauer die von ihm angestrebte volle politische Gleichberechtigung Bonns versagten. Der Deutschlandvertrag übertrug zwar formell der Bundesrepublik »die volle Macht über ihre inneren und äußeren Angelegenheiten«, enthielt aber zugleich starke Einschränkungen der Bonner Handlungsfreiheit. Die bisherigen

Besatzungsmächte behielten sich das Recht vor, Truppen auf dem Territorium der Bundesrepublik zu unterhalten und alle Fragen, die Deutschland als Ganzes betrafen, selbst zu regeln. In der sogenannten Notstandsklausel wurde festgelegt, daß die drei Westmächte jederzeit, wenn sie es aus Gründen der inneren oder äußeren Sicherheit für notwendig hielten, die volle Regierungsgewalt über ihre ehemaligen Besatzungszonen wieder übernehmen konnten. Schließlich hatten sie auch unter normalen Verhältnissen weitgehende Eingriffsrechte in die Gesetzgebung, Rechtsprechung und Verwaltung der Bundesrepublik. Wilhelm Grewe, damals Mitglied der Bonner Verhandlungsdelegation, meinte zu alledem, es sei juristisch und politisch nicht ganz leicht, »solche vorbehaltenen Rechte und Verantwortlichkeiten fremder Mächte mit der Unabhängigkeit und Souveränität zu vereinbaren, die der Bundesrepublik wieder zuteil« geworden waren.

Dennoch gab sich Adenauer mit diesen Resultaten zufrieden. In der Sitzung des Bundeskabinetts vom 21. Mai 1952 erklärte der Kanzler, er sei davon überzeugt, daß die in den Vertragswerken noch vorhandenen ungünstigen Bestimmungen bald wegfallen würden. Er machte seinen Ministern sogar schon wieder Hoffnungen auf eine bundesdeutsche Vormachtstellung in Westeuropa und versicherte ihnen, »daß die militärische Schwäche Frankreichs . . . bald der Bundesrepublik ein Übergewicht in der EVG verschaffen und sie damit, trotz einer Bevölkerung von nur fünfzig Millionen, zum beherrschenden Faktor in Europa machen werde«.

Es mag dahingestellt bleiben, ob der Kanzler auch wirklich meinte, was er sagte, oder ob er nur die nationalen Eitelkeiten seiner Landsleute und die Vorherrschaftsgelüste der alten Geld- und Machtelite ein wenig kitzeln und so über die deutlichen Mängel des doppelten Vertragswerks hinwegtrösten wollte. Für die kleinen »Leute draußen im Land«, wie der Kanzler die große Mehrheit der westdeutschen Bevölkerung mit deutlicher Geringschätzung zu nennen pflegte, reichten die ausgehandelten Verträge allemal, sich nun nicht mehr als — wie es in einem Karnevalsschlager vor kurzem noch geheißen hatte — »Eingeborene von Trizonesien« zu fühlen. Die Bundesbürgerinnen und -bürger, an Politik ohnehin nur mäßig interessiert, würden dem zur Vaterfigur der Westdeutschen gewordenen Kanzler gern glauben, daß sie nun wieder ein souveräner und gleichberechtigter Teil der europäischen Völkerfamilie seien; daß man ihnen in Westeuropa und den USA vergeben und auch vergessen habe, was unter der — nun schon sieben Jahre zurückliegenden — Nazi-Herrschaft geschehen war. Denn, so spekulierte Adenauer durchaus richtig, ein Volk glaubt eher das, was es glauben möchte, als das Gegenteil.

Da mochte Kurt Schumacher, der Führer der sozialdemokratischen Opposition, soviel wettern, wie er wollte: »Wer diesem Generalvertrag zustimmt, hört auf, ein Deutscher zu sein!« Die Hauptsache war, Schumacher und seine SPD beschränkten ihren Widerstand gegen den Deutschland- und den EVG-Vertrag auf das parlamentarische Parkett. Erst wenn sie ihre Ablehnungsgründe — Schein-Souveränität, Vertiefung der deutschen Spaltung und Einbindung in ein militärisches Bündnis ohne wirkliche Gleichberechtigung — auf der Straße und in den Betrieben in zugkräftige Parolen ummünzen und zu Massenaktionen, womöglich unter Beteiligung der Gewerkschaften, aufrufen würden, konnten sie ihm gefährlich werden.

Aber die SPD-Führung scheute vor außerparlamentarischen Aktionen zurück und bremste sowohl ihre eigene Basis als auch die schon zur Durchsetzung ihrer Mitbestimmungsforderungen zu Massendemonstrationen und Warnstreiks bereiten Industriegewerkschaften. Der eigentliche Grund für diese Zurückhaltung war — neben dem Bemühen, sich als »staatstragend« zu beweisen, die parlamentarische Demokratie zu festigen und keine »Weimarer Zustände« entstehen zu lassen — die tiefe Scheu der sozialdemokratischen Führung vor jeder Berührung mit den Kommunisten, die lauthals gemeinsame Aktionen aller Remilitarisierungsgegner forderten.

Denn die eine große Gemeinsamkeit der westdeutschen Bevölkerungsmehrheit in den fünfziger Jahren war ein vehementer, keiner rationalen Begründung bedürftiger »emotioneller Antikommunismus«, von dem Alexander Mitscherlich später geschrieben hat: »Er ist die offizielle staatsbürgerliche Haltung, und in ihm haben sich ideologische Elemente des Nazismus mit denen des kapitalistischen Westens amalgamiert. Mindestens, was den Bolschewisten betrifft, ist das Bild, das von ihm im Dritten Reich entworfen wurde, in den folgenden beiden Jahrzehnten kaum korrigiert worden«, außer daß man ihm, wie schon an anderer Stelle beschrieben wurde, die zuvor unerläßliche judenfeindliche Komponente wegretouchiert hatte.

Dieser »emotionelle Antikommunismus« wurde von Bundeskanzler Adenauer, wohl weniger aus innerer Überzeugung als aus rein praktischen Erwägungen heraus, jedenfalls ohne Skrupel, was den historischen Wahrheitsgehalt betraf, noch kräftig angeheizt. Bis zu welchen Ungeheuerlichkeiten er sich dabei hinreißen ließ, ist heute kaum noch vorstellbar.

Im Frühjahr 1950, als es noch keine fünf Jahre her war, daß die Krematorien von Auschwitz, Treblinka oder Maidanek zu rauchen aufgehört hatten, die Gaskammern und Genickschußanlagen außer Betrieb gesetzt, die Massengräber eilig zugescharrt und Hunderttausende von geschundenen, oft bis zum Skelett abgemagerten Jammergestalten aus entsetzlichster Sklaverei befreit worden waren, erklärte der damals fünfundsiebzigjährige Bundeskanzler Adenauer, öffentlich und ohne zu erröten, auf dem Parteitag der Christlich-Demokratischen Union in Goslar:

»Ich wollte, die Bewohner der Ostzonen-Republik könnten einmal offen schildern, wie es bei ihnen aussieht. Unsere Leute würden hören, daß der Druck, den der Nationalsozialismus durch Gestapo, durch Konzentrationslager, durch Verurteilungen ausgeübt hat, mäßig war gegenüber dem, was jetzt in der Ostzone geschieht!«

Tatsächlich waren in der »Ostzonen-Republik« 1950 die sowjetischen Internierungslager aufgelöst worden; es befanden sich nach westdeutschen Angaben noch etwa 25 000 Personen aus politischen Gründen in Haft; von DDR-Gerichten waren insgesamt 24 Todesurteile gegen Kriegsverbrecher gefällt und vollstreckt worden. Das war die Schreckensbilanz, im Vergleich zu der alles, was die Nazis an Terror ausgeübt hatten, laut Konrad Adenauer »mäßig« gewesen sein sollte, wozu nur angemerkt sei, daß allein der »Volksgerichtshof« der Nazis in dem einen, relativ »ruhigen« Jahr 1943 insgesamt 1662 Todesurteile fällte und vollstrecken ließ, darunter solche wegen Hörens ausländischer Rundfunksender, Verbreitung von »Greuelpropaganda« oder »staatsfeindlicher« Äußerungen im vermeintlichen Freundeskreis, von den multimillionenfachen Morden im selben Jahr ohne Gerichtsverfahren ganz zu schweigen.

Aber mit solchen Äußerungen wie der oben zitierten, die den doppelten Zweck verfolgten, den herrschenden »emotionalen Antikommunismus« kräftig zu verstärken und die beispiellosen Verbrechen der Nazis zu verharmlosen, kam Konrad Adenauer nur (und sicherlich ganz bewußt) den Wünschen der Bevölkerungsmehrheit entgegen.

Die meisten Bundesbürger der frühen fünfziger Jahre wollten gern glauben — das war ihre eine große Gemeinsamkeit —, daß »man« sich eigentlich nichts vorzuwerfen hätte; daß der harte »Kampf gegen den Bolschewismus«, auf den sich für sie der Zweite Weltkrieg im Rückblick reduzierte, »richtig« gewesen war und daß es sich bei den leidigen »Vorkommnissen«, die das Ausland den Deutschen noch immer zum Vorwurf machte, nur um »Randerscheinungen« gehandelt habe, für die nicht ein ganzes Volk verantwortlich gemacht werden konnte, allenfalls ein paar Strolche, die strenge Strafe verdienten, möglicherweise auch der tote »Führer«, obwohl dieser sicherlich »so etwas« nicht gewollt hatte.

Die zweite große Gemeinsamkeit der Bundesbürger war das allgemeine Streben nach materiellem Wohlstand und nach nur durch diesen erreichbarer Anerkennung als »anständige Menschen«. Der damals, Anfang der fünfziger

Jahre, erstmals verwendete Werbe-Slogan der bundesdeutschen Hypothekenbanken »Haste was, dann biste was!« sprach genau das aus, was die meisten dachten und wonach sie handelten.

Zwar konnten längst nicht alle hoffen, sich durch unermüdliche Arbeit den ersehnten Wohlstand und durch diesen Prestige zu verschaffen; dafür waren das Heer der Arbeitslosen und das noch größere der Kriegsopfer und Sozialrentner zu gewaltig, die Löhne und Gehälter zu niedrig und die Preise für all die herrlichen Dinge, die die Werbung anpries, viel zu hoch. Aber im Frühjahr 1952, als die Remilitarisierung der Bundesrepublik endgültig beschlossen und verkündet wurde, trösteten sich viele Bundesbürger, die der Wiederbewaffnung bislang ablehnend gegenübergestanden hatten, mit dem Gedanken, daß Aufrüstung die Wirtschaft weiter beleben und neue, große Verdienstmöglichkeiten schaffen würde.

5. Wie man das Abendland verteidigte und Wahlen gewann

Im Frühsommer 1952 reisten einige bundesdeutsche Herren in die Schweiz, wo sie die Gäste einer Genfer Firma waren. Eine solche Einladung in die reiche, vom Krieg verschonte Eidgenossenschaft hatte damals für Bonner Beamte und Militärs — denn um solche handelte es sich — noch etwas sehr Verlockendes, ebenso das Versprechen der schweizerischen Gastgeber, man werde die Besucher mit dem »neuesten Stand der Waffentechnik« vertraut machen.

Deshalb und weil Anfang der fünfziger Jahre noch in der ganzen Welt, aber auch und gerade in der Schweiz, erhebliches Mißtrauen gegen die Deutschen und ihre Wiederbewaffnung herrschte, hatte die einladende Firma den Besuch der Bonner Delegation geheimzuhalten versucht und ihre Gäste zu äußerster Diskretion ermahnt. Die Herren — rund dreißig an der Zahl und natürlich alle in Zivil — hatten diese Mahnungen beherzigt, so gut sie konnten. Was dabei herauskam, schilderte die Basler *National-Zeitung* dann so:

». . . morgendliche Begrüßung im exklusiven Hôtel de la Paix in Genf:

›Morjen, meine Herren!‹

›Morjen, Herr Jeneral! Haben Herr Jeneral jut jeschlafen?‹

›Danke! Toller Abend jewesen, jestern abend, was?‹

›Jawoll, Herr Jeneral, toller Abend!‹

›Tolles Land, die Schweiz!‹

›Jawoll, Herr Jeneral, tolles Land!‹

›Noble Firma, die *Hispano Suiza,* alle Achtung!‹

›Jawoll, Herr Jeneral, alle Achtung!‹ . . .«

Diese und andere Presseveröffentlichungen riefen nicht nur die schweizerischen Behörden auf den Plan, die eine Untersuchung einleiteten. Auch die Alliierte Kontrollkommission in der Bundesrepublik, vor der die Kontakte mit dem schweizerischen Konzern sorgfältig geheimgehalten worden waren, wurde nun wach. Die Hohen Kommissare zitierten Bundeskanzler Adenauer zu sich auf den Petersberg und machten ihm Vorwürfe, die der alte Herr allerdings sehr gelassen ertrug. Damit erfuhren die gerade erst angebahnten Geschäftsbeziehungen zwischen der Genfer Firma und den bundesdeutschen Interessenten zunächst eine Unterbrechung. Immerhin wußte nun die Direktion der *Hispano Suiza*, wofür sich ihre potentiellen Bonner Kunden am meisten interessierten. Denn an einem der »tollen Abende« in Genf hatten einige der deutschen Herren ihren Gastgebern von einem Kampffahrzeug vorgeschwärmt, das sie unbedingt anschaffen wollten: ein Vollkettenfahrzeug, das sie »Schützenpanzer« nannten und von dem sie erklärten, daß es »seine Bewährungsprobe in Rußland bestanden« hätte.

Mit diesem wertvollen Wissen um die Wünsche derer, die den Aufbau der Bundeswehr vorbereiteten, nahm der neue Direktor des *Hispano Suiza*-Konzerns, Conrado José Kraémer, nach einigen Monaten wieder Verbindung mit Bonn auf und gründete dort zunächst eine Niederlassung, die den unverfänglichen Namen *Westmetall GmbH* erhielt. Erster Geschäftsführer wurde ein Schweizer, Dr. Gschwend, der im Zweiten Weltkrieg als Freiwilliger auf deutscher Seite gekämpft hatte; zweiter Geschäftsführer wurde Günther Büscher, dessen Vater, Oberst a. D. Büscher, damals Referatsleiter der Abteilung Beschaffung des Bundesgrenzschutzes war.

Als nächstes schuf sich Direktor Kraémer eine Bonner Lobby, deren Führung Generalleutnant a. D. Erich Schneider übernahm. Er war im »Dritten Reich« Chef des Heereswaffenamts gewesen und damit auch der Vorgesetzte des Oberst a. D. Büscher, dessen Sohn nun *Westmetall*-Geschäftsführer geworden war. General a. D. Schneider stand in höchstem Ansehen bei den mit dem Aufbau der Bundeswehr befaßten Stellen; sein Wort galt mehr als jeder andere Rat, und die *Wehrtechnischen Monatshefte,* die der nunmehrige *Hispano Suiza*-Lobbyist bald darauf herauszugeben begann, wurden für die Bundeswehr-Planer zu einer Art Katechismus.

Da *Hispano Suiza* in Bonn zu gegebener Zeit auch juristischen Rat und Beistand benötigen würde, sicherte sich Direktor Kraémer frühzeitig auch die Dienste einer hochangesehenen Bonner Anwaltskanzlei, und zwar die der Herren Fritz Aretz, Dr. Otto Lenz und Dr. Schneider, wobei es ihm nichts ausmachte, vielmehr recht angenehm war, daß Dr. Lenz bis 1953 als Staatssekretär im Bundeskanzleramt und inoffizieller Bundespropagandaminister fungierte, danach als CDU-Bundestagsabgeordneter, Mitglied des — damals noch »Ausschuß für Fragen der europäischen Sicherheit« genannten — Verteidigungsausschusses und Wahlkampfleiter der Kanzlerpartei.

Im Herbst 1953 fanden die ersten Bundestagswahlen nach Gründung des westdeutschen Teilstaats statt. Sie sollten darüber entscheiden, ob der von Adenauer eingeschlagene Kurs der bedingungslosen Westintegration, der strikten Ablehnung aller sowjetischen Verhandlungsangebote über eine deutsche Wiedervereinigung und der vollen Wiederherstellung der alten kapitalistischen Verhältnisse die Billigung der Bundesbürger finden würde. Diesen Wahlen kam daher ganz besondere Bedeutung zu, und nebenbei wurden sie zur Bewährungsprobe für den neuen *Hispano Suiza*-Vertrauensmann Dr. Otto Lenz. Ihm winkte die Aussicht auf ein neues Kabinettsressort, ein kombiniertes Propaganda-, Informations- und Sicherheitsministerium unter seiner Leitung.

Otto Lenz, der zusammen mit Hans Globke die Voraussetzungen für einen überwältigenden Wahlsieg der Union schaffen und den eigentlichen Wahlkampf leiten sollte, sah sich im Falle des Erfolgs bereits als zweiter Mann im Staat und als möglicher Nachfolger des 77jährigen Adenauer. Entsprechend sorgfältig bereiteten er und seine engsten Mitarbeiter die auf den 6. September 1953 festgesetzten Bundestagswahlen vor. Da war zunächst im Kanzleramt ein neues Wahlgesetz gebastelt worden, mit dessen Hilfe die kleinen Parteien entweder ausgeschaltet oder nach Belieben der Union — theoretisch auch der SPD — gnadenweise im »Huckepack«-Verfahren ins Parlament gehievt und in Abhängigkeit gehalten werden konnten. Das neue Wahlgesetz enthielt nämlich die Bestimmung, daß bei der Zuteilung der Mandate für den Bundestag nur diejenigen Parteien zu berücksichtigen seien, die mindestens fünf Prozent der gesamten Wählerstimmen im Bundesgebiet oder wenigstens ein Direktmandat errungen hatten. Damit sollte einer Zersplitterung des bürgerlichen Lagers vorgebeugt werden. Außerdem hoffte die Regierung, mit Hilfe der Fünfprozentklausel die Kommunisten aus dem Bundestag zu verdrängen. Eine weitere Bestimmung, sogenannte Überhangmandate betreffend, begünstigte ebenfalls die größten Parteien zum Nachteil der kleinen. Was die Chancen der Kommunisten betraf, die 1949 fast 1,4 Millionen oder 5,7 Prozent der abgegebenen Stimmen errungen hatten — im Wahlkreis Remscheid-Solingen sogar 20,9 Prozent —, so waren sie im Herbst 1953 ohnehin nicht mehr sehr groß. Ihre Ausschaltung aus dem öffentlichen Dienst und die harte Verfolgung durch Polizei, Justiz und Verfassungsschutz sowie das Trommelfeuer der Regierungspropaganda und die ständigen Angriffe der bürgerlichen, aber auch der sozialdemokratischen Presse waren nicht ohne Wirkung geblieben. Hinzu kam, daß am 17. Juni 1953 ein erst durch das Eingreifen der sowjetischen Besatzungstruppen niedergeworfener Volksaufstand in der DDR jedem Bundesbürger die verzweifelte Wirtschaftslage und den politischen Zwang im anderen deutschen Staat deutlich gemacht hatte.

Die von Otto Lenz gesteuerte Regierungspropaganda hatte sich der Vorgänge in der DDR bedient, um die dortige Lage als die Hölle auf Erden darzustellen und die Schuld daran allein den dort herrschenden Kommunisten zu geben. Unerwähnt blieb, daß die wirtschaftliche Misere der DDR vor allem darauf beruhte, daß sie praktisch allein die Last der Demontagen und Reparationen zu tragen hatte, die die von den Nazis ausgeplünderte und verwüstete Sowjetunion von Deutschland als Wiedergutmachung forderte; daß sie keine Marshall-Plan-Hilfe erhielt, sondern ganz auf sich selbst gestellt war, und daß sie etwa fünfzehn Prozent ihrer Bevölkerung, rund 2,7 Millionen Menschen, darunter fast die gesamte alte Führungsschicht aus Verwaltung, Industrie, Wissenschaft und den freien Berufen, durch Abwanderung in den Westen, der diese Bewegung nach Kräften förderte, binnen weniger Jahre verloren hatte. Dies alles wirkte sich stimmungsmäßig gegen die westdeutschen Kommunisten aus, so daß sie dem Wahltag mit banger Sorge entgegensahen. Sie konnten auch nicht hoffen, daß die SPD ihnen aus taktischen Überlegungen zu einem Direktmandat verhelfen würde, um nicht die einzige Oppositionspartei im Bundestag zu sein. Die Sozialdemokraten hatten selbst alle Hände voll zu tun, die von Adenauer und seiner Wahlkampfleitung ausgestreuten Gerüchte zu widerlegen, auch sie seien »von Moskau gesteuert« oder leisteten, wie der Kanzler es, scheinbar sehr besorgt, formulierte, den Kommunisten »gewiß unabsichtliche, aber um so gefährlichere« Schützenhilfe.

Kurz vor der Wahl erklärte Adenauer sogar, er habe Beweise dafür in der Hand, daß eine Reihe von SPD-Kandidaten Wahlkampfgelder aus der DDR erhalten hätten. Nach der Wahl nahm er diese Behauptung wieder zurück, wobei er sich nicht scheute, hinzuzufügen, er hoffe, daß seine Behauptung der SPD geschadet habe.

Ohnehin und auch ohne diese durch Adenauers Autorität besonders wirksamen Diffamierungen war die SPD im Wahlkampf des Herbstes 1953 in einer sehr ungünstigen Lage: Ihr einziger herausragender Politiker im Bundesgebiet mit überzeugenden Führerqualitäten, hohem Ansehen und großem Rednertalent, Dr. Kurt Schumacher, war am 20. August 1952 im Alter von erst 57 Jahren verstorben; ihr zweitpopulärster Spitzenpolitiker, der Regierende Bürgermeister von West-Berlin Ernst Reuter, der seit 1948 den Widerstand

So verkündete es Konrad Adenauer mit erhobenem Zeigefinger 14 Jahre lang: Nur die Westintegration bietet Sicherheit vor dem Bolschewismus, nur die Politik der Stärke garantiere die Wiedervereinigung. Im Hintergrund Bundestagspräsident Hermann Ehlers.

Viele Hände mußten geschüttelt werden, bis die Bundesrepublik als Partner oder Kontrahent anerkannt war. *Oben links:* Die erste Außenministerkonferenz nach dem Krieg auf deutschem Boden am 24. 5. 1952. *Von links nach rechts:* Antony Eden, Konrad Adenauer, Dean Acheson, Robert Schumann. *Unten links:* Wer wen mehr beeinflußt, sei dahingestellt: Kon-

rad Adenauer und John Foster Dulles *(Mitte links:* Walter Hallstein, *rechts* der französische Außenminister Antoine Pinay). *Oben rechts:* Adenauer mit Bulganin und Chruschtschow 1955 in Moskau. *Unten rechts:* Er dozierte lieber. Und es waren verblüffende Ansichten, die Konrad Adenauer von Charles de Gaulle zu hören bekam.

Oben: Drei Herren aus dem inneren Kreis: Professor Walter Hallstein *(links)*, Herbert Blankenhorn *(Mitte)*, Otto Lenz. *Unten:* Ein Souverän und vier Minister *(von links nach rechts)*, Innenminister Lehr, Finanzminister Schaeffer, Landwirtschaftsminister Niklas, Justizminister Dehler.

gegen die sowjetische Umklammerung und zeitweise Blokkade angeführt hatte, war ein todkranker Mann und starb wenige Tage nach der Bundestagswahl. Schumachers Nachfolger im Parteivorsitz war sein bisheriger Stellvertreter, der 1946 aus englischem Exil zurückgekehrte frühere Jugendsekretär der SPD, Erich Ollenhauer. Dieser biedere, das Gegenteil eines Volkstribunen verkörpernde Mann hatte es schwer, sich Popularität zu erwerben.

Ein weiteres Handicap für die Sozialdemokraten war die — später von ihr als »Genosse Trend« geschätzte — allgemeine Strömung, vor allem das Streben der Bundesbürger nach bürgerlichem Wohlstand und Ansehen sowie ihre Furcht vor allem, was auch nur entfernt als »rot« oder gar marxistisch bezeichnet werden konnte. Auf dem ersten Nachkriegsparteitag der SPD in Hannover, der am 11. Mai 1946 geendet hatte, war es Kurt Schumacher noch möglich gewesen, großen Beifall zu ernten, als er erklärt hatte: »Wir haben als Sozialdemokraten gar keine Veranlassung, den Marxismus in Bausch und Bogen zu verdammen und über Bord zu werfen. Die östlichen Entwicklungs- und Entartungsformen des Marxismus haben gar nichts mit dem zu tun, was die deutsche Sozialdemokratie aus und mit Marx macht . . . Der Klassenkampf ist erst dann beendet, wenn alle Menschen gleiche Rechte und gleiche Pflichten haben. Wir begrüßen (zwar) jeden, der aus einer ganz anderen Klassenlage zu uns kommt. Er soll bei uns gleichberechtigt und gleichgeachtet sein. Aber im tiefsten ist und bleibt die Sozialdemokratie die Partei der armen Leute.«

In den sieben Jahren, die seither vergangen waren, hatte sich vieles geändert. »Alle Wege des Marxismus führen nach Moskau«, lautete die — von belgischen Jesuiten erfundene und von einem im Eifel-Kloster Maria Laach tagenden Beratergremium gutgeheißene — Wahlparole der Union, gegen die sich die SPD verteidigen mußte. Und auch das Bekenntnis der Sozialdemokraten zu den Armen war ihr inzwischen sehr hinderlich. Die Arbeiterschaft hatte schon den Aufstieg ins Kleinbürgertum begonnen, und proletarischer »Arme-

Leute-Geruch« hatte für die kleinen Angestellten und Beamten, die ihn gerade erst losgeworden waren, nicht die geringste Attraktivität.

Zudem war die SPD, seit sie sich auf einen Kurs der unbedingten Staatstreue und einer auf das Parlament beschränkten Opposition festgelegt hatte, in der mißlichen Lage, den autoritären und in der Wahl seiner Mittel durchaus »nicht pingeligen« Kanzler nur im Bundestagsplenum und rein argumentativ angreifen zu können. Sie sah sich veranlaßt, ihr ständiges, fruchtloses Nein zu Adenauers eigenwilligen Plänen immer wieder, sobald diese sich zu verwirklichen begannen, in ein bedingtes, »konstruktives« Ja umzuwandeln, und auch dies erwies sich dann, was die von der SPD gestellten Bedingungen betraf, als ebenso unwirksam. Besonders nachteilig für die sozialdemokratische Opposition war nicht zuletzt auch, was unter Konrad Adenauers Kanzlerschaft zur selbstverständlichen Praxis geworden war, nämlich der rücksichtslose Einsatz staatlicher Einrichtungen und Geldmittel für die Machterhaltung der Unionsparteien und für die Unterstützung ihres Wahkampfes. Der Kanzler bediente sich sogar mit Vorliebe der Geheimdienste, um seine innenpolitischen Gegner — auch die in den eigenen Reihen — überwachen und ausspähen zu lassen. Vor allem die »Organisation Gehlen«, die direkt aus dem Spionageapparat des Naziregimes von den Amerikanern übernommen worden war* und bis 1956 der CIA unterstellt blieb, leistete Adenauer, Lenz und Globke heimliche Wahlhilfe. Wie Günther Nollau, der spätere Präsident des Bundesamtes für Verfassungsschutz, in seinen Memoiren erwähnt, hatte die »Organisation Gehlen«, die ja nur »Auslandsaufklärung« betreiben sollte, in den fünfziger Jahren für ihre Inlandsaktivitäten »weit mehr Mitarbeiter beschäftigt . . . als der gesamte Verfassungsschutz in Bund und Ländern«. Diese Arbeit »im Landesinnern«, also in der Bundesrepublik, richtete sich — so Nollau — »mehr gegen demokratische Politiker als gegen Kommunisten«.

* Näheres siehe Bernt Engelmann, *Wie wir wurden, was wir sind,* München, 1980, S. 149.

Ein weiteres wichtiges Instrument für den Wahlkampf der Union waren die aus öffentlichen Mitteln finanzierten Aktivitäten jener zahlreichen, von Otto Lenz geschaffenen Organisationen.

»Lenz hat der ›modernen Meinungspflege‹ zahlreiche Kanäle geöffnet«, heißt es dazu bei Arnulf Baring. »So war er beteiligt an der Gründung der Deutschen Atlantischen Gesellschaft e. V. (deren erster Präsident er wurde), der Gesellschaft für Auslandskunde, der Bundeszentrale für Heimatdienst sowie vor allem der Arbeitsgemeinschaft Demokratischer Kreise e. V., deren Präsident der spätere CDU-Bundestagsabgeordnete Hans Edgar Jahn war und die allein im Jahre 1953 (!) rund 2500 Veranstaltungen mit rund zweihunderttausend Teilnehmern durchgeführt hat.«

Zu dieser massiven Wahlhilfe, die ausschließlich mit Steuergeldern bezahlt wurde, kam noch die kräftige Unterstützung der Union durch ihre traditionellen Verbündeten: Die katholische Kirche nahm offen Partei für den »christlichen Kanzler« und gegen die »roten Gottesleugner«; die Unternehmerverbände, einzelne große und mittlere Industriebetriebe, die Haus-, Wald- und Grundbesitzer-Organisationen sowie nicht zuletzt die Banken halfen den Regierungsparteien, vor allem der Union, mit Millionenspenden, und weitere Wahlhilfe kam aus den USA. Denn der neue Präsident der Vereinigten Staaten, der bisherige Oberbefehlshaber in Europa, General Dwight D. Eisenhower, erst recht dessen Außenminister John Foster Dulles und dessen Bruder, CIA-Chef Allan Dulles, setzten in ihrem Konzept einer konstanten »Politik der Stärke« auf eine aufgerüstete Bundesrepublik unter Führung Konrad Adenauers, der diesem amerikanischen Kurs blind zu folgen bereit war und dessen Wirtschaftsminister Ludwig Erhard das kapitalistische System stützte, die Konzerne stärkte und die Gewerkschaften in Zaum hielt.

So kam es, daß Adenauers CDU, zusammen mit ihrer bayerischen Schwesterpartei, der CSU, am 6. September 1953 einen sehr eindrucksvollen Sieg über die sozialdemokratische Opposition erringen konnte. Bei einer Wahlbeteiligung von 86,2 Prozent konnte die Union ihren Stimmenanteil von 31 auf 45,2 Prozent steigern und bei der Mandatsverteilung fast hundert Sitze hinzugewinnen. Sie verfügte nun im Bundestag, wenn auch ganz knapp, über die absolute Mehrheit, so daß sie notfalls hätte allein regieren können. Die SPD hingegen konnte zwar über eine Million Wähler hinzugewinnen, hauptsächlich auf Kosten der Kommunisten, doch verringerte sich ihr prozentualer Anteil geringfügig von 29,2 auf 28,8 Prozent. Mit 151 (gegen zuvor 130) Abgeordneten waren die Sozialdemokraten nun ganz deutlich die Unterlegenen, während sie bei der ersten Bundestagswahl im Jahre 1949 nur knapp hinter der Union zurückgeblieben waren. Schlimmer noch: Sie standen jetzt im Parlament allein in Opposition zu dem von Adenauer geführten Bürgerblock, der insgesamt über mehr als zwei Drittel der Mandate und damit über eine verfassungsändernde Mehrheit verfügte.

Die Kommunisten waren dem neuen Wahlrecht zum Opfer gefallen; mit nur noch 2,2 (zuvor 5,7) Prozent der Stimmen hatten sie aufgrund der Fünfprozentklausel keinen Abgeordneten mehr im Bundestag. Ebenfalls aus dem Parlament verschwunden waren die Bayernpartei, die zudem von ihrer regionalen Konkurrenz, der CSU, mit allerlei Tricks ausmanövriert und korrumpiert worden war, ferner die Zentrumspartei und die rechtsextremen Splittergruppen.

Die Freien Demokraten, die geringfügige Verluste erlitten hatten, die konservative Deutsche Partei sowie der Gesamtdeutsche Block mit dem Bund der Heimatvertriebenen und Entrechteten (GB/BHE) verfügten zusammen über neunzig stimmberechtigte Abgeordnete. Dazu ist anzumerken, daß die Deutsche Partei nur dadurch nicht an der Fünfprozentklausel gescheitert war, daß sie in einigen niedersächsischen Wahlkreisen mit diskreter Unterstützung von seiten der CDU Direktmandate hatte erringen können.

Die neue Regierung, mit deren Bildung sich Adenauer viel Zeit ließ, sah nicht viel anders aus als sein erstes Kabinett:

Adenauer behielt neben dem Bundeskanzleramt das Außenministerium; der ihm sehr ergebene Freidemokrat Franz Blücher, den der Kanzler ab und zu mit geheimdienstlichen »Erkenntnissen» aus sehr privatem Bereich erschreckte, blieb Vizekanzler. Fritz Schäffer (CSU), den die Amerikaner im Herbst 1945 als »nazifreundlichen Reaktionär« mit politischem Funktionsverbot bestraft hatten, behielt das Finanz-, Ludwig Erhard (CDU) das Wirtschaftsministerium. Neuer Bundesinnenminister wurde, als Nachfolger des aus Altersgründen abgelösten Robert Lehr (CDU), der Düsseldorfer Rechtsanwalt Dr. Gerhard Schröder (CDU). Dr. Heinrich Lübke (CDU) bekam das Bundesministerium für Ernährung und Landwirtschaft, der Freidemokrat Fritz Neumayer das Justizressort; der katholische Gewerkschafter Anton Storch (CDU) blieb Arbeitsminister. Der gleichfalls zum linken Flügel der Union zählende Jakob Kaiser behielt das Bundesministerium für gesamtdeutsche Fragen. In ihren bisherigen Ämtern blieben auch der Führer der rechtskonservativen Deutschen Partei, Dr. Hans Christoph Seebohm, als Bundesverkehrsminister sowie dessen Parteifreund Heinrich Hellwege als Bundesminister für Angelegenheiten des Bundesrats.

Neuer Wohnungsbauminister wurde der rechte Freidemokrat Dr. Viktor-Emanuel Preusker, neuer Bundesvertriebenenminister Professor Dr. Theodor Oberländer (BHE), an dessen »tiefbrauner« Vergangenheit Adenauer keinen Anstoß nahm. Mit dem Familienministerium betraute der Kanzler den CDU-Abgeordneten Dr. Josef Wuermeling, der sich um die Wiedereinstellung der Nazi-Beamten aufgrund des »131er Gesetzes« nach Meinung der Union große Verdienste erworben hatte und als Vertrauensmann des Werhahn-Konzerns galt. Der CDU-Abgeordnete Dr. Robert Tillmanns, evangelischer Synodale und Repräsentant der Flick-Gruppe, wurde Bundesminister für besondere Aufgaben, und damit der konfessionelle Proporz, auf den Adenauer großen Wert legte, gewahrt blieb, erhielt auch ein katholischer Bayer, der ehrgeizige CSU-Generalsekretär Franz Josef Strauß, die Ernennung zum Bundesminister für besondere Aufgaben (was ihn bitter enttäuschte, denn er hatte gehofft, Bundesverteidigungsminister zu werden. Aber Adenauer hatte dies kategorisch abgelehnt und zunächst das »Amt Blank«, das dem Bundeskanzleramt unterstellt blieb, beibehalten).

Adenauers Ziel bei dieser Kabinettsbildung war — so *Der Spiegel* vom 28. Oktober 1953 — »die breitestmögliche Bürgerkoalition«, wobei er mit Hilfe der bürgerlichen Parteien den linken Flügel der CDU fest unter Kontrolle behalten und vor sozialpolitischen Extratouren, womöglich im Bunde mit der SPD und den Gewerkschaften, bewahren konnte.

»Sein Ziel war«, hieß es im *Spiegel*-Bericht weiter, »1. Die SPD soll als verlorener Haufen vier weitere Jahre mutterseelenallein in der Opposition sitzen. 2. Die verfassungsändernde Zweidrittelmehrheit im Parlament soll nicht nur für seine Westverträge, sondern notfalls für alle Regierungsmaßnahmen gesichert sein. 3. Die drei kleinen Parteien — FDP, DP und BHE — sollen, wie die CSU, mit in der Regierung sitzen, auf daß sie bei der nächsten Wahl 1957 dem gleichen Unionssog erliegen wie 1953, anstatt als nationale Rechte, liberale Opposition, kleinbürgerliche Anspruchspartei oder Vorkämpferin bayerischer Belange der CDU gefährlich zu werden.«

In einem anderen *Spiegel*-Beitrag hatte Rudolf Augstein unter dem Pseudonym »Jens Daniel« den »beispiellosen Sieg« Adenauers mit bitteren Worten kommentiert: »Der Sieg des Kanzlers ... war zu vollständig ... Noch ein solcher Sieg, und die deutsche Demokratie ist verloren. Wer die hinter dem modernen Massenstaat wirkende Mechanik kennt, der weiß, daß nur eine starke Opposition die Macht der Regierung in Schranken halten kann, eine Opposition, der mindestens zuzutrauen ist, daß sie die Regierung irgendwann einmal ablösen wird. Davon kann in der Bundesrepublik ... nicht mehr die Rede sein ... Wie herzlich froh wären wir jetzt für ein paar Splitterparteien! Die SPD wird Mühe haben, sich von dieser vernichtenden Niederlage je wieder zu erholen ...«

Und an anderer Stelle dieses scharfsinnigen Kommentars hieß es: »Auch für den europäischen Zusammenschluß ist der Kanzler zu groß geworden. Dieser Baum ist in den Himmel gewachsen. Sie tun in Paris so, als begrüßten sie süßsauer den wider alle Kriegskunst errungenen Sieg, aber in Wahrheit sehen sie in Konrad Adenauer den Nachfolger Bismarcks oder Hitlers ... Nun gibt es zwar wenig Parallelen zwischen dem letzten Reichs- und dem ersten Bundeskanzler, aber das Volk, das beiden zugejubelt hat, ist im wesentlichen noch das gleiche: Das Volk, das so gern geführt werden möchte und das so gern stark ist auf Kosten anderer Völker, diesmal sogar auf Kosten der eigenen Landsleute ... Sie sollen nun also durch Stärke befreit werden. Oder sollen sie gar nicht? Für beides, für die Befreiung und für die Nicht-Befreiung, hat der Kanzler ein Mandat«, wobei man davon ausgehen darf, daß Adenauer selbst an einer »Eingliederung« der DDR in die Bundesrepublik überhaupt nicht interessiert war. Sie hätte sein Hauptziel, die Westintegration, in Frage gestellt und wäre zudem bei Wahlen nur der SPD förderlich gewesen. Denn alles sprach dafür, daß bei freien Wahlen in beiden deutschen Staaten sowie bei vollem Stimmrecht der Berliner Abgeordneten die Bonner Regierungskoalition eine schwere Niederlage erlitten hätte. Die traditionellen Hochburgen der SPD hatten schon zur Zeit des Kaiserreichs vornehmlich zwischen Elbe und Oder gelegen. Dagegen waren die Rheinprovinz, Westfalen sowie Bayern die Domänen des katholischen Zentrums; von den 52 Reichstagsabgeordneten des Rheinlands und Westfalens hatte die SPD um die Jahrhundertwende nur einen einzigen gestellt, die Zentrumspartei dagegen 44, und von den 42 bayerischen Mandaten (ohne die der Pfalz) waren damals nur drei von den Sozialdemokraten erobert worden, dagegen 31 vom Zentrum.

Die große Masse der SPD-Wähler war im Kaiserreich wie dann auch in der Weimarer Republik vor allem im Norden und Osten Berlins, in der preußischen Provinz Sachsen sowie im »roten Königreich« Sachsen zu finden gewesen, ferner in den thüringischen Kleinstaaten und in den Hafenstädten der

Ostsee. Natürlich hatte die SPD auch im Gebiet der späteren Bundesrepublik stets ihre »sicheren« Wahlkreise gehabt – zum Beispiel Hamburg und Altona, Hannover, Frankfurt, Nürnberg und München –, aber erst durch eine Wiedervereinigung wäre es der SPD möglich gewesen, die Mehrheit der Bonner bürgerlichen Koalition zu brechen und selbst den Kanzler zu stellen.

Schon aus diesen Gründen konnte Adenauer an einer Wiedervereinigung und an freien Wahlen in ganz Deutschland überhaupt nicht interessiert sein, ganz zu schweigen davon, daß die Bevölkerung der DDR nur zu einem sehr geringen Teil römisch-katholischen Glaubens war und daß die Wiederherstellung der deutschen Einheit Bonns Rolle als Hauptstadt sofort beendet hätte.

Aber die volle Wahrheit, nämlich daß der Kanzler aus allen diesen Gründen eine Wiedervereinigung gar nicht wollte, ja, sie von seinem Standpunkt aus unbedingt verhindern mußte, wagte damals auch der *Spiegel* noch nicht offen auszusprechen, der zu dieser Zeit, neben den parteieigenen Zeitungen der SPD und etlichen, häufig verbotenen kommunistischen Blättern, die publizistische Opposition darstellte. Denn die gesamte bürgerliche Presse war regierungsfreundlich.

Adenauer tat indessen, als sei das Gegenteil der Fall. Auf der ersten Pressekonferenz nach der Bundestagswahl vom 6. September 1953 erklärte der Kanzler, er habe einen großen Wahlsieg errungen, obwohl ein großer Teil der Presse gegen ihn gewesen sei. Als er dann gefragt wurde, welche großen Zeitungen er denn für oppositionell halte, erwiderte er: »Besonders die *Frankfurter Allgemeine* und die *Süddeutsche Zeitung*, aber, meine Damen und Herren, leider auch *Die Welt*.« Erst auf energischen Protest hin ließ er den Vorwurf gegen *Die Welt*, die damals noch ein unabhängiges, von hervorragenden konservativen und liberalen Journalisten redigiertes Blatt war, widerstrebend fallen, meinte aber einschränkend, ihre Hilfe sei »zu spät gekommen«.

Die Vorwürfe gegen die großen, überregionalen Zeitungen waren indessen ebenso unbegründet wie die Beschwerden, mit denen Adenauer seinen Staatssekretär und Wahlkampfleiter Otto Lenz überhäufte. Die Pressepolitik, die Lenz betrieben hatte, war für Adenauer in Wirklichkeit von größtem Nutzen gewesen. Lenz hatte soweit wie irgend möglich für die Unterdrückung aller dem Kanzler unliebsamen Nachrichten und Kommentare gesorgt und eine sehr großzügige Förderung der »positiven« Berichterstattung betrieben.

»Einzelne Organe«, weiß Arnulf Baring zu berichten, »wurden finanziell unterstützt, sei es durch die Garantie, bestimmte Stückzahlen zu erwerben, sei es durch feste Zuschüsse«, wie etwa im Fall der *Deutschen Soldaten-Zeitung,* der Vorläuferin des heutigen rechtsextremistischen Hetzblatts *Deutsche National-Zeitung.* Sie erhielt, so Baring, »zu Anfang der fünfziger Jahre aufgrund eines sogenannten ›Förderungsvertrages‹ monatlich 11000 DM«, bis zur Bundestagswahl 1953 insgesamt 264000 DM.

Außerdem, heißt es bei Arnulf Baring weiter, »wurden Bonner und auswärtige Korrespondenten, zumal vor Wahlen, zu gut dotierten ›positiven‹ Ausarbeitungen, zu Gutachten, Denkschriften oder Situationsanalysen aufgefordert. Dabei waren gelegentlich die Grenzen des Journalismus zur Werbung wie zur Zuträgerei fließend: Man wurde gebeten, einen Kongreß zu besuchen oder eine Informationsreise zu unternehmen — bei großzügiger Spesenabrechnung und gegen die geringe Mühe eines kurzen Berichts über Beobachtungen und Eindrücke ... Jedenfalls gab es unsichtbare Aufträge und Abhängigkeitsverhältnisse, von denen die Regierung hoffen konnte, sie würden ihre Früchte tragen.«

Die Pläne des für diese Art von »Meinungspflege« zuständigen Staatssekretärs Lenz für die Zeit nach den Wahlen sahen, sorgfältig abgestimmt mit des Kanzlers rechter Hand, Dr. Hans Globke, eine beträchtliche Erweiterung solcher Einflußnahme vor. Am 11. September 1953, fünf Tage nach Adenauers Wahlsieg, diktierte Otto Lenz einem ihm nahestehenden Journalisten, dem politischen Redakteur der *Welt,*

Adalbert Worliczek, eine Darstellung seiner Gedanken zur künftigen Informationspolitik der Bundesregierung, damit Worliczek sie populär mache.

Genau eine Woche später, am 18. September 1953, wurde dann bekannt, daß *Die Welt* einen neuen Eigentümer bekommen habe, nämlich den *Hamburger Abendblatt-* und *Hör zu-*Verleger Axel Cäsar Springer, der seit dem 24. Juni 1952 auch ein Boulevardblatt ganz neuen Stils, die *Bild-Zeitung*, herausgab.

Ebenfalls an diesem 18. September erschien in der nun Springer gehörenden *Welt* ein Leitartikel, worin Worliczek sich für die Pläne des Staatssekretärs Otto Lenz begeisterte. »Was bis dahin nicht einmal die von der *Deutschen Korrespondenz* hochdotierten Staatsschreiber, weder der kanzlerfromme ›Deutschland-Union-Dienst‹ der CDU/CSU noch die mit Lenz oder Globke eng liierten Bonner Journalisten über sich gebracht hatten«, hieß es dazu im *Spiegel*, »tat Adalbert Worliczek in seinem Artikel: Er verharmloste und verherrlichte das« — von Lenz für sich geplante — »Informationsministerium. Er übertraf dabei alle Erwartungen, die man in einen Journalisten setzen konnte: ›Das Informationsministerium‹, schrieb er unter anderem, ›soll der Öffentlichkeit die Urteilsbildung über die oft komplizierten und in ihren Zusammenhängen nicht leicht erkennbaren Geschehnisse erleichtern und oft überhaupt erst ermöglichen‹ . . .«

Trotz dieser glänzenden Vorbereitung scheiterte das Lenz-Globke-Projekt, bei dem das Bundespresseamt, die Propagandaabteilung des Gesamtdeutschen Ministeriums, die Bundeszentrale für Heimatdienst, die Geheimdienste sowie alle Einrichtungen der Meinungsforschung und -pflege in einem »Überministerium« zusammengefaßt werden sollten. Robert Pferdmenges und Flick-Vertrauensmann Robert Tillmanns rieten dringend davon ab; im benachbarten Ausland, zumal in Paris, wurden Warnungen laut, die Herren Lenz und Globke wollten Goebbels und Himmler auf dem Gebiet der »Volksaufklärung« und -überwachung noch übertreffen; die Hohen Kommissare meldeten ebenfalls ihre Bedenken an.

Angesichts solcher Widerstände beschloß Adenauer, Lenz fallenzulassen und die Informationspolitik wie die Geheimdienste selbst in der Hand zu behalten, wie schon das Auswärtige Amt und das »Amt Blank«, das künftige Verteidigungsministerium. Otto Lenz schied als Staatssekretär aus dem Bundeskanzleramt aus und mußte sich hinfort mit seinem Bundestagsmandat, seiner Anwaltspraxis sowie mit der Aussicht begnügen, demnächst wieder in Gnaden aufgenommen und vom Kanzler mit wichtigen Aufgaben betraut zu werden.

Lenz wußte, daß es aussichtslos war, auf die festen Zusagen zu pochen, die ihm Adenauer erst wenige Tage zuvor hinsichtlich des Informationsministeriums gegeben hatte. Der Kanzler hatte seinen Versprechungen noch nie mehr als momentane taktische Bedeutung beigemessen. Seine Biographen Paul Weymar und Franz Rodens stimmen darin mit Arnulf Baring überein, daß man nicht gut beraten war, wenn man auf Adenauers Wort vertraute. Es machte ihm nichts aus, seine Meinungen, Behauptungen, Zusagen oder Direktiven von einem auf den anderen Tag zu ändern. Darauf angesprochen, pflegte er indigniert zu entgegnen, niemand könne ihn schließlich daran hindern, alle Tage klüger zu werden.

Was der Kanzler seinem so lange zum »inneren Kreis« gehörenden Staatssekretär Dr. Lenz am meisten verübelte, waren übrigens keineswegs dessen politische und private Eskapaden, auch nicht die oft sehr trüben Geschäfte, mit denen Lenz seine finanzielle Unabhängigkeit zu sichern verstand. Was Adenauer an Otto Lenz entscheidend störte, war die Tatsache, daß dieser sich überhaupt nichts daraus machte, wenn sich der Kanzler über sein dunkles Treiben genau unterrichtet zeigte. Damit fügte er sich nicht ein in Adenauers personalpolitisches Konzept, das niemand besser beschrieben hat als Arnulf Baring:

»Da er in allen *anderen* Menschen die schlechte, hoffnungslos verdorbene Kreatur sah, rechnete er bei jedermann mit verborgenen Angriffspunkten. Um sich Loyalitäten zu sichern, winkte er deshalb nicht nur mit dem Füllhorn seiner Gnade, sondern zwickte auch gern. Besonders war er natürlich an den Eigentümlichkeiten, Schwächen und Fehlern all derer interessiert, die ihm gefährlich werden konnten ... Offenbar hatte Adenauer aber auch keine Bedenken, selbst Bundesminister und führende CDU-Mitglieder nachrichtendienstlich überwachen zu lassen — beispielsweise Jakob Kaiser, den er heimlicher Ostkontakte verdächtigte. Bei den meisten Zeitgenossen versprach das politische Vorleben kritische Ansatzpunkte ... Mitarbeitern, die aus der Zeit des Dritten Reiches als belastet galten, gab er zu verstehen, sie verdankten es nur ihm, wenn sie wieder verwendet würden, und nur durch besondere Treue ihm gegenüber könnten sie beweisen, daß sie sich von ihrer Vergangenheit getrennt hätten.

Häufiger als politische Schwächen waren moralische Anfälligkeiten ... Da seine Neugier bekannt war, trugen ihm viele Seiten Nachrichten zu. In dieser Hinsicht erwies sich die Wahl Bonns zur Bundeshauptstadt als vorteilhaft ... Wer im engen Raum dieser Kleinstadt als Minister, Abgeordneter oder hoher Beamter ein gelockertes Leben führen wollte, sah sich außerstande, seine Privatsphäre abzuschirmen. Fast alle Fahrer und Hausmeister, Bediensteten und Sekretärinnen stammten aus dem Weichbild dieser Stadt, waren meist katholisch, oft miteinander verwandt oder bekannt; sie bildeten, aufmerksam und redselig, ein natürliches, weitverzweigtes Beobachtungs- und Nachrichtensystem. Wie sollten die Schritte und Stunden prominenter Bewohner Tausenden von Augen und Ohren verborgen bleiben?

Mit Behagen ließ der Bundeskanzler gelegentlich Partei- oder Koalitionsfreunde merken, daß er etwas über sie in Erfahrung gebracht hatte. Genügte nicht eine Anspielung auf intime Angriffsflächen, um ihren politischen Selbständigkeitsdrang zu dämpfen? Der eine lebte von seiner Frau getrennt mit einer Freundin, dieser hatte wechselnde Mädchen, jener gar junge Männer, andere waren an diskreten Orten gesehen worden, hatten sich dort sogar im Bett fotografieren lassen. Mit der Unmoral wuchs die Abhängigkeit. Wenige besaßen die finanzielle Unabhängigkeit und die Zivilcourage von Otto Lenz, der dem Regierungschef auf Vorhaltungen wegen seines Lebenswandels erwiderte, er sei schließlich nicht als Kaplan, sondern als Staatssekretär angestellt worden.«

Soweit Arnulf Barings Darstellung des Bonner Klimas und der Praktiken des Kanzlers auf dem Gebiet der Personalpolitik. Erläuternd sei hinzugefügt, daß die frühen fünfziger Jahre nicht allein von krassem Materialismus und striktem Konsumdenken geprägt waren, sondern auch von einem Bedürfnis nach Biedermeier-Ruhe und -Ordnung. Es herrschte eine Atmosphäre provinzieller Enge und Prüderie. Zumindest der Anschein der Wohlanständigkeit mußte gewahrt werden, sonst forderte man spießbürgerliche Entrüstung heraus, die leicht zu gesellschaftlicher und damit auch politischer Ächtung führen konnte. Insofern war das allgemeine Streben nach Konformität, auch und gerade durch strenge Wahrung der bürgerlichen und kirchlichen Moral, zumindest nach außen hin, ein Gebot der Selbsterhaltung.

Daran hielten sich auch die Filmindustrie und die Bildredaktionen der Illustrierten, erst recht die der Regenbogen- und Boulevardpresse. »Aus Furcht, ins Ordinäre abzugleiten«, heißt es in einem Bericht über die fünfziger Jahre der Deutschen von Nikolaus Jungwirth und Gerhard Kromschröder, »war es alltägliche Praxis vieler Zeitschriften, die Dekolletés selbst so züchtiger Filmschauspielerinnen wie Ruth Leuwerik oder Hannerl Matz — insbesondere auf Titelbildern — künstlich zu verkleinern. Darüber, daß zum Beispiel auch nicht der Ansatz der Spalte zwischen den Brüsten zu sehen war, wachte als moralische Zensurbehörde die ›Selbstkontrolle der Illustrierten‹, in der der katholische ›Volkswartbund‹ tonangebend war.«

Spießbürgerlichkeit und Prüderie spiegelten sich auch in den ersten Jahrgängen von *Bild* wider, Axel Springers um flotte Modernität bemühter Tageszeitung, die »für quicklebendige moderne Analphabeten« konzipiert war — nach der Theorie von Hans Zehrer, dem »Hans im Bild« jener Zeit, wonach sich Lesen und Schreiben »wie früher« nur auf eine schmale Schicht beschränken würde. »Die Schauflächen vorn und hinten füllten die blickfängerischen Fotos und drei Comic-strips-Serien«, heißt es in Hans Dieter Müllers kritischer Studie *Der Springer-Konzern.* Doch zur Klarstellung muß dem hinzugefügt werden, daß die abgebildete Weiblichkeit stets schicklich bekleidet zu sein hatte. Die Comic-strips waren ebenfalls frei von Sex, auch wenn ihre Serientitel »Bei Lottchen geht es lustig zu« oder »Zwei Jungs unterwegs in Afrika« lauteten.

»Die Bild-Legenden waren so knapp wie möglich gehalten, die Schlagzeilenmeldungen am oberen Rand sachlichen angelsächsischen Sprachmustern nachempfunden«, heißt es in Hans Dieter Müllers *Bild*-Beschreibung weiter. »Innen jedoch herrschte das Biedermeier ... Es begann mit einer Morgenfeier links oben: Nach Goethes Rat, ›Jeden Tag ein gutes Bild betrachten‹, betrachtete man ... meist Romantikerbilder mit bürgerlich-idyllischen Familienporträts. Der Tagesspruch, ›... notieren Sie in Ihrem Herzen: Ein Leben ohne Freude ist wie eine weite Reise ohne Gasthaus‹, stimmte auf die säkularisierte Morgenpredigt ein, mit der sich nun fortan über neun Jahre lang ... Hans Zehrer als ›Hans im Bild‹ an die ›einfachen Menschen‹ wandte — biedermännisch, jovial, gemütvoll, angestrengt schlicht ... Dieses Volk, das voreinander den Hut ziehen könne, ›wir jedenfalls werden es jeden Morgen von neuem tun!‹ In der Metaphorik spielten Naturklischees und das Wetter eine große Rolle ... Das Schicksal, von ›den Großen dieser Welt‹ bereitet, zog meist als ›dunkle Wolke‹ über den Häuptern dahin ... Auch die Vergangenheit löste sich in Wolken der Schicksalhaftigkeit auf. Von den Nebeln des Allgemein-Menschlichen umwogt, ging die Kontur dessen, was sich tatsächlich ereignet hatte, die Einsicht in den Kausalnexus, verloren. Plötzlich war es vergessen, es kam nicht mehr vor —

ein Vorgang, der sich später bei den Lebensläufen mancher Redakteure auffällig wiederholte: viele beginnen erst 1945 ...«

Axel Springers *Bild*, »ein Volks-, kein Massenblatt«, wie der Verleger gern betonte, half wacker mit, die Hauptströmungen in der Bundesrepublik der fünfziger Jahre kräftig zu fördern: das Streben nach kleinbürgerlichem Wohlstand und neuem Prestige, die Verdrängung der entsetzlichen Vergangenheit ins »Schicksalhafte«, für das niemand verantwortlich war, und den wilden »emotionellen« Antikommunismus. Das Ganze wurde, wie es Hans Dieter Müller treffend beschrieben hat, »mit dem Zuckerguß neukonservativer Erbaulichkeit« gleichmäßig überzogen.

Der Erfolg der *Bild-Zeitung* — im März 1953 noch täglich 300000 verkaufte Exemplare, im April bereits 500000, im Juni 700000 und so fort bis 1,2 Millionen bei Jahresende 1953 — wurde durch zahlreiche Änderungen des Layout, rasche Anpassung an die Markterfordernisse und hemmungslose Adaption des Showgeschäfts erzielt. Aber die spießige Grundkonzeption blieb erhalten und schimmerte immer wieder durch.

Natürlich verfolgte man in Bonn die Entwicklung des neuen Boulevardblatts mit großer Aufmerksamkeit und wachsendem Wohlwollen. *Bild* war ein Faktor, mit dem man rechnen mußte, und dies nicht nur, weil seine verkaufte Auflage so steil anstieg und die aller anderen Tageszeitungen schon überholt hatte. Vielmehr entsprach die Niveaulosigkeit des Groschenblatts auch durchaus den Vorstellungen von Volkstümlichkeit derer, die in Bonn »Verantwortung trugen«, wie sie stolz von sich behaupteten. Dabei überließ der autokratische Kanzler allenfalls seinem Wirtschaftsminister Erhard etwas Bewegungsfreiheit.

Was den Bonner Politikern an *Bild* besonders behagte, war das Bemühen des Blattes, die »schicksalhafte« deutsche Vergangenheit ruhen zu lassen und den Bundesbürgern immer wieder zu versichern, sie könnten stolz auf sich und ihre Leistungen, auf ihren guten Geschmack und richtigen Instinkt (und damit auch auf ihre selbstgewählten Volksvertreter und ihre tüchtige Regierung) sein.

Unter den Bonner Politikern gab es nicht eben wenige, denen sehr daran gelegen sein mußte, daß die Verbrechen der erst wenige Jahre zurückliegenden Nazi-Herrschaft nicht den einzelnen Tätern, Helfershelfern, Anstiftern und Nutznießern angelastet wurden, sondern einem anonymen, »verhängnisvollen« Schicksal. Sonst hätten allzu viele große und kleine Übeltäter zur Verantwortung gezogen werden müssen, denn was war im Deutschen Reich der Jahre 1933—1945, in den »angegliederten« und besetzten Gebieten sowie im Einflußbereich der Gestapo und des Reichssicherheitshauptamts nicht alles passiert ...!

Ein typischer Vorfall aus der Anfangszeit des ›Dritten Reiches‹ im oberschlesischen Landkreis Rosenberg: Dort hatte die Nazipartei bei den Kommunalwahlen im März 1933 eine Schlappe erlitten; die katholische Zentrumspartei war stärkste Partei geblieben und stellte weiter den Landrat. Daraufhin war am 24. Juni 1933 ein SA-Rollkommando von außerhalb herangeführt worden, hatte das Kreisverwaltungsgebäude gestürmt, den schwerkriegsbeschädigten Kreisdirektor Teschner zusammengeschlagen, so daß er stark blutend mit zerbrochener Brille am Boden lag, und dann den Landrat Strzoda zur »freiwilligen« Amtsniederlegung genötigt. Anschließend waren Strzoda und Teschner in »Schutzhaft« genommen und verschleppt worden. Als neuer Landrat wurde der Nazi-Funktionär Martin Elsner eingesetzt, der sogleich mit Hilfe auswärtiger SA unter dem Kommando seines Bruders die Zentrumsherrschaft beendete, die ersten juden- und polenfeindlichen Maßnahmen durchführte und den Landkreis »gleichschaltete«.

Im Bundestagshandbuch von 1953 fand diese Episode sehr verkürzt ihren Niederschlag in der Eintragung: »Elsner, Martin, Dipl. Landwirt, Landrat; GB/BHE ... Geboren 3. Februar 1900 in Langseifersdorf Kr. Reichenbach (Schlesien), evangelisch ..., seit 1932 selbständiger Landwirt; 1933—1942 Landrat (Kreis Rosenberg), 1942—1945 Landrat (Kreis Rybnik) . . .; seit 6. 12. 1952 Landrat (Kreis Braunschweig). Seit 6. 9. 1953 Mitglied des Bundestags.«

Eine andere Eintragung im Bundestagshandbuch für die 2. Wahlperiode betraf einen Abgeordneten, der sich im Wahlkampf mit der Aussage: »Wir haben den Krieg, nicht aber Mut und Charakter verloren!«, recht populär gemacht hatte. Der nach seinen Angaben im Bundestagshandbuch eingetragene Lebenslauf zeigte ihn als einen vielseitigen, unpolitischen Menschen, der ohne eigenes Verschulden in Not und Bedrängnis geraten war:

»Seiboth, Frank, Journalist ... geboren 9. Mai 1912 in Proschwitz, evangelisch; Maschinenbauingenieur ... Bis 1932 Studium, bis 1934 Soldat (tschechoslowakische Armee); Tätigkeit Gablonzer Industrie, Journalist und Volkstumpflege; 1939—45 Unteroffizier; 1942—45 Bodenamt Prag. 1945—48 von Tschechen interniert, ohne Verurteilung nach Westdeutschland entlassen, bis 1950 Textilhandelsvertreter, seit 1950 Redakteur ... Seit 6. 9. 1953 Mitglied des Bundestags (GB/BHE).«

Nicht erwähnenswert war es dem neuen Bundestagsabgeordneten Seiboth erschienen, daß er Gauhauptstellenleiter und Gauschulungsleiter bei der sudetendeutschen NSDAP-Gauleitung Reichenberg gewesen war, dann oberster Hitlerjugendführer im Sudetenland, auch nicht, daß er keineswegs nur den bescheidenen Dienstgrad eines Unteroffiziers gehabt hatte, sondern auch den eines SS-Hauptsturmführers, was ihn nicht nur bei den Tschechen, sondern auch bei Briten, Franzosen und Amerikanern in automatischen Arrest gebracht hätte, ganz zu schweigen von dem, wofür er im annektierten Sudetenland und im sogenannten »Protektorat« verantwortlich gewesen war.

Ein drittes und letztes, durchaus typisches Beispiel aus dem Bundestagshandbuch von 1953:

»Kiesinger, Dr. Kurt, Rechtsanwalt, Tübingen, CDU. Geboren am 6. April 1904 in Ebingen (Württemberg). Nach Besuch der Realschule in Ebingen und des Lehrerseminars in Rottweil Studium der Rechtswissenschaft, Philosophie und

Geschichte an den Universitäten Tübingen und Berlin. War vor 1939 als Rechtsanwalt tätig, außerdem im Verband Katholischer Studentenvereine Deutschlands und im« — gleichfalls gutkatholischen — »akademischen Görres-Ring. Ließ sich nach dem Krieg zunächst in Scheinfeld (Bayern) und 1947 in Tübingen als Rechtsanwalt nieder. Seit 1948 Landesgeschäftsführer der CDU.«

Offenbar — so jedenfalls läßt es die auf eigenen Angaben des Abgeordneten Dr. Kiesinger beruhende Eintragung erscheinen — verlief das Leben dieses katholischen Akademikers völlig unberührt vom Naziregime und vom Zweiten Weltkrieg. Doch in Wahrheit war Kurt Georg Kiesinger, der dem Bundeskanzler Adenauer — so Arnulf Baring — »kritiklos bis zur Selbstentäußerung« ergeben war (und dies wohl aus Gründen, die er selbst am besten kannte), schon 1933 der Nazi-Partei (NSDAP-Mitgliedsnummer 2633930) sowie weiteren Nazi-Organisationen beigetreten. Während des Krieges hatte er im Auswärtigen Amt des später in Nürnberg als Hauptkriegsverbrecher hingerichteten Joachim v. Ribbentrop als rechte Hand des Ministerialdirigenten und SS-Oberführers Rühle eine steile Karriere gemacht. Kiesinger war einer der wichtigsten Organisatoren der nazistischen Rundfunkpropaganda und der Vertrauensmann des Reichspropagandaministers Dr. Goebbels gewesen. Er hatte zu jenen als »absolut zuverlässig« geltenden Personen gehört, die in die zunächst geheimen Pläne der Naziführung zur Ausrottung des europäischen Judentums, zum Teil ganz detailliert, eingeweiht worden waren, denn er hatte ja den Auftrag, diese Aktionen im Ausland propagandistisch vorzubereiten und begreiflich zu machen.

Natürlich kannte Adenauer die braune Vergangenheit Kiesingers. Im Frühjahr 1950 hatte der Kanzler ihn wegen seiner organisatorischen und propagandistischen Fähigkeiten zum Generalsekretär der CDU machen wollen, den Plan dann aber wieder fallenlassen. Etwas später war die Ernennung Kiesingers zum Leiter des Bundespresseamts nur am hartnäckigen Widerstand von Dr. Otto Lenz gescheitert, der in dem wendigen Württemberger einen gefährlichen Rivalen sah. Adenauer hatte gerade in Kiesingers Propagandatätigkeit für die Nazis eine Bestätigung der guten Eignung seines Kandidaten für das Amt des Chefpropagandisten der Bundesregierung gesehen und sich Kiesingers Berufung von Otto Lenz nur mühsam ausreden lassen.

Die Lebensläufe der Abgeordneten Elsner, Seiboth und Dr. Kiesinger sind nur drei Beispiele, die sich beliebig vermehren ließen. Auch die Tatsache, daß der Kanzler den Abgeordneten Kiesinger mit einem hohen und exponierten Staatsamt hatte betrauen wollen, stellte, was die tiefbraune Vergangenheit des Kandidaten betraf, keineswegs eine Ausnahme dar.

Die Ernennung Dr. Globkes zum Staatssekretär im Bundeskanzleramt als Nachfolger des in Ungnade gefallenen Otto Lenz sowie die von Professor Dr. Theodor Oberländer zum Bundesminister für Vertriebenenangelegenheiten zeigen zur Genüge die Unbekümmertheit der Adenauerschen Personalpolitik in solchen Fragen. Schließlich war Oberländer, der schon am Hitler-Putsch vom 9. November 1923, danach an rechtsextremen Aktivitäten gegen die Weimarer Republik teilgenommen hatte, einer der führenden Theoretiker in Fragen der nazistischen »Volkstumspolitik« im osteuropäischen Raum gewesen, auch einer der Anführer jener vorwiegend aus Ukrainern bestehenden »Sondereinheit«, die unter der Tarnbezeichnung »Bataillon Nachtigall« 1941 in die Sowjetunion eingefallen war.

Adenauer sah seine seltsame Personalpolitik gerechtfertigt vom Kalten Krieg, der noch in vollem Gange war, sowie von den am rechten Flügel der Unionsparteien und der FDP, erst recht bei Seebohms Deutscher Partei und Oberländers BHE herrschenden Vorstellungen von einem neuen »Kreuzzug gen Osten«, einem »abendländischen Freiheitskampf gegen den Bolschewismus«. Ein solcher Kreuzzug sollte, wie Adenauer selbst am 11. Oktober 1952 gegenüber der *Frankfurter Allgemeinen Zeitung* erklärt hatte, »nicht nur die Sowjetzone, sondern das ganze versklavte Europa östlich des Eisernen

Vorhangs befreien — in Frieden befreien«, wie er eilig hinzugefügt hatte.

Als Voraussetzung für eine solche »Korrektur der Ergebnisse des Zweiten Weltkriegs« in Mittel-, Ost- und Südosteuropa — Gegenden, für die sich Adenauer in Wahrheit überhaupt nicht interessierte — sah der Kanzler die endliche Schaffung der von ihm — wenngleich aus ganz anderen Gründen — so sehnlich gewünschten Europäischen Verteidigungsgemeinschaft (EVG). Für eine durch die Schaffung der EVG endgültig durchgeführte Westintegration der Bundesrepublik, sein eigentliches Ziel, war Adenauer bereit, sich auch mit den verbohrtesten Revanchisten und »Ostlandreitern«, erst recht mit kompromittierten Nazipropagandisten und Schreibtischtätern für einige Jahre zu verbünden.

Die EVG war Adenauers Traumziel. Als der Vertrag über ihre Gründung nebst Zusatzprotokollen, Ergänzungsabkommen, Erklärungen und Briefwechseln am 27. Mai 1952 endlich unterzeichnet werden sollte, traf der Kanzler alle Vorbereitungen, den großen Tag festlich zu begehen. Sein Biograph Paul Weymar hat dazu bemerkt: »Er kümmerte sich um die geringfügigsten Einzelheiten . . . Er empfand die Unterzeichnung der Verträge als die Krönung seiner politischen Arbeit; er freute sich auf den Tag des Abschlusses, er wollte ihn festlich begehen, und als Fest- und Feiertage sollten die Daten der Unterzeichnung in Bonn und Paris auch im Gedächtnis der Völker bestehenbleiben.«

Otto Lenz gewann den Bundeskanzler für den Gedanken, den feierlichen Staatsakt mit einem großen Fackelzug zu beschließen. Der Bundesinnenminister Dr. Lehr hatte seinerseits sämtliche Länderregierungen dringend ersucht, die öffentlichen Gebäude zu beflaggen, schulfrei zu geben und die Kinder auf die große Bedeutung des Vertragswerks hinzuweisen.

Doch aus alledem wurde nichts. Die Länderchefs ließen mitteilen, nicht einmal ihnen sei der Inhalt der Verträge genau bekannt, geschweige denn den Lehrern. Die sozialdemokratische Opposition erzwang eine Sondersitzung des Bundestags, bei der sie zwar nicht erreichen konnte, daß das umstrittene Vertragswerk doch noch ausführlich und öffentlich debattiert wurde, mit der sie aber dem Bundeskanzler die frohe Stimmung gründlich verdarb.

Es war für Adenauer höchst ärgerlich, als der SPD-Bundestagsabgeordnete Dr. Adolf Arndt, ein scharfsinniger Jurist und Verfolgter des Naziregimes, die Koalitionsparteien in wohlgesetzter Rede fragte, ob sie auf den geplanten Festlichkeiten tatsächlich etwas zu bejubeln gedächten, das sie gar nicht kannten und dessen öffentliche Beratung sie strikt abgelehnt hatten. Adolf Arndt beanstandete dann auch den Plan eines großen Fackelzugs durch Bonn. Damit, so sagte er und erhielt hierfür sogar einige Zustimmung aus den Reihen der Koalitionsparteien, habe schon einmal etwas begonnen, »bei dem am Ende ganz Deutschland brannte«.

Arndts Rede fand große Beachtung, insbesonders in der Presse des westlichen Auslands, wo man von der EVG ohnehin weit weniger begeistert war als im Bonner Kanzleramt. Konrad Adenauer ließ verärgert seine engsten Mitarbeiter wissen, daß man auf den Fackelzug nun wohl verzichten müsse. Tatsächlich wurde er in letzter Minute abgesagt.

Diesen erzwungenen Rückzug nahm der Kanzler seinem Staatssekretär Otto Lenz besonders übel. Er warf ihm — so weiß Arnulf Baring zu berichten — »stümperhafte Voreiligkeit« und mangelndes Fingerspitzengefühl vor. Wie immer, wenn ein Plan gescheitert war, gab er die alleinige Schuld demjenigen, der ihm die Idee eingegeben hatte. Daß er selbst davon begeistert gewesen war, spielte keine Rolle. Dann ließ er verbreiten, er bitte, von allen Feierlichkeiten abzusehen.

Es war ein weiser Entschluß, obwohl Adenauer dies damals noch nicht wußte und seinen Verzicht als sehr hart empfand. Denn der so unendlich mühsam zustandegekommene EVG-Vertrag, den der Bundestag dann eilig ratifizierte, wurde nie wirksam. Eineinviertel Jahr später, in der Nacht zum 31. August 1954, brach das Projekt, an dem Adenauers Herz hing, endgültig zusammen. Die französische Nationalversammlung lehnte mit 319 gegen 164 Stimmen die Ratifizierung des Vertragswerks ab.

Es war, wie Adenauer später selbst bekannte, »die bitterste Enttäuschung und der größte Rückschlag« seiner gesamten Regierungszeit. Sein ganzer Zorn richtete sich von nun an gegen den neuen französischen Ministerpräsidenten Pierre Mendès-France, dem er die alleinige Schuld an der Ablehnung gab. Die wirklichen Gründe lagen indessen in einer Entspannung der internationalen Lage. In Korea war Waffenstillstand geschlossen worden; die Genfer Ostasienkonferenz zur Regelung der Indochinaprobleme war erfolgreich verlaufen, und die Sowjetunion zeigte sich nach dem Tode Stalins versöhnlich und verhandlungsbereit. Unter solchen Umständen waren in Frankreich die starken Vorbehalte gegen eine westdeutsche Aufrüstung wieder in den Vordergrund gerückt.

Adenauer, der sich bemüht hatte, den Kalten Krieg zu verlängern, indem er immer wieder die Grenzen von 1937 forderte und von einer Befreiung Europas »über die Oder-Neiße-Linie hinaus« sprach, gab auch nach dem Scheitern der EVG nicht auf. »Zäh wie er war, suchte er zu retten, was zu retten war«, heißt es dazu bei Baring. »Inzwischen war die Stellung der Bundesrepublik so erstarkt, daß es unmöglich gewesen wäre, ihr den Aufbau eigener Streitkräfte und das Ende der Besatzungsherrschaft länger vorzuenthalten.«

So kam es, unerwartet rasch nach dem Scheitern der EVG, bereits im Herbst 1954 zu den Pariser Verträgen, mit denen das Besatzungsregime im wesentlichen zu den schon 1951/52 ausgehandelten Bedingungen aufgehoben und die Bundesrepublik als gleichberechtigter Partner in die NATO aufgenommen wurde.

»Damit«, so schließt Arnulf Baring seine im Auftrag der Deutschen Gesellschaft für Auswärtige Politik durchgeführte Studie *Außenpolitik in Adenauers Kanzlerdemokratie,* »stand Adenauer wenigstens vor seinem Nahziel, Westdeutschland zu einem Machtfaktor der internationalen Politik zu machen. Zugleich aber hatte sich sein eigentliches, sein

Fernziel einer westdeutschen Verschmelzung mit Westeuropa, als unerreichbar erwiesen. Zwar war mit dem Fehlschlag der EVG die Westorientierung der Bundesrepublik nicht in Frage gestellt, aber die ... EWG« — die Europäische Wirtschaftsgemeinschaft — »dieser neue Einigungsanlauf ..., hatte nicht mehr die Kraft, die wiederauflebenden Nationalismen in Europa zu überwinden. Selbst in der Bundesrepublik hatten die europäischen Bewegungen längst zu schrumpfen begonnen. Gesamtdeutsche Verbände, die nach Osten blickten, waren an ihre Stelle getreten. Adenauer wurde unsicher, verlor die Orientierung, fühlte wohl auch, pragmatisch wie er war, daß sich politische Kräfte, mit denen man rechnen mußte, eines von Jahr zu Jahr stärkeren Nationalgefühls bedienten. Er begann daher seinerseits, national im traditionellen Sinne zu werden. Nicht einmal dieser nüchterne Kölner war gegen die Versuchung deutscher Selbstüberschätzung gefeit. Verhängnisvolle Traditionen wurden stärker als seine früheren, besseren Einsichten.« Schon wenige Monate nach der Aufnahme der Bundesrepublik in die NATO, am 11. April 1955, erschien im Bonner regierungsamtlichen *Bulletin* ein von Bundeskanzler Adenauer gezeichneter Artikel, worin es hieß: »Deutschland ist von Gott die Aufgabe gestellt, Westeuropa und die abendländische Christenheit zu retten.«

In derselben Woche fand im Bonner Hotel *Königshof* ein Empfang der »Deutschen Atlantischen Gesellschaft« statt, einer der zahlreichen Organisationen, mit deren Hilfe Staatssekretär a.D. Otto Lenz »Meinungspflege« betrieb und deren Präsident er war. Obwohl Lenz seinen Platz im »inneren Kreis« des Bundeskanzleramts verloren hatte, war er noch immer ein sehr einflußreicher Politiker, Mitglied des CDU-Fraktionsvorstands, mehrerer wichtiger Bundestagsausschüsse, darunter auch des »Ausschusses für europäische Sicherheit«, sowie Wahlkampfleiter der Union.

Anläßlich des Empfangs im *Königshof*, zu dem zahlreiche Abgeordnete und höhere Ministerialbeamte, vor allem solche, die mit dem Aufbau der künftigen Bundeswehr befaßt waren, Einladungen erhalten hatten, stellte Otto Lenz den Einflußreichsten unter den Gästen, seinen Freund und Mandanten Conrado José Kraémer vor, den Chef des *Hispano Suiza*-Konzerns.

Nach solcher Einführung konnte Lenz dann auch bald zu einem Herrenabend in seine Bonner Wohnung einladen, damit Kraémer und seine Mitarbeiter Gelegenheit fanden, sich im engeren Kreis mit den für die Aufrüstung zuständigen Militärs, Beamten und Abgeordneten einmal zwanglos auszusprechen. Dies bot Generaldirektor Kraémer auch die Möglichkeit, »die interessierten deutschen Herren« nach Paris einzuladen, wo er ihnen den neuen *Hispano Suiza*-Schützenpanzer vorzuführen bereit war. Die deutschen Herren waren von diesem Vorschlag begeistert, und dies nicht nur, weil sie sich von einer Einladung nach Paris durch eine so generöse Firma wie *Hispano Suiza* viel Vergnügen versprachen. Vielmehr hatten sie von deutschen Industrievertretern, insbesondere von denen der Firmen *Hanomag* und *Henschel* — mit denen *Hispano Suiza* schon insgeheim Abmachungen über eine künftige Zusammenarbeit getroffen hatte — Hinweise auf eine »interessante Konstruktion« des in Paris arbeitenden Prinzen André Poniatowski erhalten. Und nun erfuhren sie von Kraémer, daß es sich bei diesem Prinzen um den Bruder des Präsidenten einiger *Hispano Suiza*-Tochtergesellschaften handelte und daß er seine Arbeiten im Auftrage des Konzerns durchführte.

Tatsächlich wurde die Paris-Reise der »interessierten deutschen Herren« ein voller Erfolg, zumindest für die Gastgeber. Zwar war Prinz Poniatowski mit dem Schützenpanzer noch nicht ganz fertig geworden, weshalb man den Besuchern nur »etwas Ähnliches« — eine anderwärts eilig ausgeliehene französische Flak-Selbstfahrlafette — vorführen konnte, und die Deutschen erfuhren auch, daß *Hispano Suiza* noch über keinerlei Erfahrungen im Schützenpanzerbau verfügte. Aber bei ihrer Rückkehr nach Bonn konnten sie in den *Wehrtechnischen Monatsheften* des Generalleutnants a.D. (und *Hispano Suiza*-Lobbyisten Nr. 1) Erich Schneider bereits eine Zeichnung des von ihnen für die Bundeswehr erhofften Schützenpanzers sehen. Der dazugehörige Text lautete: »Ein ausgeglichenes Waffensystem — wie es von *Hispano Suiza* verwirklicht worden ist.« Damit waren auch die letzten Zweifel ausgeräumt; das »Amt Blank« rechnete von nun an fest damit, daß man in absehbarer Zeit die Bundeswehr mit dem *Hispano Suiza*-Schützenpanzer würde ausstatten können. Zwischenzeitlich war Prinz Poniatowski auch in Bonn gewesen und hatte in der Ermekeil-Kaserne, dem Sitz des Bundesministeriums für Verteidigung, wie das »Amt Blank« seit Mai 1955 hieß, einen Lichtbildervortrag gehalten. Dabei war klargeworden, daß der Konstrukteur über alle Wünsche der deutschen Militärs unterrichtet war und die feste Absicht hatte, sie zu erfüllen.

Tatsächlich wurde dem Verteidigungsausschuß des Bundestags zehn Monate später ein *Hispano Suiza*-Schützenpanzer vorgeführt, der nun auch schon eine Typenbezeichnung — HS 30 — hatte, wenngleich es bislang das einzige Exemplar seiner Art war und auch nur ein Modell, angefertigt aus Holz und Pappe durch den Bonner Schreinermeister Jakob Kaaf, dessen Rechnung die *Hispano Suiza* dem Bundesverteidigungsministerium zur Begleichung überließ. Die Verteidigungsexperten des Parlaments, unter ihnen der rührige Staatssekretär a. D. Dr. Otto Lenz, zeigten sich von dem Holzmodell und der gleichfalls wieder vorgeführten französischen Flak-Selbstfahrlafette beeindruckt. Bei den anschließenden Ausschußberatungen erklärte der Vertreter des Bundesverteidigungsministeriums, Ministerialdirektor Wolfgang Holtz: »Die Ausreifung« — des HS 30 — »ist hinreichend geprüft.«

Die sozialdemokratischen Ausschußmitglieder, an ihrer Spitze Fritz Erler, meldeten Zweifel an; sie meinten, erst müßte doch ein richtiger Prototyp entwickelt, dann eine sogenannte Nullserie gebaut und diese gründlich erprobt werden, ehe man sich zur Anschaffung des Fahrzeugs entschließen könnte. Aber der Abgeordnete Fritz Berendsen (CDU), ehemaliger Oberst im Generalstab und nun Direktor der an einer Lizenzfertigung für *Hispano Suiza* interessierten Firma Klöckner, erklärte ihnen barsch:

»Zur Herstellung einer Null-Serie ist keine Zeit! Das Programm« — der Aufrüstung — »muß eingehalten werden!«

Ein anderer Abgeordneter der Regierungskoalition, der uns bereits anderweitig bekannte Journalist, Ingenieur und SS-Hauptsturmführer a. D. Frank Seiboth (GB/BHE), pflichtete Berendsen bei.

Schließlich meldete sich der Abgeordnete Hasso v. Manteuffel (FDP) zu Wort, der in allen militärischen Fragen höchste Autorität genoß. Er war im Zweiten Weltkrieg zuletzt Oberbefehlshaber einer Panzerarmee gewesen, und Hitler selbst hatte ihm das Eichenlaub samt Schwertern und Brillanten zum Ritterkreuz verliehen, die höchste Auszeichnung, die nach des »Führers« Willen höchstens zwölf Auserwählten zuteil werden durfte (und bei der die zur Einzelanfertigung benötigten Edelsteine und -metalle zuvor holländischen Juden geraubt worden waren). Das Urteil des Generals v. Manteuffel — der einige Jahre später wegen willkürlicher Erschießung eines deutschen Soldaten im Krieg zu einer gelinden Strafe verurteilt wurde — gab den Ausschlag: Er erklärte kurz und bündig: »Der HS 30 ist hervorragend — kann als reif für die Truppe gelten!«

Allerletzte Bedenken der Opposition zerstreuten die Experten des Verteidigungsministeriums: Nach eingeholten Gutachten könne versichert werden, so heißt es dazu im Ausschußprotokoll, daß beim Schützenpanzer HS 30 »Überraschungen größeren Formats nicht auftreten werden«.

Aufgrund dieser »Gehirnwäsche« bewilligten der Verteidigungs- und der Haushaltsausschuß gemeinsam die vom Verteidigungsministerium beantragte Anschaffung von — 10680 (in Worten: zehntausendsechshundertachtzig) Schützenpanzerwagen des Typs HS 30 zum Preis von insgesamt 2,78 Milliarden DM sowie eine sofortige Vorauszahlung an die Firma *Hispano Suiza* in Höhe von 254 Millionen DM.

Zu diesem Zeitpunkt — Juli 1956 — gab es noch immer keinen einzigen Prototyp des HS 30, geschweige denn irgendwelche Erprobungsergebnisse; es gab nicht einmal Grund zu der Annahme, daß *Hispano Suiza* je imstande sein würde, den in so großer Stückzahl fest bestellten und sogar schon angezahlten HS 30 tatsächlich zu konstruieren und dann in Serie zu bauen.

Aber dies war nur der Beginn des ersten Akts in einem Drama, das seinerseits nur den Anfang eines gewaltigen Zyklus darstellte. Dessen bestimmende Elemente waren der Größenwahn, die Blindheit gegenüber handgreiflichen Risiken und Fehlern, die unersättliche Raffgier sowie der schier grenzenlose Ehrgeiz einiger Politiker. Was am Ende dabei herauskam, war die Aufstellung einer zwar schlecht und teuer ausgerüsteten westdeutschen Armee, die aber den Eindruck erweckte, größer und stärker zu sein als die des Deutschen Reiches von 1938. Begleitet war diese Aufrüstung von einer Kette katastrophaler Pannen, von Verlusten in Multimilliardenhöhe und von immer neuen, immer schrilleren Anfeuerungen, das Tempo und das Ausmaß der Rüstungen noch zu steigern, so als ginge es um Leben und Tod des ganzen Volkes und daher um rascheste Herstellung der Verteidigungsbereitschaft, ohne Rücksicht auf die Kosten und die sonstigen Folgen.

Dabei hatten die meisten der dafür Verantwortlichen etwas ganz anderes im Sinn als das, was sie laut verkündeten: Die einen wollten nur an der Rüstung schnell und viel verdienen; die anderen wollten lediglich mehr Macht für sich selbst, sei es, wie es für Bundeskanzler Konrad Adenauer galt, um ihre ganz anderen, durchaus friedlichen Fernziele besser durchsetzen zu können, sei es — das traf auf den Bundesminister für (aber noch ohne) besondere Aufgaben Franz Josef Strauß zu —, um sich endlich als Spitzenpolitiker profilieren zu können. Sein ganzes Sinnen und Trachten war vom Beginn seiner Sonderministerkarriere an darauf gerichtet, sein glanzloses Amt, dessen ganzer behördlicher Apparat aus seiner aus Schongau mitgebrachten Sekretärin Ermelinde Bauer bestand, gegen das des künftigen Bundesverteidigungsministers einzutauschen. Aber Adenauer sträubte sich noch, Theodor Blank fallenzulassen und durch den ehrgeizigen Strauß zu ersetzen.

Einer dritten Gruppe ging es tatsächlich um das, was Adenauer zwar auf dem Bonner Marktplatz öffentlich erklärte, aber bestimmt nicht wirklich wollte: »Die Befreiung unserer achtzehn Millionen Brüder und Schwestern in den Ostgebieten!«

Diejenigen, die ernsthaft an einen Befreiungs-Kreuzzug gen Osten dachten, äußerten sich noch ganz anders. Der damalige Chefideologe der CDU/CSU, Karl Theodor Freiherr von und zu Guttenberg, definierte beispielsweise die mit Hilfe der Bundeswehr zu betreibende Politik folgendermaßen: »Unser Ziel ist die Durchsetzung der Freiheit. Der Verantwortungsbereich der deutschen« (gemeint war: der Bonner) »Politik geht daher über die deutschen« (gemeint waren: die bundesdeutschen) »Grenzen hinaus. Deutschland« (das bedeutete: Bonn oder die Bundesrepublik) »trägt Verantwortung in und für Europa. Ich zögere nicht zu sagen, daß es eine deutsche« (sprich: Bonner) »Verantwortung auch für Osteuropa gibt.«

So sahen es auch die für die Aufrüstung zuständigen Militärs. Denn wozu sonst, außer für eine »Vorwärtsverteidigung« gen Osten von der »Njemen-Weichsel-Linie« aus, hätte die Bundeswehr als Erstausstattung mehr als zehntausend Schützenpanzerwagen gebraucht?

Oberstleutnant a. D. Ulrich de Maizière, erster Delegationschef der Bundesrepublik bei den EVG-Verhandlungen in Paris und später Chef der Führungsakademie der Bundeswehr, dann Inspekteur des Heeres und schließlich Generalinspekteur, war sich über die Möglichkeiten einer tatsächlichen Verteidigung Westdeutschlands durchaus im klaren. In einer frühen Studie von ihm, *Die Landesverteidigung im Rahmen der Gesamtverteidigung*, heißt es: »Das Territorium der Bundesrepublik ist lang und schmal. Ihm fehlt die für die Durchführung von Verteidigungsmaßnahmen notwendige Tiefe.« Und weiter: »Die Bundesrepublik ist nur unter völlig unerfüllbaren und utopischen Bedingungen zu verteidigen.«

6. Vom Wirtschaftswunder und seinen Schattenseiten

Während sich einige Militärs, Politiker, Bankiers, Konzernmanager und Lobbyisten um die Mitte der fünfziger Jahre hauptsächlich darüber den Kopf zerbrachen, wie sich die Aufstellung und Ausrüstung der Bundeswehr möglichst rasch und vorteilhaft bewerkstelligen ließe, hatte die große Mehrheit der Bevölkerung Westdeutschlands ganz andere Sorgen und Interessen. Zwar stiegen die Reallöhne stetig, aber sie hatten erst 1956 wieder den Vorkriegsstand erreicht, und nach wie vor verdienten mehr als drei Viertel der Ernährer von Familien weniger als 400 DM im Monat. Die meisten hatten kaum mehr als das Existenzminimum.

Dennoch wurden immer neue Anschaffungen gemacht: Möbel und sonstige Einrichtungsgegenstände sowie Bekleidung, Haushalts- und Küchengeräte, Fahr- und Motorräder standen anfangs auf der Wunschliste obenan. In der zweiten Hälfte der fünfziger Jahre lagen Fernsehgeräte an der Spitze, gefolgt von Autos. Wie war es möglich, daß sich dann auch so viele Bundesbürger ihre Wünsche tatsächlich erfüllten, obwohl sie doch so wenig verdienten?

Die Antwort auf diese Frage gibt die Statistik der Teilzahlungskredite: Von hundert Arbeiterhaushalten hatten 92,5 Ratenverpflichtungen für Möbel, 27,1 für Bekleidung, 21,3 für Fahrzeuge, 15,9 für Haushalts- und Küchengeräte und 2,2 für sonstiges. Bei den Angestellten, Beamten und selbst bei den Rentnern sah es ähnlich aus. Bei allen Unselbständigen, aber auch bei den Kleingewerbetreibenden und den Angehörigen freier Berufe bestanden im Bundesdurchschnitt je Haushalt mehr als eine Abzahlungsverpflichtung. Praktisch jeder mußte noch irgend etwas »abstottern«, wie man es umgangssprachlich nannte, und die meisten hatten mehrere Ratenkäufe gleichzeitig oder in kurzen Abständen getätigt. Kaum näherte sich die Familie der Bezahlung der Schlußrate für die Bettcouch und den Kleiderschrank, kam ein Angebot des Elektrizitätswerks: »Sie zahlen zuzüglich zu jeder monatlichen Stromrechnung nur 12 DM, und wir stellen Ihnen sofort einen modernen Elektrokühlschrank zur Verfügung!« Solcher Verlockung konnten die wenigsten Bundesbürger widerstehen, und obwohl schon die Raten für den Kühlschrank das Haushaltsgeld bedrohlich schrumpfen ließen, schafften sie sich dann auch noch eine Musiktruhe an, außerdem einen Staubsauger und eine elektrische Nähmaschine.

Dann trat mit großer Wahrscheinlichkeit etwas ein, das in keiner Statistik ausgewiesen ist, nämlich der Zwang, nach getaner Fabrik- oder Büroarbeit oder nach Versorgung des Haushalts oder gar nach Verrichtung von Fabrik- *und* Hausarbeit noch das zum Leben Erforderliche hinzuzuverdienen. Einiges darüber kann man in den Berichten der Gewerbeaufsichtsämter nachlesen: Da wimmelt es von Verstößen gegen die Arbeitszeitvorschriften, von Klagen über nicht genehmigte Feiertagsschichten und unzulässige Überbelastungen, die zu einer erschreckenden Zunahme der Arbeitsunfälle beigetragen hätten.

»Die Zahl der festgestellten Verstöße gegen Arbeitszeitvorschriften hat sich gegenüber dem Vorjahr um etwa dreißig Prozent erhöht«, heißt es etwa in einem Bericht aus Nordrhein-Westfalen, worin dann Einzelbeispiele wie dieses angeführt werden: »In einer Beleuchtungskörperfabrik wurden sowohl männliche als auch weibliche Belegschaftsmitglieder monatelang täglich teilweise mehr als 14 Stunden beschäftigt ...« oder »Es wurde festgestellt, daß der Kraftfahrer der Brauerei zwischen 90 und 110 Stunden in der Woche beschäftigt worden war. Die Dauer seiner Arbeitsschicht betrug im Durchschnitt rund 16 Stunden und erreichte in der Spitze 19 Stunden ...«

Aber das waren natürlich nur die Spitzen des Eisbergs, denn die Gewerbeaufsicht ermittelte ja nur einen Bruchteil der Verstöße in den Betrieben, und was der oder die einzelne zu Hause an abendlicher und nächtlicher Heimarbeit leistete, blieb völlig im dunkeln.

Einige Anhaltspunkte dafür, daß sich die Bundesbürger in den fünfziger Jahren abrackerten wie nie zuvor, kann man den medizinischen Zeitschriften entnehmen, wo erstmals vom »Streß« und seiner bedrohlichen Zunahme die Rede war. »Jedem Arzt sind aus seiner Sprechstunde Patienten bekannt, die mit den verschiedensten Klagen kommen und deren genaue Untersuchung keine eindeutigen Organveränderungen, sondern nur den deutlichen Eindruck einer totalen Überlastung ergibt«, heißt es da zur Definition der neuen Krankheit, über deren Ursachen dann ausgeführt wird: »Neben dem zermürbenden Kampf um die bessere Wohnung sind es die finanziellen Schwierigkeiten, die zu ständiger seelischer Belastung führen. Die Diskrepanz zwischen Löhnen bzw. Gehältern und den sich ständig erhöhenden Lebenshaltungskosten ist so allgemein bekannt, daß sie nicht näher erläutert zu werden braucht. Zwar ist in den meisten Familien der Nachholbedarf nach dem Kriege im wesentlichen gestillt. Jetzt aber werden die täglich auf die verschiedenste Weise neu erweckten Bedürfnisse zu einer neuen finanziellen Zwangsjacke für die Familie ... Alle diese Wünsche, deren Erfüllung durch die tausendfältige Reklame in vielen Fällen das allein erstrebenswerte Ziel darstellt — unabhängig von dem Kräfteaufwand, den sie verlangen —, sind eine seelische Belastung, bedeuten Unbefriedigtsein ... Es beginnt der Streit um den Vorrang der männlichen und weiblichen Wünsche. Die Harmonie der Ehe schwindet dahin durch all die Verlockungen, die das ›Wirtschaftswunder‹ bietet ...«

Soweit die Mitteilungen eines Mediziners, die in vieler Hinsicht aufschlußreicher sind als die Statistiken und die meisten amtlichen Berichte. Indessen gab es noch einen weiteren Aspekt, den auch die Ärzte übersahen, nämlich das enorme Sicherheitsbedürfnis der Bundesbürger, das sie in ähnlich starkem Maße zu Höchstleistungen trieb und seelisch belastete wie die Ratenkäufe von Bedarfsgütern aller Art.

Dieses Sicherheitsbedürfnis hatte kaum etwas zu tun mit Militär und Aufrüstung; es handelte sich vielmehr darum, daß jeder, der die Kriegsjahre und die harte Zeit nach dem Zusammenbruch des »Dritten Reiches« durchlebt hatte, die Notwendigkeit einer Reservebildung für extreme Notfälle empfand. So wurde während der fünfziger Jahre, trotz der meist geringen Einkommen, der hohen Ausgaben und der wachsenden Verschuldung durch Ratenkäufe, auch noch fleißig gespart, und zwar in einem von Jahr zu Jahr sprunghaft zunehmenden Maße.

Die Spareinlagen bei den Sparkassen, der Post, den Genossenschafts- und Privatbanken sowie bei den öffentlichen und privaten Bausparkassen stiegen von insgesamt noch recht kümmerlichen 4,5 Milliarden DM im Jahre 1950 auf immerhin rund 24,5 Milliarden DM im Jahre 1955 und auf fast 53 Milliarden DM im Jahre 1959. Das war mehr als eine Verzehnfachung und bedeutete, daß am Ende der fünfziger Jahre jeder Bundesbürger im Durchschnitt ein Guthaben von etwas mehr als tausend Mark auf seinem Sparbuch hatte.

Dabei ist allerdings zweierlei zu bedenken: Erstens handelte es sich bei einem Großteil dieser Spareinlagen um ein reines Zwecksparen, das heißt, es wurde für eine größere Anschaffung oder eine Urlaubsreise etwas angespart und dann wieder verbraucht, ohne daß eine echte Rücklage gebildet worden wäre. Zweitens war ein nicht unerheblicher Teil des den Sparkassen anvertrauten Geldes dort nur kurzfristig deponiert, etwa weil der Einleger einen Verkaufserlös, eine Pensionsnachzahlung oder eine Heimkehrerbeihilfe erst einmal sicher verwahrt wissen wollte, bevor er das Geld — meist schon sehr bald und am häufigsten für eine Wohnung und deren Einrichtung — verbrauchte. Auch dies hatte mit echtem Sparen zum Zweck einer Rücklagenbildung nichts zu tun, war aber in der Statistik nicht davon zu unterscheiden.

Dennoch gab es auch richtiges Sparen, dessen genauer

Umfang sich aber nur schätzen läßt. Das Bedürfnis, etwas als Notgroschen in Reserve zu haben, war jedenfalls groß, wenngleich es sich im Durchschnitt nur um ein paar hundert Mark je Familie handelte. Dabei hatten viele gar nichts und einige wenige sehr viel.

Denn alle bisherigen Feststellungen über das Sparen betreffen nur die breite Schicht der Lohn- und Gehaltsempfänger, Rentner und deren Familienangehörigen. Für eine verhältnismäßig sehr kleine Anzahl von Bundesbürgern sah die Rücklagen- und Vermögensbildung gänzlich anders aus.

Schon Ende 1952 gab es in der Bundesrepublik — nach einer Mitteilung des Bundesfinanzministeriums — 1566 Millionäre, wobei anzumerken ist, daß damit natürliche Personen gemeint waren, die ein Vermögen von einer Million Mark und mehr *versteuerten*. Dabei legte man die sehr niedrigen Einheitswerte des Haus- und Grundbesitzes und andere ähnlich unrealistische Wertermittlungen zugrunde. Wäre man von den tatsächlichen Verkehrswerten ausgegangen, hätte man schon damals wesentlich mehr Millionäre zählen können, aber immerhin bietet die amtliche Zählung einen Ausgangspunkt, denn vier Jahre später meldete das Bundesfinanzministerium, daß es nun in der Bundesrepublik bereits 3502 Millionäre gebe. Die Anzahl der sehr reichen Leute hatte sich also binnen weniger Jahre mehr als verdoppelt, wobei es belanglos ist, wie groß der Unterschied zwischen dem versteuerten und dem tatsächlichen Vermögen im Einzelfall war. Jedenfalls war damit bewiesen, daß die *Frankfurter Allgemeine Zeitung* unrecht gehabt hatte, als sie kurz nach der Währungsreform eine ganze Seite auf den Nachweis verwendete, daß es in Westdeutschland »keine reichen Leute mehr« gebe.

Bis zum Ende der fünfziger Jahre war die Anzahl derer, die ein Vermögen von mehr als einer Million Mark versteuerten, auf über siebentausend angestiegen, hatte sich also in vier Jahren nochmals verdoppelt oder binnen acht Jahren mehr als vervierfacht.

Wie war das möglich gewesen?

Die Lösung dieses Rätsels — oder doch einen wesentlichen Teil davon — zeigt der amtliche Index der Börsenkurse. Er verzeichnet — auf der Basis 1953 = 100 — einen Kursanstieg sämtlicher westdeutscher Aktien von 56,4 im Durchschnitt des Jahres 1950 auf 409,3 im Jahresmittel 1959 und auf 504,2 am Jahresende. Das entsprach ganz allgemein etwa einer Verneunfachung der Kurse innerhalb eines Jahrzehnts, doch in einzelnen Industrien und Wirtschaftszweigen waren die Kursanstiege noch erheblich höher. In der Eisen- und Stahlindustrie war beispielsweise bei Jahresende 1959 mehr als das Sechzehnfache des Kursniveaus von Anfang 1950 erreicht worden; bei den Herstellern von Straßenfahrzeugen, also in einer Rubrik, die sowohl die gewaltig expandierende Autoindustrie wie die gegen Ende der fünfziger Jahre notleidenden Fahrradfabriken umfaßte, war ein Anstieg der Aktienkurse auf das 18fache der Durchschnittsnotierungen von 1950 festzustellen. Am allerbesten hatten die Großbanken abgeschnitten, deren Aktien im Dezember 1959 etwa fünfundzwanzigmal so hoch bewertet wurden wie zu Beginn des Jahrzehnts.

An dieser Entwicklung, die tatsächlich als »Wirtschaftswunder« bezeichnet werden konnte, hatten die Kleinaktionäre den allergeringsten Anteil. Durch eine raffinierte Technik der Ausgabe von Bezugsrechten, die erst durch Bareinzahlung von weiteren dreißig, fünfzig oder gar siebzig Prozent in Aktien umgetauscht werden konnten, wurden die Kleinaktionäre, die sich das nicht leisten konnten, zum Verkauf ihrer Bezugsrechte gebracht; Großaktionäre, die sie aufkauften, fanden sich zur Genüge.

Noch stärker als durch diese und ähnliche Manipulationen wurde der gewaltige Konzentrationsprozeß, der das Wachstum der fünfziger Jahre begleitete, durch die Einkommensteuergesetzgebung gefördert, vor allem durch die Paragraphen 7c und 7d. Nach Paragraph 7c erhielten auch die — an sechster Stelle, hinter den gemeinnützigen Wohnungsbaugesellschaften, aufgeführten — privaten Bauherren steuerliche Begünstigungen, wenn die Normen für den sozialen Wohnungsbau von ihnen eingehalten wurden. »Ungeahnte Möglichkeiten entwickelten sich aus diesem sechsten Fall vor allem deshalb«, heißt es dazu im Kommentar zum Einkommensteuergesetz von Professor Ottmar Bühler, »weil zwei Gestaltungsmöglichkeiten dabei zunächst ganz ungehindert nutzbar gemacht werden konnten ...: die durch Kreditaufnahme und die der Zuwendung der Zuschüsse oder Darlehen an ein abhängiges Unternehmen. Das letztere konnte bewirken, daß der scheinbar hervorragend uneigennützige verlorene Zuschuß wirtschaftlich für den Geber doch nicht viel anderes bedeutete als eine Übertragung von einer Tasche in die andere unter Verbleib des Geldes in seinem wirtschaftlichen Herrschaftsbereich. Das war ebensowenig ausgeschlossen, wie daß der — ach so unterstützungsbedürftige! — Empfänger von Darlehen selbst dem Geber die Mittel zu seiner wohltätigen Hilfsaktion lieh, also im Effekt gar nichts von ihm erhielt ... Was sich angesichts dessen aus dem Paragraphen 7c in der Praxis ergeben hat, kann man ruhig eine romanhafte Entwicklung nennen ...«

Das nach dem Grundsatz »Wer hat, dem wird gegeben« konstruierte Einkommensteuergesetz der Regierung Adenauer brachte den Wohlhabenden, erst recht den Reichen und Superreichen, enorme Vorteile auf Kosten der Gesamtheit der Steuerzahler, wobei gleichzeitig der Wohnungsbau — und durch den Paragraphen 7d — der Schiffsbau kräftig gefördert wurden.

Ergänzt wurden diese Maßnahmen durch das Investitionshilfegesetz, das dem Kohlenbergbau, der Eisen- und Stahlindustrie sowie den Kraftwerken zugute kam und ihnen rund eine Milliarde Mark einbrachte, die die übrige Wirtschaft aufzubringen hatte. Doch wichtiger als diese direkte Hilfe war der Paragraph 36 dieses Gesetzes. »Er ermöglichte es den Unternehmen ..., Abschreibungen in Höhe von vielen Milliarden vorzunehmen, aus denen der Wiederaufbau ihrer demontierten Werke vorgenommen werden konnte«, heißt es dazu in einer Betrachtung des Düsseldorfer Wirtschaftsjournalisten Kurt Pritzkoleit. »So erstanden sie besser, moderner, leistungsfähiger, als sie jemals gewesen und als die Auslandsbetriebe waren, die der Bombenhagel des Krieges und das Zerstörungswerk der Demontagetrupps verschont hatten.«

Das Investitionshilfegesetz und das Einkommensteuergesetz, dazu die Einkommensteuer-Richtlinien von 1953, die der Wirtschaft »die Wohltat der degressiven Abschreibung« bescherten, stellten die Weichen für den gewaltigen Konzentrationsprozeß, der die westdeutsche Wirtschaft in nahezu vollständige Abhängigkeit von wenigen großen Konzernen brachte. Noch erheblich gefördert wurde dieser Prozeß durch das Umwandlungsgesetz vom November 1956, das am 31. Dezember 1959 auslief. In den drei Jahren seiner Geltungsdauer bewirkte dieses Gesetz außerordentlich viel:

Es begünstigte die Flucht aus den publizitätspflichtigen Aktiengesellschaften in das Dunkel des undurchdringlichen Dickichts jener Gesellschaften, die weder Bilanzen veröffentlichen müssen noch ihre tatsächlichen Eigentümer sowie die Vielzahl ihrer Beteiligungen an anderen Unternehmen zu offenbaren brauchen. Den Hauptaktionären von Aktiengesellschaften gab dieses Gesetz zudem die Möglichkeit, alle anderen Aktionäre hinauszudrängen. Die dazu erforderliche Aktienmehrheit von 75 Prozent kauften sich die kapitalkräftigen Großaktionäre an der Börse zusammen, wodurch die Kurse beträchtlich in die Höhe schnellten. So kam es, daß das Jahr 1959 der Bundesrepublik eine Hausse ohnegleichen bescherte.

Zu den Hauptnutznießern des Umwandlungsgesetzes gehörten die Großbanken, an ihrer Spitze die Deutsche Bank AG des Kanzlerberaters Hermann Josef Abs, die größten Privatbankhäuser, hier an erster Stelle die Kölner Oppenheim-Bank des Kanzlerberaters Robert Pferdmenges, dicht gefolgt von dem Münchner Privatbankhaus Merck, Finck & Co des längst entnazifizierten August v. Finck, sowie anderthalb Dutzend Großkonzerne wie die Flick-, die Werhahn- oder die Quandt-Gruppe, wie die vor allem vom Paragraphen 7d (Schiffsbauförderung) profitierenden Familienkonzerne Oetker und Henkel oder auch Industriegiganten wie Siemens, Klöckner oder Thyssen.

»Es ist zu bedauern«, schrieb damals Kurt Pritzkoleit im Zusammenhang mit einer durch das Umwandlungsgesetz in tiefes Dunkel gehüllten Transaktion der August-Thyssen-Hütte, »daß man infolgedessen keine Berechnungen oder keine einigermaßen sicheren Kalkulationen darüber mehr anstellen kann, mit welchem Anteil die Thyssen-Erbinnen . . . an dem entstehenden Stahltrust beteiligt sein werden. Aber dergleichen muß man hinnehmen in einer Zeit, da der Konzentrationsprozeß, der nach dem Krieg zu nie vorher erlebten Dimensionen angeschwollen ist, die Aktienpakete durcheinanderwirbelt . . ., während die Initiatoren der Vermachtung bestrebt sind, aus dem Dämmerlicht der relativen Publizität, das sich mit der Rechtsform der Aktiengesellschaft verbindet, immer tiefer ins Dunkel der Anonymität zurückzutreten . . . Wir müssen es hinnehmen, ohne jedoch den Mut zu verlieren, mit gespannter Aufmerksamkeit darauf zu achten, welche Gruppen . . ., welche Männer und Mächte Einfluß auf Gesetzgebung und Rechtsprechung zu nehmen vermögen, welche Wege die großen Monopole gehen, um ihren Willen noch im letzten Dorf des Bayerischen Waldes oder der Eifel zu manifestieren. Denn wo die Möglichkeit besteht, den überaus verschlungenen und in die Tiefe des Volkskörpers wirkenden Vorgang der Machtkonzentration ins Bewußtsein zu heben, ist der Geist der Freiheit noch nicht erloschen. Der Weg zur Freiheit führt über die Erkenntnis der Wirklichkeit.«

Mit diesen Feststellungen, zumal mit dem letzten Satz, geriet der kritische Wirtschaftsjournalist Kurt Pritzkoleit damals bereits in den Verdacht der »Staatsgefährdung« durch »kommunistische Wühlarbeit«, hatte er doch Maßnahmen der Bundesregierung zur Arbeitsplatzbeschaffung und zur Förderung des sozialen Wohnungsbaus in ihrer fragwürdigen Konstruktion durchschaut und enthüllt. Er hatte darauf hingewiesen, daß damit einigen wenigen Superreichen Geschenke in Höhe von vielen Milliarden Mark gemacht und die die mittelständische Wirtschaft zermalmenden Konzentrationsprozesse noch erheblich verstärkt und beschleunigt worden waren.

Indessen kann kein Zweifel daran bestehen, daß sich gleichzeitig auch die Arbeitslosigkeit und die seit Kriegsende herrschende Wohnungsnot im Laufe der fünfziger Jahre deutlich verringerten. Doch von einem »Wohlstand für alle«, wie Adenauers Wirtschaftsminister Ludwig Erhard den Zustand nannte, den er geschaffen haben wollte, konnte wahrlich keine Rede sein.

Zu Beginn der fünfziger Jahre herrschte in der Bundesrepublik eine Arbeitslosigkeit, die im Jahresmittel über elf Prozent lag. Sie war damit etwa doppelt so hoch wie die des Winters 1980/81. Fast zwei Millionen Erwerbslose bezogen damals Arbeitslosenunterstützung, wobei zu bedenken ist, daß die Bundesrepublik 1950 erst knapp über 50 Millionen Einwohner zählte. Innerhalb von sechs Jahren sank die Arbeitslosigkeit dann tatsächlich unter die Millionengrenze und lag 1956 bei 4,4 Prozent, so daß nur noch etwa jeder zweiundzwanzigste Arbeitnehmer »stempeln gehen« mußte — oder konnte, denn die Statistik sagt nichts aus über diejenigen, die wegen dauernder Arbeitsunfähigkeit kein Arbeitslosengeld mehr erhielten, sondern auf die Fürsorge angewiesen waren.

Ein weiterer Faktor, durch den die Statistik verfälscht wird, sind die jahreszeitlichen Schwankungen. 1950 waren maximal 13,9 Prozent und minimal 7,6 Prozent der Arbeitnehmer auf Arbeitslosenunterstützung angewiesen, 1954 hatte sich das Maximum nur auf 13,4 verringert, das Minimum dagegen weit stärker, nämlich auf 3,8 Prozent oder die Hälfte des Standes von 1950. 1956 war diese Diskrepanz noch stärker, denn da betrug die maximale Arbeitslosigkeit immer noch 11,7 Prozent, die minimale nur noch 1,4 Prozent, was einer saisonbedingten vorübergehenden Vollbeschäftigung entsprach.

In der Praxis bedeutete dies, daß zwar die Arbeitslosigkeit insgesamt stark zurückgegangen war, aber daß nur sehr wenige Arbeitslose eine ständige, reguläre Arbeit gefunden hatten. Sie waren in sehr großer Anzahl vorübergehend als Aushilfskräfte verwendet worden, in der großen Mehrzahl als Handlanger auf Baustellen, und in den Wintermonaten waren sie wieder arbeitslos. So günstig sich dies auch auf die Statistik auswirkte, so wenig konnte bei diesen schlecht bezahlten zeitweisen Hilfsarbeitern und ihren Familien von »Wohlstand« die Rede sein.

Tatsächlich hörte die Massenarbeitslosigkeit erst mit der 1959/60 einsetzenden Hochkonjunktur auf. Da gab es dann erstmals mehr offene Stellen, als Arbeitskräfte zur Verfügung standen, und es begann die Anwerbung ausländischer Hilfskräfte, erst zu Zehn-, dann zu Hunderttausenden. Mitte der fünfziger Jahre lebten in Westdeutschland erst rund achtzigtausend ausländische Beschäftigte, darunter 6509 Italiener, 1801 Jugoslawen, 548 Griechen, 411 Spanier und 6 Türken. Bei der Masse der in der Bundesrepublik beschäftigten Ausländer handelte es sich um ehemalige *displaced persons,* meist ukrainischer, lettischer oder estnischer Herkunft, die es — aus welchen Gründen auch immer — bei Kriegsende vorgezogen hatten, in Deutschland zu bleiben, wohin sie vorher, zwangsweise oder freiwillig, meist im Troß der Wehrmacht gekommen waren.

In den gesamten fünfziger Jahren spielten die ausländischen »Gastarbeiter« für den Arbeitsmarkt der Bundesrepublik noch gar keine Rolle, aber eine insgesamt weit größere Anzahl von Bundesbürgern, als heute an ausländischen Arbeitskräften in Westdeutschland zur Verfügung stehen, verrichtete damals alle jene schweren, schmutzigen, wenig Lohn und noch weniger Prestige bringenden Arbeiten, die später nur noch von Menschen aus den ärmsten und rückständigsten Gegenden Südeuropas, Nordafrikas und dann auch Asiens übernommen wurden.

Die von der Statistik erfaßte Wochenarbeitszeit betrug 1950 im Bundesdurchschnitt 49,3 Stunden und sank bis Ende 1959 auf 46,2 Stunden. Der durchschnittliche Bruttowochenverdienst der Industriearbeiterschaft lag 1950 erst bei 70 DM und stieg bis Ende 1959 auf 122 DM. Die körperlichen Anstrengungen des einfachen Arbeiters waren damals noch erheblich größer als heute, weil für viele schwere Arbeiten noch keine Maschinen zur Verfügung standen.

Ohne Übertreibung läßt sich sagen, daß ein sehr beträchtlicher Teil der Bundesbürger, denen doch der Bundeswirtschaftsminister »Wohlstand für alle« verschafft zu haben behauptete, etwa so viel und so schwer arbeiten mußte und dabei so wenig verdiente wie unter heutigen Verhältnissen die türkischen oder pakistanischen Hilfsarbeiter. Auch lebten damals mehr Bundesbürger, als es heute ausländische Beschäftigte gibt, in ähnlich bedrückenden oder noch schlechteren Wohnverhältnissen als diese. Man nannte solche Behausungen »Notwohnungen« oder »Notwohnräume«.

Unter »Notwohnungen« verstand man die Unterbringung in »nicht zum dauernden Wohngebrauch hergerichteten« Keller- oder Dachgeschoß-Unterkünften; unter »Notwohnräumen« waren Behelfsheime, Wohnbaracken, Nissenhütten, Bunker, Wohnlauben, abgestellte Waggons, außer Dienst gestellte Schiffe und ähnliches zusammengefaßt. In der nordrhein-westfälischen Landeshauptstadt Düsseldorf, deren Wohnraumlage als »günstig« galt und die 1950 etwas über 500000 Einwohner hatte, zählte man im selben Jahr 11417 Notwohnungen und 23008 Notwohnräume. Rechnet man für beide Kategorien mit einer durchschnittlichen Belegung dieser Notquartiere mit nur je drei Personen, so hatten über hunderttausend — mehr als jeder fünfte — Düsseldorfer zu Beginn der fünfziger Jahre noch keine menschenwürdige Wohnung.

Mitte der fünfziger Jahre war die Einwohnerzahl von Düsseldorf auf rund 620000 gestiegen, also um fast fünfundzwanzig Prozent; die Anzahl der Normalwohnungen hatte sich ebenfalls stark erhöht, denn es waren in diesen fünf Jahren zahlreiche Neubauten entstanden. Aber obwohl sich der zur Verfügung stehende normale Wohnraum weit stärker vermehrt hatte als die Einwohnerzahl, nämlich um 39 Prozent, war die Anzahl der nur notdürftig Untergebrachten nicht gesunken, sondern hatte sich sogar noch erhöht; man zählte in Düsseldorf Ende 1955 insgesamt 36315 »Notwohnungen« und »Notwohnräume« — eine Zunahme der Behelfsquartiere um fast sechs Prozent!

Der Grund für die Zunahme der Notunterkünfte bei gestiegener Bevölkerungszahl, aber noch weit stärker gewachsenem Wohnraum infolge sehr reger Bautätigkeit war einmal die Aufhebung der Wohnraumbewirtschaftung, denn es konnte nun jeder soviel Wohnraum für sich in Anspruch nehmen, wie er dafür zu bezahlen imstande war. Der zweite Grund war, daß die Neubau- und instandgesetzten Altbauwohnungen für die meisten der noch in Notquartieren lebenden Wohnungssuchenden viel zu teuer waren. Die Vermieter verlangten außerdem häufig beträchtliche Mietvorauszahlungen sowie hohe Baukostenzuschüsse. Während die letzteren als verloren galten, wurden die Mietvorauszahlungen auf die Miete angerechnet, jedoch in so kleinen Teilbeträgen über einen längeren Zeitraum, daß sie etwa den Zinsen des vorausgezahlten Betrags entsprachen, also auch kaum mehr waren als ein verlorener Zuschuß. In der Praxis benötigte man fast ein Jahreseinkommen, um Mieter in einer bescheidenen Neubauwohnung zu werden, und eine solche Ausgabe oder die mit einer Kreditaufnahme verbundene Zins- und Tilgungsbelastung konnte sich nicht jeder leisten.

So ist es zu erklären, daß zehn Jahre nach Kriegsende noch immer so viele Bundesbürger in Kellern und auf Speichern, in Behelfsheimen, Baracken und Luftschutzbunkern hausten, ja, daß sich die Anzahl der Notunterkünfte im Laufe der fünfziger Jahre noch leicht vermehrte, anstatt stetig zu sinken — trotz reger Neubautätigkeit und obwohl bei den allermeisten Bundesbürgern eine geräumigere, modern ausgestattete Wohnung an der Spitze ihrer Wunschliste stand.

Dazu ist anzumerken, daß auch die von der Statistik als »normal« bezeichneten Wohnungen in der Mehrzahl nicht so ausgestattet waren, wie es den heutigen Mindestanforderungen entsprechen würde. Noch Ende der fünfziger Jahre war nur etwas mehr als ein Drittel der »normalen« Mehrfamilienhäuser mit einem Bad für jede darin wohnende Familie ausgestattet. Fast eine Million der insgesamt 3,4 Millionen Mehrfamilienhäuser des Jahres 1959 boten den darin lebenden Mietern nicht einmal eine eigene Toilette. Anders ausgedrückt: Die Mietshäuser und Baracken, Keller und Speicher, in denen heute vorwiegend ausländische Arbeiterfamilien untergebracht sind, waren noch Ende der fünfziger Jahre die teils »normalen«, teils behelfsmäßigen Wohnungen der einheimischen Arbeitnehmer, aber man konnte sie schon damals zum großen Teil nicht mehr als menschenwürdig bezeichnen.

Das »Wirtschaftswunder«, das die Umsätze der Konzerne und die Aktienkurse an den Börsen geradezu explodieren ließ, führte auch infolge der für Geldanleger äußerst günstigen Bestimmungen des Paragraphen 7c des Einkommensteuergesetzes zu einer allmählichen Befriedigung des riesigen Nachholbedarfs an Wohnraum. Immer mehr Familien konnten endlich die ersehnte »eigene« Wohnung beziehen, die zwar meist zu klein für ihre Bedürfnisse war und mancherlei Mängel aufzuweisen hatte, doch zumindest für den Anfang eine deutliche Verbesserung ihrer Lebensverhältnisse darstellte. Fast immer war mit dem Abschluß des Mietvertrags eine hohe Verschuldung der Mieter verbunden, weil sich die meisten die für die geforderten Baukostenzuschüsse und Mietvorauszahlungen nötigen Summen erst durch die Aufnahme eines Darlehens beschaffen mußten, nicht selten bei der Firma oder dem Betrieb, wo sie beschäftigt waren. Die Einrichtung der neuen Wohnung brachte häufig weitere Abzahlungsverpflichtungen, und mit zunehmender Verschuldung wuchsen die Abhängigkeit, der Zwang zu immer höherer Arbeitsleistung und die Bereitschaft, für die Erhaltung des Arbeitsplatzes auf an sich berechtigte Forderungen lieber zu verzichten. Wo gar die Betriebe ihrem Stammpersonal »Eigenheime« bauten, wie es häufig geschah, denn der Paragraph 7c begünstigte auch dies zu Lasten der Gesamtheit der Steuerzahler, war die Abhängigkeit eher noch größer.

»Durch ... ein Eigenheim wandeln sich in erstaunlicher Weise die Ansichten des vorher Besitzlosen«, hieß es dazu in einer Studie von Ernst Kuss, damals Vorstandsmitglied der Duisburger Kupferhütte. »Ein sich so aus der Arbeiterschaft entwickelnder, befriedeter Mittelstand ... ist der beste Schutz der Öffentlichkeit gegen die zersetzenden Kräfte des östlichen Kollektivismus.« Dazu ist anzumerken, daß die Duisburger Kupferhütte einigen bevorzugten Belegschaftsmitgliedern die »Eigenheime« zunächst probeweise fünf Jahre lang zur Miete überließ. Nur wenn sich die Mieter als »geeignet« und »würdig« erwiesen, wenn sie ihren Abzahlungsverpflichtungen pünktlich nachkamen und wenn ihr Arbeitsverhältnis nicht gelöst wurde, konnten sie schließlich Eigentümer des Häuschens werden.

So erfüllte die Wohnungspolitik einen dreifachen Zweck: Die Unternehmer konnten die Spitzen ihrer explodierenden Gewinne, anstatt sie an das Finanzamt abzuführen, günstig anlegen; die Wohnungsnot wurde gelindert, und gleichzeitig gerieten immer mehr Arbeitnehmer in finanzielle und sonstige Abhängigkeiten, angesichts derer sie, wie Bundeswirtschaftsminister Ludwig Erhard es ausdrückte und wie es später zum CDU-Wahlslogan wurde, »keine Experimente« riskieren wollten. Die Bereitschaft zu Streiks ließ erheblich nach, die zur Ableistung von Überstunden, notfalls auch ohne Bezahlung, nahm kräftig zu. Es galt, sich anzupassen, sich konform zu verhalten, um in den Genuß aller Segnungen der »Sozialen Marktwirtschaft« zu gelangen.

So kam es, daß sich bei allen Wahlen eine breite Mehrheit für den Fortbestand der bürgerlichen Koalition unter der Kanzlerschaft Konrad Adenauers und für den wirtschaftspolitischen Kurs Ludwig Erhards entschied. Denn es ging ja, wenn auch für die meisten viel zu langsam und beschwerlich, stetig aufwärts. Man mußte sich zwar einschränken, aber man litt keinen Hunger mehr; es gab alles zu kaufen, was das Herz begehrte, nur das Geld war knapp. Die Hoffnungslosigkeit der Elendsjahre nach 1945 und das damit verbundene Desinteresse an allem, was nicht der Befriedigung der elementarsten Bedürfnisse diente, waren der Überzeugung gewichen, daß sich die enorme Anstrengung lohnte. Denn wer aus einem feuchten Keller in eine Zwei-Zimmer-Küche-Bad-Neubauwohnung am Stadtrand umgezogen war; wer einen Elektroherd und bald auch einen Fernsehapparat, eine Waschmaschine und einen »Gelsenkirchener Barock«-Schrank — alles auf Raten und unter Eigentumsvorbehalt des Händlers — erworben hatte, fühlte sich nicht mehr als »Normalverbraucher«, der er einst gewesen war, sondern bereits herausgehoben aus der grauen Masse, auf dem Wege zu Wohlstand und Ansehen.

7. Was ist des Deutschen Vaterland?

»Seit es besser geht, wächst das Interesse für Politik«, heißt es in einem — nur für einen begrenzten Empfängerkreis bestimmten — Bericht des Allensbacher Instituts für Demoskopie aus dem Jahre 1955. »Solange der ›Nachholbedarf‹ die Stunde regiert hatte, waren ›wirtschaftliche Probleme‹ die ›wichtigste Frage‹, mit der man sich nach Auffassung der westdeutschen Bevölkerung beschäftigen mußte ... Aber seit es besser geht, verlieren Äußerungen dieser Art an Häufigkeit, und etwas anderes schiebt sich, beängstigend schroff und kurz angebunden, in den Vordergrund: die Forderungen nach ›Wiederherstellung der deutschen Einheit‹.«

Tatsächlich hatten noch im Oktober 1951 nur 18 Prozent eines repräsentativen Bevölkerungsquerschnitts die Wiedervereinigung für das Wichtigste gehalten, dagegen 45 Prozent eine Verbesserung der wirtschaftlichen Lage des einzelnen Bürgers wie des Staates. Schon ein Jahr später waren es 23 Prozent, die die Wiederherstellung der deutschen Einheit für das Wichtigste hielten, aber immer noch meinten 33 Prozent, eine Lösung der wirtschaftlichen Probleme sei vordringlicher. Wieder ein Jahr später, im Juli 1953, also zur Zeit des Aufstands in der DDR, war der Prozentsatz derer, die die Wiedervereinigung für das Dringendste hielten, erstmals größer als der Anteil derer, die ihren materiellen Forderungen höchste Priorität einräumten: Nun waren bereits 38 Prozent dafür, als erstes die Wiedervereinigung zu erreichen; nur noch 25 Prozent hielten eine Verbesserung der Wirtschaftslage und des Lebensstandards für noch wichtiger.

Der Kommentar der Allensbacher Meinungsforscher dazu lautete: »Will man aus der Dynamik der Vergangenheit auf die Zukunft schließen, so sind wir — immer unter der Voraussetzung, daß es auch weiterhin wirtschaftlich ›besser‹ gehen wird — mitten in einer progressiven Entwicklung. Die Bevölkerung glaubte an ein Provisorium, als die Bundesrepublik entstand, und dieses Provisorium dauert ihr schon lange genug; sie interessiert sich daher für alle Erörterungen, die auf die Beseitigung der Zonengrenze und auf die Wiederaufrichtung des gesamtdeutschen Staates gerichtet sind.«

Solche »Erörterungen« fanden vom 25. Januar bis zum 18. Februar 1954 in Berlin zwischen den Außenministern der vier Besatzungsmächte statt. Sie verliefen ebenso erfolglos wie der anschließende Notenwechsel über die deutsche Frage, der sich bis zum Spätherbst 1954 hinzog. Die westlichen und östlichen Standpunkte waren miteinander unvereinbar.

Die Sowjetunion hatte sich bereit erklärt, einer Wiedervereinigung der beiden deutschen Staaten zuzustimmen, sofern dann sämtliche militärische Einrichtungen der Siegermächte auf deutschem Boden endgültig aufgegeben und alle Besatzungstruppen zurückgezogen werden würden. Auch sollte das wiedervereinte Deutschland keinem Militärbündnis angehören dürfen, das sich gegen eine der Siegermächte richtete. Dafür sollte Deutschland in seiner Unabhängigkeit und äußeren Sicherheit von allen vier Mächten garantiert werden.

Anders ausgedrückt: Die Sowjetunion war bereit, die DDR aufzugeben und sich aus Mitteleuropa zurückzuziehen. Sie wollte ein ihr im Grunde gar nicht geheueres wiedervereinigtes, sogar wiederbewaffnetes Deutschland als neutralen Staat zwischen den Blöcken anerkennen und garantieren. Als Gegenleistung sollte der Plan einer militärischen Bindung Bonns an den Westen aufgegeben und das gesamte Militärpotential der NATO hinter die deutschen Grenzen zurückgezogen werden.

Möglicherweise hätten sich die Sowjets noch zu weiteren

Konzessionen entschlossen, etwa zu einer Korrektur der Oder-Neiße-Grenze oder zur Neutralisierung der Tschechoslowakei. Denn um Deutschland und die Deutschen aus der westlichen Allianz herauszuhalten, war Moskau zu sehr weitgehenden Zugeständnissen bereit.

Die Westmächte wiederum waren — wie im Grunde natürlich auch die Sowjetunion und deren Verbündete — an einer Vereinigung der beiden deutschen Staaten überhaupt nicht interessiert. Doch während Moskau ein solches Risiko einzugehen bereit war, um ein noch weit größeres, nämlich den Anschluß Westdeutschlands an die NATO, zu verhindern, sahen die Westmächte, zumal England und Frankreich, in einer deutschen Wiedervereinigung für sich selbst nur Nachteile: Anstelle eines wichtigen Bündnispartners und eigener, weit vorgeschobener Stützpunkte auf dessen Territorium würde ihnen in einem wiedervereinigten neutralen und durch verminderte Rüstungsausgaben wirtschaftlich noch stärkeren Deutschland nur ein lästiger Konkurrent entstehen.

Allenfalls hätten die USA, England und Frankreich einer deutschen Wiedervereinigung zugestimmt, wenn auch die DDR dann wirtschaftlich und militärisch ein Teil des westlichen Bündnisses geworden wäre. Aber das konnte die Sowjetunion keinesfalls zulassen, denn sie wollte ja ihr Risiko nicht noch vergrößern, sondern vermindern.

Bei diesem kaum überbrückbaren Interessengegensatz hätte nur eine zur nationalen Wiedervereinigung um beinahe jeden Preis eisern entschlossene Bonner Regierung, die in dieser Frage von der überwältigenden Mehrheit der Bevölkerung unterstützt worden wäre, eine für alle annehmbare Lösung herbeiführen können. Aber Bundeskanzler Adenauer war ja keineswegs willens, sein politisches Hauptziel, die völlige Westintegration der Bundesrepublik, einfach aufzugeben, und dies schon gar nicht zugunsten einer Wiedervereinigung, die die Fortdauer seiner Kanzlerschaft und die Parlamentsmehrheit seiner Partei ernstlich gefährdet hätte. Er und seine politischen Freunde waren nicht einmal sonderlich interessiert an einer »Vereinnahmung« der DDR, wie die nationale Rechte und auch viele Unternehmer sie sich wünschten. Denn auch dies hätte, über kurz oder lang, das kapitalistisch-kleinbürgerliche Bündnis seiner rheinischen Provinz-Idylle gestört. Berlin wäre wieder deutsche Hauptstadt geworden, und der Adenauer verhaßte »preußische Geist« hätte sich von neuem ausgebreitet.

Schon 1919, kurz nach dem Ersten Weltkrieg, als der damalige Kölner Oberbürgermeister Konrad Adenauer bereits sein Konzept einer Westorientierung der Rheinlande und Westfalens vorsichtig auszuprobieren begann, hatte ein anderer bedeutender Politiker, der bürgerliche Demokrat Walther Rathenau, ahnungsvoll geschrieben: »Ein politischer Kollektivismus, eine nationale Gemeinschaft — die mit bloßer Heimatliebe, Stammesgemeinschaft und örtlicher Interessiertheit nicht verwechselt werden darf — ist in Deutschland nirgends und niemals erwachsen als in Preußen und durch Preußen ... Vergleicht das Heilige Römische Reich und das Deutsche Reich. Was bleibt? Preußen ... Zieht Preußen von Deutschland ab. Was bleibt? Der Rheinbund ... Eine klerikale Republik.«

Tatsächlich hatte die von Konrad Adenauer wesentlich geprägte Bundesrepublik viel Ähnlichkeit mit jenem 1806 unter dem Protektorat Napoleons I. geschaffenen Rheinbund, zu dem ja ebenfalls Baden, Württemberg und Bayern gehört hatten. Auch die streng föderalistische Struktur der Bundesrepublik entsprach der des einstigen Rheinbunds, wo jeder große und kleine Teilstaat seine eigene Regierung und seine Besonderheiten hatte. Selbst was den klerikalen Einfluß betraf, so war er im neuen westdeutschen Staat mit der Hauptstadt Bonn nicht geringer, eher noch etwas größer als im Rheinbund von 1806 mit der Hauptstadt Frankfurt am Main und dem aufgeklärten Mainzer Kurerzbischof und Kanzler Karl Theodor v. Dalberg als Fürst-Primas. Auch der Rheinbund war militärisch und wirtschaftlich aufs engste mit dem Westen, dem Herrschaftsgebiet Napoleons, verbunden. Und wenn Dalberg und seine Rheinbund-Ministerialbürokratie von einem Wiedererstehen Deutschlands träumten, was durchaus vorkam, so hatten sie dabei auch nichts anderes im Sinn als ihre Bonner Kollegen anderthalb Jahrhunderte später, nämlich eine Ausdehnung ihres eng an Frankreich angelehnten Staatenbunds nach Osten hin. Tatsächlich traten dann ja auch für kurze Zeit die sächsischen und thüringischen Staaten sowie selbst die mecklenburgischen Herzogtümer dem Rheinbund bei. Aber niemand verstieg sich in Frankfurt am Main so weit, an eine Angliederung des eigentlichen Preußen zu denken. Hätte man Brandenburg mit der Hauptstadt Berlin, Pommern, Schlesien, West- und Ostpreußen oder gar Posen in den Rheinbund aufgenommen, so wäre das Hauptziel, die reine Westorientierung, in Frage gestellt worden, und es hätte zudem Konflikte mit Rußland gegeben.

Auch Konrad Adenauer räumte der ausschließlichen Westorientierung des von ihm regierten Staatenbundes höchste Priorität ein. Aber er konnte weder seinen Koalitionspartnern noch seinen national gesinnten Parteifreunden öffentlich widersprechen, wenn sie die Wiedervereinigung mit der DDR, die dann fällige Verlegung des Regierungssitzes nach Berlin, die Rückgewinnung der Gebiete östlich von Oder und Neiße oder gar, wie es sein Verkehrsminister Seebohm fast an jedem Sonntag tat, die »Heimkehr unseres Sudetenlandes« forderten. Denn Adenauer wußte, daß eine sehr breite Bevölkerungsmehrheit in diesen nationalen Fragen ganz andere Wünsche hegte als er, ja, eine der seinen entgegengesetzte Politik für richtig hielt.

Die von Otto Lenz für das Bundeskanzleramt geschlossenen Verträge mit dem Allensbacher Institut für Demoskopie, dann auch mit anderen Meinungsforschungsinstituten, sorgten dafür, daß Adenauer über die in der westdeutschen Bevölkerung herrschenden Ansichten stets sehr genau unterrichtet war. Es war ihm also bekannt, daß eine deutliche Mehrheit der Bundesbürger die im sowjetischen Angebot enthaltene Forderung nach »Abzug aller Besatzungstruppen« guthieß. Er wußte, daß eine ebenso deutliche Mehrheit für direkte Verhandlungen Bonns mit den Repräsentanten der DDR eintrat. Und er kannte auch die Einstellung der Bundesbürger zu der Frage, ob man auf den sowjetischen Vorschlag zur Wiedervereinigung eingehen sollte.

In der Allensbacher Analyse der Umfragen zu diesem Komplex, wie sie für das Bundeskanzleramt erstellt worden war, hieß es: »55 Prozent entschieden sich für diese Antwort: ›Die Einheit Deutschlands ist so wichtig, daß wir auf jeden Fall erst einmal verhandeln müssen. Vielleicht geben die Russen nach. Auf die deutschen Ostgebiete hinter Oder und Neiße wollen wir auf keinen Fall verzichten.‹

20 Prozent meinten: ›Die Einheit Deutschlands ist zwar wichtig, aber wir werden jetzt mit den Russen gar keine Verhandlungen anfangen. Zuerst wollen wir unsere Ostgebiete zurückhaben.‹

9 Prozent waren für folgenden Mittelweg: ›Die Einheit Deutschlands ist so wichtig, daß wir zunächst auf die deutschen Ostgebiete hinter Oder und Neiße verzichten müssen. Später versuchen wir, diese Gebiete doch wiederzukriegen.‹

3 Prozent wollten kapitulieren: Sie meinten, ›daß wir das russische Angebot annehmen und auf die deutschen Ostgebiete ... verzichten müssen‹.«

Hinsichtlich der Zuversicht der westdeutschen Bevölkerung, daß es zu einer Wiedervereinigung kommen müßte und daß auch Ostpreußen, Pommern und Schlesien eines Tages wieder zu Deutschland gehören würden, berichtete das Allensbacher Institut, daß zwei Drittel der erwachsenen Bundesbürger fest daran glaubten. »Die Flüchtlinge sind noch etwas zuversichtlicher; von ihnen rechnen nahezu vier Fünftel mit einer Rückgabe der Ostgebiete ..., spätestens in einer Zeitspanne bis zu fünfzehn Jahren.«

Zugleich hatten die Demoskopen die Befürchtungen des Auslands entkräftet, daß die Deutschen nur deshalb ins westliche Bündnis drängten, weil sie »mit Hilfe und auf Kosten der übrigen Vertragsstaaten versuchen wollten, die Gebiete jenseits von Oder und Neiße zurückzuerobern«. Dafür, so hieß es in der Allensbacher Analyse, gebe es keine Anhaltspunkte, im Gegenteil: »Rund vier Fünftel der Bevölkerung in der Bundesrepublik sind dagegen, die Provinzen im Osten ›notfalls auch durch Krieg‹ zurückzuholen.« Nur 12 Prozent stimmten der Formel zu, daß man dafür auch einen Krieg in Kauf nehmen müsse.

Aus alledem hätte sich für die Bundesregierung eigentlich die Verpflichtung ergeben müssen, in die angebotenen Verhandlungen mit Moskau und Ost-Berlin einzutreten sowie auf die Westmächte dahingehend einzuwirken, daß auch sie den dringenden Wunsch der Deutschen nach Wiedervereinigung und friedlicher Rückgewinnung wenigstens von Teilen der Ostprovinzen nachhaltig unterstützen sollten.

Aber Bundeskanzler Adenauer kam zu völlig anderen Schlußfolgerungen: Da er selbst eine Wiedervereinigung zu den angebotenen Bedingungen — Abzug aller Besatzungstruppen, freie Wahlen, strikte Neutralität — keinesfalls für wünschenswert erachtete und sich darin mit den Westmächten einig wußte, hielt er es für geboten, die Bundesbürger durch geschickte Propaganda und verstärkte »Meinungspflege« auf seinen Kurs »einzustimmen«, gleichzeitig den Kalten Krieg zu verlängern, den Antikommunismus zu verstärken sowie durch vollendete Tatsachen dem sowjetischen Angebot die Grundlagen zu entziehen. Außerdem spekulierte Adenauer — wie sich zeigen sollte, durchaus zu Recht — auf die Vergeßlichkeit, die Uninformiertheit und die mehr von Gefühlen als vom kühlen Verstand bestimmte, durchaus wandlungsfähige Meinung der breiten Masse.

Was die Uninformiertheit betraf, so lieferten ihm demoskopische Untersuchungen aus Anlaß eines in der ersten Hälfte der fünfziger Jahre hin und her wogenden Streits um die »richtige« Nationalhymne der Bundesrepublik eine deutliche Bestätigung. Die Vorgeschichte dieser öffentlichen Auseinandersetzung begann damit, daß Bundespräsident Theodor Heuss am Sylvesterabend 1950 über alle westdeutschen Rundfunkstationen eine »Hymne an Deutschland« verlas, die Rudolf Alexander Schröder verfaßt hatte. Heuss setzte sich mit warmen Worten für diese Hymne ein und empfahl den Bundesbürgern, sich mit den Versen vertraut zu machen; sie schienen ihm, so sagte er, »durchaus geeignet, die Nationalhymne der Bundesrepublik zu werden«.

Ende Januar 1951, also nur vier Wochen später, ermittelten die Allensbacher Demoskopen, daß rund 60 Prozent der erwachsenen Bevölkerung über diesen Vorschlag des Bundespräsidenten Bescheid wußten. Viele hatten die Hymne auch schon im Radio gehört, denn das Lied wurde seither allabendlich zum Sendeschluß gespielt. Die überwältigende Mehrheit fand aber keinen Gefallen daran; nur acht Prozent meinten, die neue Hymne sei »ganz schön«.

Etwa neun Monate später, im Oktober 1951, stellten die Allensbacher bei einer weiteren Umfrage fest, daß fast drei Viertel der Bundesbürger das alte Deutschlandlied zur Nationalhymne erhoben wissen wollten; nur neun Prozent waren dagegen. »In allen Bevölkerungsgruppen wurzelt offenbar Anhänglichkeit an dieses Lied«, meldete Allensbach nach Bonn. »Selbst von je hundert sozialdemokratischen Wählern sagten 66, es solle wieder als Nationalhymne eingeführt werden.«

Die Frage, ob »im allgemeinen« die erste oder nur die — von dem über die Ablehnung seines Vorschlags verärgerten Bundespräsidenten ersatzweise vorgeschlagene — dritte Strophe gesungen werden sollte, erbrachte eine schwache Mehrheit für die dritte Strophe, die dann auch tatsächlich zur Nationalhymne erklärt wurde.

Als sich von etwa Mitte 1953 an in der bundesdeutschen Bevölkerung nationale und selbst nationalistische Gefühle stärker zu regen begannen, machten sich zahlreiche Politiker der bürgerlichen Rechten dies zunutze; auf Kundgebungen und nach Sonntagsreden vor Vertriebenengruppen in der Provinz stimmten sie ungeniert die erste Strophe des Deutschlandliedes an, und sie fanden damit bei ihrem Publikum erheblichen Beifall, was dann auch seinen Weg in die in- und ausländische Presse fand.

Für Bundeskanzler Adenauer war dies teils erfreulich, weil diese nationalistische Stimmung dem Kalten Krieg und damit auch seinen Plänen zur Ablehnung aller sowjetischen Wiedervereinigungsvorschläge zugute kam; teils war es ihm aber auch höchst ärgerlich, in den westlichen und neutralen Zeitungen zu lesen, der deutsche Imperialismus sei in der Bundesrepublik wieder erwacht, denn solche Feststellungen waren seiner Politik der Westintegration hinderlich.

Der Bundeskanzler wies also das Presse- und Informationsamt an, der westlichen Kritik am Gesang der ersten Strophe des Deutschlandlieds entgegenzuwirken. Sogleich verlautete aus Bonn, Verse wie »Deutschland, Deutschland über alles, über alles in der Welt« seien zwar für Ausländer mißverständlich, doch sie wollten keineswegs Ansprüche auf eine deutsche Herrschaft »über alles in der Welt« erheben, sondern betonten nur die Priorität der Liebe zum Vaterland in der Skala der Gefühle.

Sodann ermittelte das Allensbacher Institut für Demoskopie im Juli 1954, wie es um den Wissensstand der Bundesbürger, die geographische Lage der im Deutschlandlied besungenen angeblichen Grenzgewässer betreffend, eigentlich bestellt sei. Das Ergebnis war frappierend und bestätigte Adenauers Meinung, daß man auf das Geschrei — oder auch den Gesang — der breiten Masse nichts zu geben brauche, denn »die Leute wissen doch gar nicht, um was es sich handelt«.

Tatsächlich konnten 62 Prozent der erwachsenen Bevölkerung der Bundesrepublik nicht einmal ungefähr sagen oder auf der Landkarte zeigen, wo die Maas fließt. Bei der Memel wußten 60 Prozent nicht Bescheid; bei der Etsch waren es sogar 84 Prozent, die keine Ahnung hatten, und was den Belt betraf, so waren 86 Prozent nicht in der Lage, auch nur in etwa richtige Angaben darüber zu machen, wo er zu suchen sei.

Damit war einwandfrei festgestellt, daß die überwältigende Mehrheit beim Abgesang der ersten Strophe des Deutschlandlieds keine konkreten Gebietsforderungen stellen konnte oder wollte, da sie ja nicht einmal wußte, an wen diese zu richten gewesen wären.

Die Westdeutschen taten sich schon sehr schwer mit den vielen neuen Grenzen *innerhalb* der Bundesrepublik. Der Föderalismus, den die Besatzungsmächte Hand in Hand mit den Provinzhonoratioren nach 1945 geschaffen hatten, war keineswegs populär. »Das Bedürfnis der öffentlichen Meinung nach regionalem politischem Eigenleben ist geringer, als es angesichts der Organisation des westdeutschen Bundesstaates sein sollte«, hieß es dazu in einer Studie, die das Allensbacher Institut im Oktober 1954 für das Bundeskanzleramt erstellt hatte. »Alle Umfragen über die Einstellung zu den Länderregierungen, die wir in den letzten Jahren vorgenommen haben, sind als Sympathie-Erklärungen für die Zentralgewalt ausgegangen, für Vereinheitlichung, für Vereinfachung. Die Frage: ›Was würden Sie sagen, wenn alle deutschen Länderregierungen abgeschafft würden, und es gäbe nur noch die Bundesregierung in Bonn?‹, wurde im November 1953 von 60 Prozent der über ganz Westdeutschland verteilten Versuchspersonen mit dem Bemerken beantwortet, man solle die Länderregierungen abschaffen.« Nur 17 Prozent hatten für die Beibehaltung der Länderregierungen plädiert; der Rest konnte oder mochte sich nicht entscheiden.

Mindestens den Älteren wollte es nicht einleuchten, warum die Bundesrepublik weitaus mehr Minister benötigen sollte als das viel größere und mächtigere Deutsche Reich um die Jahrhundertwende. Damals war die Zentralregierung für ein mehr als doppelt so großes Deutschland samt dessen zahlreiche Kolonien mit einem Kanzler und sechs Staatssekretären ausgekommen; der mit Abstand größte Bundesstaat, Preußen, war mit zehn Ressortchefs im Ministerrang glänzend verwaltet worden, wobei der Reichskanzler zugleich preußischer Ministerpräsident gewesen war. Bayern, Baden, Württemberg, Hessen, Oldenburg, Braunschweig, Hohenzollern und die beiden Lippe, aus deren einstigem Gebiet sowie den Westprovinzen Preußens und den Hansestädten die Bundesrepublik Deutschland 1948 gebildet wurde, hatten vier Jahrzehnte zuvor 29 Beamte im Ministerrang gehabt, von denen schon damals die meisten ganz überflüssig gewesen waren.

Doch was war nun daraus geworden!

Die ehemalige preußische Provinz Schleswig-Holstein, damals mit einem Oberpräsidenten als höchstem Verwaltungschef, seither erheblich verkleinert durch die Abtretung Nordschleswigs an Dänemark nach dem Ersten Weltkrieg und nur wenig vergrößert um die Hansestadt Lübeck, die ihre Selbständigkeit schon 1937 verloren hatte, war nun ein Bundesland geworden — mit einem eigenen Ministerpräsidenten und sieben Ministern sowie acht Staatssekretären.

Aus der preußischen Provinz Hannover, die ebenfalls nur von einem Oberpräsidenten verwaltet worden war, hatte die britische Besatzungsmacht das Land Niedersachsen geschaffen, dem die Ländchen Braunschweig, Oldenburg und Schaumburg-Lippe zugeschlagen worden waren. Auch hier gab es nun einen Ministerpräsidenten, neun Minister und ebenso viele Staatssekretäre.

Aus den drei nördlichen Regierungsbezirken Aachen, Köln und Düsseldorf der ehemaligen preußischen Rheinprovinz sowie der Provinz Westfalen und dem Zwergstaat Lippe-Detmold hatte die britische Militärregierung das Land Nordrhein-Westfalen gebildet, das nun ebenfalls, anstatt mit einem oder allenfalls zwei Oberpräsidenten, mit einer Landesregierung ausgestattet worden war, bestehend aus einem Ministerpräsidenten, neun Ministern und zehn Staatssekretären.

Das Bundesland Rheinland-Pfalz hatte die französische Militärregierung aus Teilen der südlichen preußischen Rheinprovinz, aus der ehemals bayerischen Pfalz, dem linksrheinischen Teil Hessens und dem rechtsrheinischen preußischen Regierungsbezirk Montabaur gebildet. Nach Ausdehnung und Bevölkerungszahl (1954: 3,2 Millionen) hätte Rheinland-Pfalz eine Provinzialverwaltung mit einem Oberpräsidenten an der Spitze verdient, aber nun war es ein Bundesland mit einem Ministerpräsidenten, acht Ministern und zehn Staatssekretären. Gegen das kostspielige künstliche

Gebilde richteten sich um die Mitte der fünfziger Jahre gleich fünf Volksbegehren, die eine Aufteilung des Bundeslandes zwischen Nordrhein-Westfalen, Bayern, Hessen und Baden-Württemberg anstrebten. Wegen der sehr unterschiedlichen Zielrichtungen scheiterten sie alle, und die Münchner Regierung, die eine lebhafte Propaganda für eine Rückkehr der Pfalz zu Bayern entfaltet hatte, sah sich veranlaßt, die bei allen Ministerien und kommunalen Gremien eingerichteten Pfalz-Referate wieder aufzulösen.

Besonders grotesk war die Lage im Saarland. Dieses aus dem südlichsten Zipfel der preußischen Rheinprovinz und der südwestlichen Ecke der bayerischen Pfalz gebildete Territorium, das zunächst nicht zum Bundesgebiet gehörte und mit Frankreich wirtschaftlich, *de facto* auch politisch eng verbunden war, sollte nach Adenauers Vorstellungen den Kern eines Vereinigten Westeuropa bilden. Die Saarländer aber machten ihm, der 1954 schon feste Vereinbarungen mit Paris über ein europäisches Saarstatut getroffen hatte, einen Strich durch die Rechnung und stimmten 1955 mit großer Mehrheit gegen dieses Statut und für einen Anschluß des Saarlands an die Bundesrepublik. Dieser kam auch aufgrund eines deutsch-französischen Vertrags mit Ablauf des Jahres 1956 zustande.

Doch anstatt nun die sieben Landkreise nebst der Stadt Saarbrücken dem ohnehin zu kleinen Bundesland Rheinland-Pfalz zuzuschlagen, klammerte sich Bundeskanzler Konrad Adenauer an die »europäische Besonderheit« des Gebiets. Da es nun schon nicht Kern der Europäischen Union werden konnte, wurde es ein selbständiges Bundesland mit einem Ministerpräsidenten sowie erst sieben, dann acht Ministern und einem Staatssekretär als Leiter der Staatskanzlei, während es früher unter preußischer und bayerischer Verwaltung nicht einmal eines eigenen Regierungspräsidiums für würdig befunden worden war.

Bei den geschilderten Verhältnissen, die nur in Bayern und Hessen sowie in den beiden noch selbständigen Stadtstaaten Bremen und Hamburg keine wesentliche Verschlechterung gegenüber früher und nur in Baden-Württemberg durch die Zusammenlegung der beiden alten Bundesstaaten eine leichte Verbesserung erfahren hatten, war der Unmut der Bevölkerung verständlich. In der Allensbacher Analyse hieß es dazu: »Indem wir uns auf die Ergebnisse anderer Untersuchungen besinnen, können wir sagen, daß die Länderverwaltungen ihr eigenes Boot anbohrten, als sie sich Staatspräsidenten und Minister, Ministerpräsidenten und Staatssekretäre zulegten. Die Bevölkerung hat das mißvergnügt beobachtet; sie will in solchen Bestallungen in erster Linie Geldverschwendung erkennen ... Die breiten Schichten stehen finanziellen Größenordnungen, die ihr privates Haushaltsbudget wesentlich übersteigen, im allgemeinen hilflos gegenüber. In 77 Prozent der Haushaltungen bezieht der Hauptverdiener monatlich weniger als 400 Mark ...«

Die Allensbacher mußten sich dann gegen den Einwand der Föderalisten im Bundeskanzleramt verteidigen, ihre sachlich-nüchterne Fragestellung habe die so zurückhaltende Bewertung der Staatsregierungen bewirkt. Sie erklärten, eigentlich könne man, um neutrale Meinungsbilder herauszufinden, nur nüchtern-sachlich fragen. Lediglich aus experimentellen Gründen ließen sie sich darauf ein, durch eine »derbe Suggestivfrage« zu ermitteln, wie »hart« die negativen Ansichten über die Länderregierungen nun wirklich waren. Ein entsprechender Versuch wurde in Nordrhein-Westfalen durchgeführt. Es wurde eine Frage gestellt, die gleichsam dazu ermuntern mußte, die Notwendigkeit der Düsseldorfer Landesregierung zu bejahen. Dennoch fand sich nur ein knappes Drittel der Bevölkerung dazu bereit, für eine Beibehaltung der vielen Ministerien zu plädieren; die große Mehrheit blieb ablehnend oder gleichgültig.

In Bayern, das ja seit eh und je eine eigene Staatsregierung gehabt und diese seit Bestehen der Bundesrepublik nicht sonderlich erweitert hatte, waren geringfügig mehr, nämlich 35 Prozent der Bevölkerung, für die Beibehaltung der eigenen Landesregierung; 37 Prozent meinten, man solle sie abschaffen. Zur Erklärung dieses für einen »gewachsenen«

Freistaat mit besonders beharrlicher Betonung seiner »Eigentümlichkeiten« erstaunliche Ergebnis gab es indessen Gründe, die erst bei regionaler Aufgliederung der Umfrageresultate klar wurden: In Ober- und Niederbayern befürworteten erheblich mehr eine eigene Landesregierung als im Landes- oder auch im Bundesdurchschnitt, nämlich etwa 50 Prozent. Dagegen waren in den fränkischen Regierungsbezirken des Freistaats die Verhältnisse genau umgekehrt; dort fanden durchschnittlich 50 Prozent, daß man die bayerische Staatsregierung abschaffen sollte, und nur etwa 25 Prozent waren für ihre Beibehaltung, der Rest hatte keine Meinung in dieser Frage.

»So wie die Dinge jetzt liegen«, schloß diese Allensbacher Analyse aus dem Herbst 1954, »besteht keine Aussicht, die Länder-Politik zu popularisieren. Es muß im Gegenteil damit gerechnet werden, daß sie in immer schärfere Isolation gerät . . .« Den Hauptgrund für die Ablehnung des Föderalismus sahen die Meinungsforscher in dem »unnützen Aufwand«, den die einzelnen Staatsregierungen nach Meinung der Bürger trieben. Aber es gab noch einen zweiten wichtigen Grund: Gerade das, was den Föderalisten am wichtigsten war, nämlich die Kulturhoheit der einzelnen Bundesländer, war der Mehrheit der westdeutschen Bevölkerung ein Greuel. Die Majorität — fast 70 Prozent der Bevölkerung des Bundesgebiets und West-Berlins — wollte ein einheitliches Unterrichtswesen mit gleichen Schulsystemen und Lehrplänen; nur 15 Prozent bejahten die verwirrende Vielfalt. Der Kommentar der Meinungsforscher lautete: »Eine schmale Schicht der Bevölkerung deckt also, was täglich in den westdeutschen Schulen praktiziert wird, nämlich den Lehrplan- und Schulbuch-Egoismus eines knappen Dutzends verschiedener Kultusministerien. Ob die Verfechter des ›regionalen Eigenlebens‹ . . . nicht erkennen, daß sie diesen Kampf gegen die öffentliche Meinung nicht gewinnen können?«

Alles in allem hätten Adenauer und seine Berater aus den Ergebnissen der Meinungsforschung erkennen müssen, daß sich die Politik der Bundesregierung samt dem föderalistischen Prinzip in eklatantem Widerspruch zu den Ansichten einer breiten Bevölkerungsmehrheit befand. Die Bundesbürger hatten genug von dem »Provisorium« mit der Hauptstadt Bonn; sie wollten die Wiedervereinigung Deutschlands auf dem Verhandlungsweg und plädierten sogar für direkte Verhandlungen mit Ost-Berlin und Moskau, für allerlei Zugeständnisse und beiderseitiges Nachgeben. Sie hatten Adenauers Fernziel, die Angliederung Westdeutschlands an eine Europäische Föderation, längst abgeschrieben; nicht einmal die Saarländer waren bereit gewesen, den Anfang zu machen. Noch entschiedener lehnten die Bundesbürger die Kleinstaaterei und die Länder-Egoismen ab. Zusammenfassend ließ sich sagen, daß die meisten Westdeutschen, erst recht die Berliner, sich mit der Bundesrepublik nicht zu identifizieren vermochten; sie sahen sich selbst und ebenso die Bürger der DDR nur als Deutsche in einem schon allzu lange geteilten Land.

Aber anderseits hatten sie einer Regierungskoalition, deren autokratischer Kanzler entschlossen war, sich in den entscheidenden nationalen Fragen gegen die Bevölkerungsmehrheit durchzusetzen, eine Zweidrittelmehrheit verschafft. Die Bundestagswahl vom 6. September 1953 hatte ihm dafür ein Mandat bis zum Ablauf der Legislaturperiode im Herbst 1957 gegeben; eine Abwahl brauchte er nicht zu befürchten, denn die Verfassung ließ nur ein sogenanntes »konstruktives Mißtrauensvotum« zu, für das angesichts der Mehrheitsverhältnisse im Parlament nicht die geringste Aussicht auf Erfolg bestanden hätte. So galt es für Konrad Adenauer, die Zeit und die Macht, die ihm zur Verfügung standen, für seine Pläne zu nutzen. Bis zu seinem 80. Geburtstag, am 5. Januar 1956, gedachte er, auch noch die letzten Weichen so zu stellen, daß es für die Bundesrepublik keinen anderen Weg mehr geben konnte als den von ihm eingeschlagenen und für richtig befundenen, mochten »die Leute draußen im Land« auch zunächst anderer Meinung sein. Sie würden sich schon, dessen war Adenauer gewiß, damit abfinden, solange es wirtschaftlich »besser« ging, und das schien auf absehbare Zeit ja der Fall zu sein.

Der Kanzler, der nach eigener Aussage seine Heimatstadt Köln für »das eigentliche Zentrum des Abendlandes« hielt und die Grenzen westlicher Zivilisation an der Weser, die seines persönlichen Interesses an den Westhängen des Siebengebirges und des Bergischen Landes zog, war dem deutschen Nationalgefühl schon so weit entgegengekommen, daß er seinen Rheinbund-Staat zur »Bundesrepublik Deutschland« deklariert hatte und immer von »Deutschland« sprach, wenn er die Bundesrepublik meinte. Dieses »Deutschland« war im Herbst 1954 als ein von den westlichen Besatzungsmächten und deren Bündnispartnern endlich für souverän erklärter Staat in die NATO aufgenommen worden. Sogar die französische Nationalversammlung, an der die von Adenauer so sehnlich gewünschte EVG gescheitert war, hatte dies — und damit auch die Wiederbewaffnung Westdeutschlands — schließlich gebilligt. Der Ostblock hatte prompt nachgezogen und Anfang Dezember 1954 die Aufstellung einer »Volksarmee« in der DDR beschlossen.

Damit waren die Chancen für eine Wiedervereinigung der beiden deutschen Staaten schon so weit in die Nähe des Null-Punktes gesunken, daß sich Konrad Adenauer um die weitere Westorientierung »Deutschlands« keine großen Sorgen mehr zu machen brauchte.

Im übrigen hatte sich für das deutsche Nationalgefühl der Bundesbürger im Juni 1954 ein ganz unpolitisches Ventil geöffnet: »Vor aller Welt«, meldete *Der Spiegel* am 7. Juli, »gaben sie sich, als hätten sie nun, Ende Juni 1954, nach zwanzighundertjährigem Irrweg den alleinigen verheißungsvollen Sinn und die wahre Bestimmung ihrer nationalen Existenz entdeckt. Ganz Deutschland erhob sich und Europa erbebte, weil Josef Herberger, ein gemütlicher kleiner Mannheimer mit verwittertem Bergbauern-Gesicht, die von ihm trainierte deutsche Mannschaft zum größten Triumph der deutschen Sportgeschichte geführt hatte. Am Schluß des 3:2-Spiels gegen Ungarn« — um die Fußballweltmeisterschaft — »sangen die deutschen Schlachtenbummler und Sportfunktionäre statt des bundesamtlich konzessionierten ›Einigkeit und Recht und Freiheit‹ das altvertraute ›. . . über alles in der Welt‹ . . . Niemals zuvor . . . schäumten die kollektiven Gefühle der Deutschen so ausschließlich für nichts als ihre Fußballmannschaft . . .« Das siegreiche Endspiel im schweizerischen Bern ließ die Bundesbürger viel — und für ein paar Stunden sogar alles — vergessen, was sie an nationalem Leid erfahren hatten und, was die deutsche Teilung betraf, noch immer erfuhren. Selbst der gegenüber Adenauer so kritische *Spiegel* ließ sich dazu hinreißen, in seinem Bericht alles als »deutsch« zu bezeichnen, was allenfalls »westdeutsch« oder »bundesrepublikanisch« hätte genannt werden können. Der Triumph des bundesdeutschen Fußballs war zugleich ein politischer Sieg des greisen Bundeskanzlers, denn über Nacht war seine kühne These, daß allein seine rheinische Republik »unser deutsches Vaterland« sei, zum allgemeinen Glaubenssatz geworden.

Noch etwas ganz anderes hatte das Weltmeisterschaftsspiel zur Folge: Es gab einen plötzlichen, vom Handel in diesem Ausmaß nicht erwarteten Run auf Fernsehgeräte, weil jeder Fußballfan, der sich einen Ratenkauf eben leisten konnte, die erregenden Szenen am Bildschirm miterleben wollte. Einige große Gerätehersteller setzten innerhalb von vierzehn Tagen ihre gesamten Lagerbestände ab, und bei den westdeutschen Sendern löste dieser unverhoffte Zustrom neuer Fernsehteilnehmer großen Jubel aus. »Jetzt hat das Fernsehen wirklich begonnen!« erklärte ein Sprecher des Hamburger Funkhauses.

Tatsächlich war die Weltmeisterschafts-Übertragung der große Durchbruch des westdeutschen Fernsehens, was zugleich erheblich dazu beitrug, den Peinlichkeiten am Rande des Fußballsiegs eine gewaltige Publizität zu verschaffen. »Wenn man eine der Reden hörte, mit der dieser Sieg gefeiert worden ist«, lautete dazu der kritische Kommentar von Helmut Hammerschmidt im Südwestfunk, »möchte man annehmen, Deutschland habe nie größere, bessere, nützlichere Siege errungen ... So mancher Beobachter wurde erneut in Verlegenheit gebracht, sich selbst und seinen Mitmenschen lieber eine Niederlage zu wünschen, als einen Erfolg, der in dieser Weise verfälscht werden kann, der dazu diente, ein Gespenst wieder auferstehen zu lassen. Es war kein geringerer als der Präsident des Deutschen Fußballbundes, Dr. Bauwens, der dies fertigbrachte. In einer Rede, einem Gemisch aus primitiver Vereinsprotzerei, fatalen Gefühlsaufwallungen, nationalistischen Phrasen und gußeiserner Taktlosigkeit, hat er ein Musterbeispiel für jenen Ungeist gegeben, der in der Welt immer wieder mit dem Beiwort ›deutsch‹ versehen wird, weil Männer wie Bauwens nicht Maß zu halten verstehen ... Phrasen über Phrasen übelster Art, dazu eine Reihe recht bezeichnender Entgleisungen ... und noch eins: Es müsse noch ›Schlacken‹ auf dem deutschen Ansehen gegeben haben, sagte Herr Präsident Bauwens, und er meinte sogar gütig, daß dies vielleicht verständlich sei. Diese ›Schlacken‹ seien nun aber durch den Sieg beseitigt, nicht nur vom deutschen Sport, sondern vom deutschen Volk ... Es ist eine ungeheuerliche Zumutung, sowohl den Sportlern als vor allem dem Ausland gegenüber, zu sagen, daß etwas, das wir selbst kaum verstehen können, mit drei Fußballtoren aus der Welt geschafft worden sei ...«

Es sollte nicht die letzte ungeheuerliche Zumutung gewesen sein, die der damals sehr mutige Rundfunkkommentator (und spätere Südwestfunk-Intendant) Helmut Hammerschmidt bemerken mußte, und es waren nicht allein »gußeiserne taktlose« Sportfunktionäre, die dreist so taten, als ließen sich die vor erst kaum einem Jahrzehnt aufgehäuften »Schlacken auf dem deutschen Ansehen« mühelos beseitigen, sei es mit Hilfe einiger schöner Fußballtore, sei es mit etwas Geld.

8. Von der »ernsten und heiligen Pflicht« der Wiedergutmachung

Im Herbst 1955 gab das Bremer Landesarbeitsgericht einer Klage auf Wiedereinstellung nach dem »131er Gesetz« statt, die ein Oberinspektor gegen die Ortskrankenkasse der Hansestadt angestrengt hatte. Der Grund, weshalb die Krankenkasse sich geweigert hatte, den Kläger einzustellen, schien einleuchtend: Als Hilfsangestellter war er schon 1930 der Nazi-Partei beigetreten und hatte nach 1933, weil er nun als »Alter Kämpfer« galt, sehr schnell Karriere gemacht; binnen viereinhalb Jahren war er zum Oberinspektor befördert worden.

Die Ortskrankenkasse sah darin einen nur aus politischen Gründen möglich gewesenen, regel- und sittenwidrigen Aufstieg, aber das Gericht entschied anders. Es zwang die Kasse zur Wiedereinstellung des Klägers als Oberinspektor. Dessen rasche Beförderung aus rein politischen Gründen sei nichts Ungewöhnliches; auch nach 1945 hätten sich ja für Unbelastete und gar für aktive Nazigegner wegen der vielen freigewordenen Stellen stark verbesserte Aufstiegsmöglichkeiten ergeben, ohne daß man dies schlechthin als unkorrekt oder gar rechtswidrig bezeichnen könnte.

Ebenfalls im Herbst 1955 kehrte ein ehemaliger General der Wehrmacht aus sowjetischer Kriegsgefangenschaft zurück in die Bundesrepublik. Es war der letzte Kommandant der ostpreußischen Hauptstadt Königsberg, General der Infanterie Otto Lasch, der am 9. April 1945 mit den Resten seiner Truppe vor einer erdrückenden Übermacht hatte kapitulieren müssen und deshalb auf Befehl Hitlers degradiert, aus der Wehrmacht ausgestoßen und in Abwesenheit zum Tode verurteilt worden war. Deshalb, so mußte der General nun erfahren, war seiner Frau und seinen Kindern, die die SS bis Kriegsende in »Sippenhaft« genommen hatte, in den zehn Jahren seiner Kriegsgefangenschaft kein Pfennig Pension bezahlt worden. Der Befehl des toten »Führers« war für die Behörden der Bundesrepublik noch immer »rechtsgültig«.

Ein anderer General, nicht der Wehrmacht, sondern der Polizei, der SS-Oberführer Walther Schröder, zuletzt Polizeipräsident im besetzten Riga, hatte es besser getroffen: Als früherer NS-Polizeipräsident von Lübeck waren ihm rund 1100 DM monatliches »Ruhegeld«, rückwirkend vom Mai 1945 an, zugesprochen worden. Außerdem forderte und erhielt der Polizeigeneral a. D. eine Entschädigung von rund 50000 DM für die ihm in den ersten Wochen nach der Kapitulation aus seiner Lübecker Dienstvilla abhanden gekommenen Gegenstände.

Ebenfalls in Lübeck lebte damals ein anderer Pensionär, Dr. Ernst Lautz, der im Dezember 1947 vom Nürnberger Militärgerichtshof der Vereinigten Staaten wegen seiner Beteiligung an Kriegsverbrechen und Verbrechen gegen die Menschlichkeit zu zehn Jahren Gefängnis verurteilt worden war. Dr. Lautz, bis Kriegsende Oberreichsanwalt beim »Volksgerichtshof«, hatte nur einen geringen Teil seiner Strafe zu verbüßen brauchen. Kaum freigelassen, sprachen ihm die Behörden der Bundesrepublik eine monatliche Pension von 1342 DM zu, außerdem eine Nachzahlung für die Zeit seiner Haft in Höhe von etwa 75 000 DM. Sie gaben damit der rechtsbrecherischen Tätigkeit des Dr. Lautz, dessen »Behörde« 1942—44 im Tagesdurchschnitt zehn Todesurteile beantragt und durchgesetzt hatte, noch nachträglich den Anschein der Rechtmäßigkeit.

Der frühere Dienstvorgesetzte des Oberreichsanwalts a. D. Lautz, Dr. Franz Schlegelberger, bis 1942 als geschäftsführender Staatssekretär mit der Leitung des Reichsjustizministeriums beauftragt und im Nürnberger Juristenprozeß vom US-Militärgerichtshof zu lebenslangem Freiheitsentzug verurteilt, war ebenfalls nach kurzer Zeit aus der Haft entlas-

Sie planten die Wiederbewaffnung: Theodor Blank *(Mitte)*, Adolf Heusinger *(links)* und Hans Speidel.

Porträt eines Aufsteigers: Franz Josef Strauß beim Besteigen eines HS-30-Schützenpanzers *(oben links)*; beim Besteigen des ersten *Starfighters* F-104-G *(oben rechts)*, während der Beerdigung von abgestürzten Starfighter-Piloten

(unten rechts) und während des Prozesses gegen seinen Fahrer Leonhard Kaiser in Bonn *(unten links)*.

Oben: die ersten eingezogenen Bundeswehrsoldaten im Lager Andernach.
Unten: Bernt Engelmann im H S-30-Schützenpanzer (1966).

sen worden. Er erhielt dann eine monatliche Pension von rund 2900 DM zugesprochen sowie eine Nachzahlung von etwa 160000 DM, wobei daran erinnert sei, daß zu dieser Zeit in 77 Prozent aller bundesdeutschen Haushalte der Hauptverdiener weniger als 400 DM im Monat an Lohn oder Gehalt hatte.

Übrigens, ein Sohn dieses wohlversorgten Schreibtischtäters war der ehemalige Marine-Oberstabsrichter Dr. Hartwig Schlegelberger, der im Krieg an etlichen Todesurteilen gegen Wehrmachtsangehörige sowie an deren Vollstreckung mitgewirkt hatte. Er wurde dann CDU-Kreisvorsitzender und Landrat, 1961 Innenminister und stellvertretender Ministerpräsident von Schleswig-Holstein. 1971 übernahm er den Vorstandsvorsitz bei der Landesbank-Girozentrale und trat 1979 in den Ruhestand, ausgezeichnet mit der höchsten Stufe des Bundesverdienstkreuzes.

Der SS-Gruppenführer Max Simon, im Krieg zunächst Regimentskommandeur der berüchtigten SS-»Totenkopf«-Division, dann Generalleutnant und Kommandierender General des XIII. SS-Armeekorps, 1947 wegen schwerster Kriegsverbrechen von einem alliierten Militärgericht zum Tode verurteilt, dann zu lebenslangem Zuchthaus begnadigt, aber bereits 1954 aus der Haft entlassen, mußte zunächst um seine Generalspension und deren Nachzahlung seit 1945 bangen. Er hatte sich nämlich noch vor einer bundesdeutschen Großen Strafkammer wegen zahlreicher willkürlicher Todesurteile gegen deutsche Zivilisten zu verantworten, die in den letzten Kriegstagen im südlichen Franken die sinnlose Verteidigung ihres Dorfes durch Hitlerjungen hatten verhindern wollen und dafür aufgehängt worden waren.

General Simon hatte auch die Beisitzer seines eigenen Standgerichts, die sich geweigert hatten, solchen Wahnsinn mitzumachen, kurzerhand erhängen lassen. Er wurde indessen in allen Anklagepunkten mangels Beweises freigesprochen — und kam so auch endlich in den Genuß seiner Generalspension —, weil ihm nicht nachzuweisen war, daß er »die Rechtswidrigkeit seiner Handlungen im Zeitpunkt ihrer Begehung erkannt« und sich damit »vorsätzlich« einer Rechtsbeugung schuldig gemacht hatte. »Das ist die Masche«, schrieb dazu die *Süddeutsche Zeitung,* »durch die sie fast alle hinausschlüpfen: die Wüteriche aus Standgerichten, Kriegsgerichten, Sondergerichten jener Jahre . . .«

»Wiedergutmachung an General Simon«, lautete hingegen die Schlagzeile eines jener zahlreichen Blätter, die sich damals auf die »Tilgung der Schmach« und die »Wiederherstellung der Ehre unserer tapferen Waffen-SS« spezialisiert hatten.

Unter »Wiedergutmachung« hatten die Siegermächte, aber auch alle, die noch an Gerechtigkeit glaubten, etwas anderes verstanden. Die erste Bundesregierung war ebenfalls davon ausgegangen — so hatte sie es zumindest mehrfach verkündet —, daß das von den Nazis millionenfach begangene Unrecht nicht nur hart gesühnt, sondern auch wiedergutgemacht werden müßte, »soweit überhaupt etwas durch unsere Kraft für die Beseitigung der Folgen geschehen kann«, wie Bundeskanzler Adenauer es formuliert hatte. »Ich denke dabei an die entstandenen materiellen Schäden, die der Nationalsozialismus den von ihm Verfolgten zugefügt hat . . . Hier hat das deutsche Volk die — ich sage das ganz deutlich, meine Damen und Herren — *ernste und heilige Pflicht* zu helfen, auch wenn dabei von uns, die wir uns persönlich nicht schuldig fühlen, Opfer verlangt werden, vielleicht schwere Opfer! Die Bundesregierung hat seit ihrem Bestehen diese Pflicht immer anerkannt, meine Damen und Herren! Durch ihre Erfüllung wollen wir die Schäden wiedergutmachen, soweit das möglich ist, soweit das in unserer Kraft steht . . .«

Zunächst war dann zwischen der Bundesrepublik und dem Staat Israel ein Wiedergutmachungsabkommen geschlossen worden, dem der erste Bundestag am 18. März 1953 mehrheitlich zustimmte. Darin verpflichtete sich Bonn, an Israel insgesamt drei Milliarden Mark Entschädigung zu zahlen, und zwar in Raten, verteilt auf die nächsten zwölf Jahre und zu einem beträchtlichen Teil in Form von Industrieanlagen und Warenlieferungen. Weitere 450 Millionen DM sollten, ebenfalls in Raten, dem Staat Israel zur Weiterleitung an jüdische Dachorganisationen gezahlt werden, die ihrerseits mit diesem Geld für in Not geratene jüdische Opfer der Nazi-Verfolgung, die ihren Wohnsitz außerhalb Israels hatten, nach eigenem Ermessen sorgen sollten.

»So ist es zu erklären«, kritisierte Helmut Hammerschmidt zwei Jahre später in einem Rundfunkkommentar die Praxis dieses Zusatzabkommens, »daß nichtorganisierte und nichtjüdische Opfer des Nationalsozialismus bisher überhaupt nichts bekommen haben, ja daß die Verteilung dieser Summe ganz und gar undurchsichtig geblieben ist. Weiß die Bundesregierung, was das bedeutet . . .?«

Hammerschmidt schilderte dann das Elend vieler Emigranten, die Deutschland nach 1933 hatten verlassen müssen und nun, fast ein Jahrzehnt nach dem Ende der braunen Schreckensherrschaft, noch immer keine materielle Entschädigung für ihre Verluste erhalten hatten, und er fügte hinzu: »Fast alle besaßen oder besitzen noch heute die deutsche Staatsangehörigkeit. Alle haben bisher keinen Pfennig bekommen . . . Ist es ein Wunder, daß Leute wie Einstein oder Marlene Dietrich, um nur einige Namen zu nennen, sich bisher weigern, auch nur auf Besuch nach Deutschland zu kommen — Prominente, denen es gut geht und die von ihrem Einkommen regelmäßig jene Ärmsten der Armen unterstützen, deren Entschädigung an sich *unsere* Aufgabe sein muß? . . . Das ist die Wahrheit, an der man nicht vorbeigehen kann. Aber wo ist nun das Gesetz, mit dem wir endlich einmal Recht sprechen wollen?«

Es gab zwar schon ein unzulängliches Bundesgesetz vom 18. September 1953, aber erst das Bundesentschädigungsgesetz vom 29. Juni 1956 schuf — elf Jahre nach Kriegsende, fünf Jahre nach dem »131er Gesetz« — die Voraussetzungen für eine tatsächliche Wiedergutmachung. Doch während das »131er Gesetz« von Anfang an mit Eifer angewandt und durch eine Novelle, neun Durchführungsverordnungen und mehr als hundertzwanzig Verwaltungsanordnungen und

Vollzugserlasse großzügig ausgestaltet worden war, hatte es mit dem Bundesentschädigungsgesetz und seiner Verwirklichung nichts als Schwierigkeiten, Verzögerungen, künstlich aufgebaute Hindernisse und nur leicht kaschierte Rückschritte gegeben.

Das Ergebnis war, daß zunächst die Verfolger gut versorgt wurden; ihre Opfer, die Verfolgten, mußten warten.

Das begann schon bei der Wiedereinstellung der von den Nazis aus ›rassischen‹ oder politischen Gründen entlassenen Beamten. Da jede Behörde verpflichtet worden war, nach 1945 als Belastete entlassene Nazi-Beamte wiederzuverwenden, konnte kein Behördenleiter, selbst bei gutem Willen, Nazi-Verfolgte einstellen, bevor nicht seine »131er-Quote« erfüllt war.

Aus Mangel an Durchführungsverordnungen konnten die Opfer der Nazis nur dann eine Unterstützung erhalten, wenn sie in einer besonderen Notlage waren, die sie nachzuweisen hatten. Die »131er« waren hingegen völlig unabhängig von ihrer wirtschaftlichen Lage zu versorgen.

Jeder Nazi-Verfolgte mußte nachweisen, daß er keine Verbrechen gegen die Menschlichkeit, keine Kriegsverbrechen, überhaupt keine schweren politischen oder kriminellen Straftaten jemals begangen hatte; daß er dem Nazi-Regime oder einer anderen Gewaltherrschaft niemals Vorschub geleistet und keiner Naziorganisation, auch nicht zur Tarnung, jemals angehört hatte; daß ihm die bürgerlichen Ehrenrechte nicht rechtskräftig aberkannt worden waren, und auch, daß er die Grundsätze der Vereinten Nationen und die Genfer Konvention niemals verletzt hatte. Die früheren, nach dem »131er Gesetz« wiedereinzustellenden oder entsprechend ihrem letzten Dienstrang zu versorgenden Nazis brauchten natürlich nichts dergleichen nachzuweisen, sonst hätte ja *kein einziger* von ihnen Ansprüche stellen können, denn sie waren ja gerade, *weil* sie der Nazi-Gewaltherrschaft Vorschub geleistet, der NSDAP und ihren Gliederungen angehört und Kriegsverbrechen oder Verbrechen gegen die Menschlichkeit begangen, begünstigt oder mindestens geduldet hatten, zunächst aus dem Dienst entlassen worden. Das spielte jedoch für ihre Wiedereinstellung oder Versorgung keine Rolle. Nur als »Hauptschuldige« Eingestufte sowie frühere Gestapo-Beamte, die bis zum 1. Mai 1945 dieser Terrororganisation angehört hatten, waren von der Versorgung ausgeschlossen.

Die Folgen dieser für Verfolger und Verfolgte so unterschiedlichen Voraussetzungen einer Wiedergutmachung waren geradezu grotesk:

So konnte der Gründer, Organisator und erste Chef der Gestapo, Dr. Rudolf Diels, ein besonderer Günstling Görings, der dann von Himmler und Heydrich verdrängt worden war, nach dem »131er Gesetz« entsprechend seinem letzten Dienstrang glänzend versorgt werden; der SS-Sturmbannführer Dr. Walter Zirpins, Kriminaldirektor im — bereits Mitte April 1945 aufgelösten — Amt IV (Gestapo) des Reichssicherheitshauptamts und beteiligt an der »Endlösung der Judenfrage« in Warschau und Lodz, konnte als Oberregierungsrat die Leitung des Landeskriminalamts von Niedersachsen übernehmen; sein Kollege Dr. Bernhard Wehner, SS-Hauptsturmführer im Amt V des Reichssicherheitshauptamts, konnte Leiter der Düsseldorfer Kriminalpolizei werden, später sogar Chef des Landeskriminalamts von Nordrhein-Westfalen.

Hingegen mußte eine im Jahre 1954 bereits 81jährige Jüdin, deren Ehemann im Ersten Weltkrieg als deutscher Soldat gefallen war und der die Nazis die bescheidene Witwenrente entzogen hatten, bis zu ihrem Tode im Jahre 1956 vergeblich auf ihre »Wiedereinsetzung in den alten Stand« warten. Jede Versorgung oder gar Nachzahlung der ihr widerrechtlich entzogenen Rente wurde ihr von den bundesdeutschen Behörden verweigert, weil sie zwar noch ihren ursprünglichen Rentenbescheid vorlegen konnte, nicht aber den schriftlichen Bescheid über den Entzug, denn einen solchen hatte sie, die dann nach Theresienstadt deportiert worden war, nie erhalten. Nicht einmal ein Vorschuß konnte der alten Frau bewilligt werden.

Ein im Jahre 1954 gerade 27jähriger Jude, der von seinem dreizehnten Lebensjahr an ununterbrochen in Konzentrationslagern, Gettos und Gefängnissen gewesen war, dessen Eltern, Großeltern und Geschwister die Nazis ermordet hatten und der völlig mittellos war, wurde von jeder Entschädigung ausgeschlossen, weil er nach dem Krieg von einem französischen Militärgericht wegen Körperverletzung, schwerer Beleidigung und Widerstands gegen die Besatzungsmacht rechtskräftig zu einer Gefängnisstrafe verurteilt worden war; er hatte Militärpersonen geohrfeigt, weil er sich deren antisemitische Äußerungen nicht gefallen lassen wollte.

Die Erben des 1943 verstorbenen jüdischen Kaufmanns Arnold Rosenthal wurden mit ihren Ansprüchen durch höchstrichterliches Urteil abgewiesen, weil das Vermögen ihres verstorbenen Vaters nach Ansicht des Gerichts durchaus *rechtens* beschlagnahmt und eingezogen worden war. Arnold Rosenthal hatte sich nämlich der Devisenschiebung schuldig gemacht; es war von ihm verbotenerweise Geld ins Ausland verbracht worden — nachweislich nur zur Rettung eigener und fremder Kinder, die dann nach Palästina in Sicherheit gebracht werden konnten. Seine Bestrafung durch die Nazis, so führte das Oberste Rückerstattungsgericht in Nürnberg in seiner Urteilsbegründung aus, sei »nicht ausschließlich oder auch nur vorwiegend wegen seiner Zugehörigkeit zur jüdischen Religionsgemeinschaft erfolgt, da Deutsche nichtjüdischer Herkunft wegen des gleichen Vergehens ebenso bestraft worden sind. Moralische oder ethische Gründe können die Straftat nicht rechtfertigen ...«

Aber es gab noch weit erstaunlichere Urteile:

Da war man drei Jahre lang bei den bundesdeutschen Entschädigungsbehörden der Ansicht gewesen, das Getto Sosschnowitz, wohin zahlreiche Juden zwangsdeportiert worden waren, sei mit Stacheldraht umzäunt gewesen. Das hätte für die wenigen überlebenden Insassen einen Anspruch auf Haftentschädigung begründet — und zwar in der noblen Höhe von 5 Mark für jeden Leidenstag —, und tatsächlich war einem Bedürftigen auf diesen vermeintlichen Anspruch hin auch schon ein Vorschuß von 500 Mark bewilligt worden.

Es stellte sich dann aber heraus, daß dieses Getto in der Nähe von Auschwitz *nicht* mit Stacheldraht abgesperrt, sondern von SS-Posten Tag und Nacht bewacht worden war. Sie hatten jeden ohne Anruf niedergeschossen, der das Getto zu verlassen versuchte. Dieser Sachverhalt reichte indessen nicht aus, eine »Haft« im Sinne des Bundesentschädigungsgesetzes zu begründen. Infolgedessen konnte es für die Insassen von Sosschnowitz auch keine Haftentschädigung geben, und die Behörde forderte nun die Rückzahlung des geleisteten Vorschusses. Das daraufhin von dem Empfänger des Vorschusses angerufene Gericht entschied, daß die Rückforderung zu Recht bestehe.

Einer der wenigen im Entschädigungsbereich tätigen Beamten, die sich gegen das Unrecht wehrten, das die Bundesrepublik sie zu begehen verpflichtete, der baden-württembergische Landesbeauftragte Dr. Otto Küster, erklärte damals öffentlich: »Das deutsche Mittelalter hat kaiserlose Zeiten gekannt, wo es an einem Richter auf Erden mangelte. Aber in keiner dieser schrecklichen Zeiten wäre es denkbar gewesen, daß man die Hinterbliebenen eines erwiesenen Justizmords aus Rechtheischenden zu Antragstellern auf Versorgung umgestempelt hätte.« Just dieses aber hatte die Bundesrepublik Deutschland getan, und zugleich war den Opfern des Unrechts der Weg zur Entschädigung maßlos erschwert und verlängert worden. Sie mußten ihre Bedürftigkeit nachweisen, so als ob es sich um gnädig zu bewilligende Almosen, nicht um klare Rechtsansprüche gehandelt hätte.

Gerade den Nachweis der Bedürftigkeit, der an sich schon eine dreiste Zumutung darstellte, konnten viele, die in der Nazizeit ins Ausland geflüchtet waren, nur unter der Gefahr erbringen, von ihrem Gastland als mittellose Ausländer abgeschoben zu werden.

Für andere war es unmöglich, die geforderten Beweise zu beschaffen, beispielsweise der im Jahre 1955 schon 77jährigen Witwe eines ehemaligen Regierungsrats, der 1941 als

Jude aus seiner süddeutschen Heimatstadt nach Riga deportiert und dort ermordet worden war. Es gab zwar Dokumente, aus denen zweifelsfrei hervorging, daß sämtliche Insassen des Rigaer Gettos »liquidiert« worden waren; bei der Hauptaktion im Oktober 1941 hatte man rund 27000 Menschen ermordet, die wenigen Überlebenden waren 1943 umgebracht worden. Aber gerade diese Umstände machten einen Nachweis im Einzelfall unmöglich. Die Witwe konnte keine Zeugen beibringen, auch keinen Totenschein, denn die sonst so bürokratischen Mörder hatten es versäumt, ihre Opfer standesamtlich zu »erfassen«.

Ansonsten hatten sie nahezu alles »erfaßt«, auch die Anzahl der »vernichteten« Menschen, mit der die Einsatzkommando-Chefs in ihren »Erfolgsmeldungen« zu prahlen pflegten, selbst die Menge der »angefallenen« Brillen, Zahnprothesen, Koffer, Wäschestücke, Schuhe oder auch Babykleidung. Nur für die Namen ihrer Opfer hatten sich die Mörder nicht interessiert.

Der ehemalige Polizeipräsident von Riga, SS-Oberführer Walther Schröder, der in Lübeck sein »Ruhegeld« bezog, hätte bezeugen können, wie ordentlich die »Erfassung« der »angefallenen« Gegenstände, zumal der Wertsachen, vorgenommen worden war. Ein weiterer, sehr kompetenter Zeuge hierfür wäre auch der frühere Regierungsdirektor und Leiter der Finanzabteilung des »Reichskommissariats für das Ostland«, Dr. Karl-Friedrich Vialon, gewesen. Denn Dr. Vialon hatte mit Akribie alle »durch die Polizei beschlagnahmten jüdischen Vermögenswerte« registriert und verwaltet — selbst die den Leichen herausgebrochenen Goldzähne und die abgeschnittenen Haare. Dr. Vialon bezog aber kein »Ruhegeld«; er stand wieder im aktiven Staatsdienst, und zwar im Bonner Bundeskanzleramt, wo er, zuletzt als Ministerialdirektor, Adenauers geschätzter Berater in Finanzfragen — also auch in Fragen der Entschädigung der Opfer der Nazi-Gewaltherrschaft — war. Später wurde er noch Staatssekretär im Bundesministerium für wirtschaftliche Zusammenarbeit, wo er erst 1966 ausschied.

Als Staatssekretär Dr. Vialon im Alter von erst 61 Jahren in Pension gehen mußte und sich fortan nur noch seiner Saarbrückener Honorarprofessur widmen konnte, weil ein neuer Bundesminister für wirtschaftliche Zusammenarbeit, Hans Jürgen Wischnewski, den einstigen Buchhalter des Massenmords im »Ostland« nicht übernehmen wollte, war die Witwe des 1941 in Riga »liquidierten« Regierungsrats bereits verstorben, ohne daß sie die ihr zustehende Rente und deren Nachzahlung für zweieinhalb Jahrzehnte noch erhalten hätte. Die ihr 1955 zugesicherte »sehr sorgfältige Überprüfung« ihres Falls hatte zu lange gedauert, aber immerhin war so der Staatskasse eine beträchtliche Ausgabe erspart geblieben.

Sorgfältiges Hinausschieben der Bearbeitung, möglichst bis zur »biologischen Erledigung« der Entschädigungsfälle, gehörte zu den ungeschriebenen Prinzipien der bundesrepublikanischen Wiedergutmachung. Ende 1954 hatte man errechnet, daß bis 1962 rund siebenhunderttausend Fälle zu bearbeiten sein würden. Von den Antragstellern waren etwa achtzig Prozent schon damals älter als sechzig Jahre, und zwar etwa 33 Prozent zwischen 65 und 75, etwa sieben Prozent über 75 Jahre alt. Von den rund hundertvierzigtausend aus Deutschland in die USA geflüchteten Juden waren bis 1954 bereits mehr als die Hälfte verstorben. Eine Statistik ergab, daß es durchschnittlich vier Jahre dauerte, bis einem Antragsteller auch nur eine Teilentschädigung zuerkannt werden konnte. Das Entschädigungsamt Berlin rechnete mit einer Abwicklungszeit von zehn bis fünfzehn Jahren, aber tatsächlich konnte man sich schon 1954 ausrechnen, daß die Erledigung dieser leidigen Materie erst Ende der siebziger Jahre im großen und ganzen abgeschlossen sein würde.

»Die noch lebenden Verfolgten erleben also die Wiedergutmachung nicht mehr«, stellte Helmut Hammerschmidt dazu in seinem Rundfunkkommentar vom 9. November 1954, dem 16. Jahrestag der »Reichskristallnacht«, mit Empörung fest. »Und was geschieht mit den Witwen und Waisen, mit den Hinterbliebenen, mit den Erbberechtigten, mit denen, die ihren Beruf verloren? Vollwaisen erhalten 100 DM monatlich ... Wenn sie jedoch mehr als 75 DM im Monat verdienen, entfällt diese Rente.

Es gibt keinen materiellen Schadensersatzanspruch deutschen Rechts, der nicht erblich ist, selbst wenn er zu spät bezahlt wird. Nach dem Bundesentschädigungsgesetz wird jedoch dieser Erbanspruch praktisch aufgehoben. Es war ja auch nicht ganz leicht, den Mahnungen des Gläubigers so lange zu widerstehen, und starb er dann endlich, bevor man nachgab, so kann es doch nicht ganz umsonst gewesen sein!«

Hammerschmidts bittere Ironie, damals an die Adresse seiner Parteifreunde von der CDU/CSU und deren Vorsitzenden, Bundeskanzler Konrad Adenauer, gerichtet, vermochte schon diejenigen nicht zu trösten, die als anerkannte Opfer des »Rassen«wahns zumindest den Anspruch auf Entschädigung hatten. Was aber sollten diejenigen sagen, denen man, obwohl sie genauso und teilweise noch schwerer gelitten hatten, sogar die Anerkennung — und damit jeglichen Anspruch — mit Begründungen verweigerte, die fast identisch waren mit denen jener »Schutzhaftbefehle« und Terrorurteile der Nazis.

So wurde beispielsweise der Witwe eines vom »Volksgerichtshof« zum Tode verurteilten und hingerichteten Arbeiters die ihr zunächst bewilligte Rente wieder aberkannt mit der Begründung, ihr Mann habe Geld zur Unterstützung der Witwe des im KZ ermordeten Kommunistenführers Ernst Thälmann gesammelt und — damit einer Gewaltherrschaft Vorschub geleistet ...!

Doch dies war beileibe kein Einzelfall. Der Paragraph 6, Absatz 1, Ziffer 2 des Bundesentschädigungsgesetzes bestimmte, daß von der Entschädigung ausgeschlossen war, wer nach dem 23. Mai 1949 die freiheitlich-demokratische Grundordnung bekämpft hatte. Wenn dieser Ausschlußgrund vorlag, konnten auch früher gewährte Leistungen zurückgefordert werden. In der Praxis bedeutete dies, daß bei Kommunisten die Zahlung der Entschädigung von ihrem politischen Wohlverhalten abhängig gemacht wurde.

»Die Behörden machten gegenüber Kommunisten« — die dem Nazismus von Anfang an den aktivsten Widerstand geleistet und von allen politischen Gegnern am brutalsten verfolgt worden waren — »in großem Umfang vom Paragraphen 6 des Bundesentschädigungsgesetzes Gebrauch«, heißt es dazu in Alexander v. Brünnecks Untersuchung *Politische Justiz gegen Kommunisten in der Bundesrepublik Deutschland 1949—1968.* »Bei Verurteilungen aufgrund politischer Delikte war der Entzug und die Rückforderung bisher erhaltener Entschädigungsleistungen die Regel. Die Rente wurde oft schon gestrichen, wenn es nur zu einem Ermittlungsverfahren gekommen oder wenn nur die Mitgliedschaft in der KPD oder einer kommunistischen Bündnisorganisation festgestellt worden war ... Nach 1956 entzogen die Behörden Renten auch aufgrund politischer Betätigung für die KPD *vor* dem Verbot«, das nach dreijähriger Vorbereitung und achtzehnmonatiger Prozeßdauer am 17. August 1956 vom Bundesverfassungsgericht ausgesprochen wurde.

Der Ausschluß von der Wiedergutmachung, heißt es bei v. Brünneck weiter, wurde »von den Betroffenen ... als Ausdruck der Mißachtung ihres Widerstands gegen den Faschismus verstanden. Der Aberkennung der Rente für die Opfer des Nationalsozialismus stand ja gegenüber, daß viele aus der nationalsozialistischen Zeit schwer belastete Personen weiterhin Staatspensionen empfingen, die in der Regel erheblich höher waren als die Verfolgtenrenten. Da viele der Betroffenen aufgrund der gesundheitlichen Schäden auf die Rente angewiesen waren, stürzte sie der Entzug oder die Rückforderung von Leistungen in materielle Not. Die Aberkennung widersprach überdies dem Sinn der Wiedergutmachung. Denn die Entschädigung wurde als Ausgleich für früher erlittenes Unrecht gezahlt, das nicht mit den Maßstäben späterer politischer Loyalität zu messen ist.« Doch genau dies taten die bundesdeutschen Behörden, und sie erweckten damit zumindest den Eindruck, als wollten sie noch nachträglich den Nazis bestätigen, daß sie die Kommunisten durchaus zu Recht eingesperrt und umgebracht hatten.

Gelegentlich kam solcher Eindruck auch in bezug auf die Behandlung der Juden auf. So lehnte ein bundesdeutsches Gericht den Anspruch eines jüdischen Verfolgten auf Körperschadensrente mit der Begründung ab, die fettarme Kost im KZ sei seiner Gesundheit nur förderlich gewesen, da er doch ein schweres Gallenleiden hatte.

Die bundesdeutsche Öffentlichkeit nahm von alledem so gut wie keine Notiz. Was die Behandlung der Kommunisten betraf, so fand die große Mehrheit der Bevölkerung daran nichts Anstößiges, weil sie den propagierten und längst zur Staatsdoktrin erhobenen, völlig undifferenzierten Antikommunismus entweder guthieß oder nicht zu kritisieren wagte. Es war genauso wie im »Dritten Reich« hinsichtlich der Juden und dem damals ebenfalls zur Staatsdoktrin erhobenen Antisemitismus.

Nur in seltenen, besonderes Mitleid erregenden Einzelfällen regte sich hie und da Kritik, etwa im Fall des aufrechten Hitlergegners Ernst Niekisch, der 1937 verhaftet und 1939 vom »Volksgerichtshof« zu lebenslangem Zuchthaus verurteilt worden war. 1945 hatte die Rote Armee den schwerkranken, fast erblindeten Widerstandskämpfer befreit, und Niekisch war zunächst in der sowjetischen Besatzungszone geblieben, wo er eine Professur erhalten hatte. 1955, nach politischen Differenzen mit der SED, der er beigetreten war und aus der er dann austrat, übersiedelte Niekisch aus der DDR nach West-Berlin, wo sich der fast Siebzigjährige vergeblich um Wiedergutmachung bemühte. Man hielt ihm von seiten der Behörden vor, daß er 1919 die Münchner Räterepublik unterstützt habe und in der DDR zeitweise Parteimitglied gewesen sei. Erst kurz vor seinem Tode im Mai 1967 wurde ihm, dank unermüdlicher Bemühungen guter Freunde, im Wege des Vergleichs eine magere Haftentschädigung zuteil.

Daß sich im Fall des erblindeten Ernst Niekisch, der zudem ein bedeutender politischer Schriftsteller war, das Gewissen einzelner Publizisten regte, ließ sich nicht verallgemeinern. Die breite Öffentlichkeit erfuhr von dem Skandal der »Wiedergutmachung« des von den Nazis begangenen Unrechts so gut wie nichts. Wenn sie überhaupt etwas davon vernahm, so nur im Zusammenhang mit etlichen großen Betrugsfällen, wo Schwindler sich unter Berufung auf »außenpolitische Interessen« Bonns einige Millionen Mark erschlichen hatten.

Denn es gab natürlich auch vereinzelt eine überaus rasch und großzügig funktionierende Erledigung von Wiedergutmachungsanträgen, nämlich dann, wenn es sich um bekannte, im Ausland berühmte und von Staranwälten vertretene Träger klangvoller Namen aus der Welt des Hochadels und des Großkapitals handelte; wenn sich die Ministerien von einer bevorzugten Behandlung des betreffenden Falls Prestigegewinn versprachen. Kein Wunder, daß sich einzelne Gauner dies zunutze zu machen verstanden!

Die überwältigende Mehrzahl der Anspruchsberechtigten aber waren Unbekannte ohne irgendwelchen Einfluß. Sie hatten weder die Kraft noch die Mittel, den jahrelangen zermürbenden Kampf mit der bundesdeutschen Wiedergutmachungsbürokratie durchzustehen, und fügten sich ins offenbar Unvermeidliche. Oder sie gehörten zu jenen Kategorien, die — wie die Kommunisten oder zunächst auch die Opfer des Nazi-Terrors in Ländern, die nun dem sowjetischen Einflußbereich zugerechnet wurden — von vornherein von jeder Entschädigung ausgeschlossen waren.

Eine weitere Gruppe, die von den Nazis ebenso grausam verfolgt und weitgehend ausgerottet worden war wie die Juden, nämlich die »Zigeuner« genannten deutschen Sinti, fand vor den Augen der Wiedergutmachungsbehörden auch nur selten Gnade. Man diskriminierte sie wie einst im »Dritten Reich«, ehe ihre Deportation in die Vernichtungslager begonnen hatte — was insofern nicht sehr erstaunlich war, als man die früheren »Fachleute« von der Zentralen Überwachungsstelle der Polizei samt deren alten Karteien als »131er« aus der Nazizeit in die junge Demokratie übernommen hatte.

Auch daran nahm die Öffentlichkeit keinen Anstoß, wie

sie überhaupt die ganze Wiedergutmachung als eine lästige Pflicht ansah, deren finanzielle Ausmaße sie gewaltig überschätzte. Um so verdienstvoller war es, daß der baden-württembergische Landesbeauftragte für Wiedergutmachung, Dr. Otto Küster, 1954 noch einmal klar und deutlich beschrieb, um was es dabei eigentlich ging, ehe er dann — wie Helmut Hammerschmidt es formulierte — »wegen seiner klaren Haltung einen Fußtritt der Ministerialbürokratie erhielt«.

»Es geht finanziell darum«, erklärte Küster, »in acht oder gar zehn Jahren die Summe von drei Milliarden Mark aufzubringen, eine Summe, die wir alle drei Monate für den Verteidigungsbeitrag aufzubringen haben. Oder: Der Jahresbetrag ist gleich den Kosten der Autobahnstrecke von Karlsruhe nach Lörrach.

Es geht juristisch darum, Amtspflichtverletzungen, welche höchste Reichsorgane zu vorsätzlichen Haupttätern und die Mord, Verstümmelung, Brandstiftung, Raub und Erpressung zum Gegenstand haben, so zu entschädigen, wie nach deutschem Amtshaftungsrecht jedes Opfer eines fahrlässig unterbliebenen Postauto-Signals mit Selbstverständlichkeit entschädigt wird. Aber der Bürger ahnt nicht, wie die Stirnfalten seiner Ministerialbeamten hochgehen, wenn eben nicht die Autobahn, sondern die Wiedergutmachung an Hinterbliebenen und Beraubten jährlich dreihundert Millionen Mark erfordert und wenn es Opfer ministeriellen Mordens sind und nicht solche des amtlichen Postverkehrs, die Schadensersatz begehren.

Was dem Überfahrenen recht ist, müsse dem Ermordeten billig sein? Wie das! denken sie. Wo kämen wir hin? Und eine Groteske, eine Ausgeburt nach der anderen heckt das beamtete Pflichtbewußtsein — sein Träger mag noch so unbelastet aus der Spruchkammer gekommen sein — mit dem posthumen Hitlergeist zusammen aus, um zu beweisen, daß das Selbstverständliche *nicht* geschehen könne.«

Soweit der — dann hinausgeworfene — Experte, der die bundesdeutsche Wiedergutmachung, diese laut Kanzlererklärung »ernste und heilige Pflicht«, in ihrer ganzen unüberbietbaren Schäbigkeit kennengelernt hatte.

Was weder Küster noch alle jene, die sich um die Staatsfinanzen sorgten, damals wissen konnten: Just zur selben Zeit, wo der Südwestfunk-Kommentator Hammerschmidt diese Fakten publik machte, wohl in der — leider irrigen — Annahme, daß sich danach etwas ändern würde, trat in Bonn ein Mann sein Amt an, der dann über weit größere Beträge, als sie der gesamte klägliche Versuch einer Wiedergutmachung in mehr als zwanzig Jahren erforderte, mit einem Federstrich verfügte.

Indessen waren die Resultate seiner Forschheit nicht minder kläglich.

9. Nun siegt mal schön!

Am 7. Juli 1956 verabschiedete der Bonner Bundestag mit 270 gegen 166 Stimmen ein Gesetz, mit dem die allgemeine Wehrpflicht eingeführt wurde. Peter Nellen (CDU) enthielt sich als einziger Abgeordneter der Regierungskoalition der Stimme, weil ihm die für Wehrdienstverweigerer getroffenen Regelungen als nicht ausreichend erschienen. Nellen hatte während des Zweiten Weltkriegs als Offizier des berüchtigten Strafbataillons 999 die massenhaften Erschießungen von Wehrpflichtigen miterlebt, die sich aus Gewissensgründen geweigert hatten, eine Waffe in Empfang zu nehmen.

Der SPD-Abgeordnete Schmidt (Hamburg), im Zweiten Weltkrieg Oberleutnant und Chef einer Flakbatterie, fiel durch seine Zwischenrufe auf, mit denen er die Rede des Bundeskanzlers mehrfach unterbrach. Adenauer hatte wieder das Gespenst eines sowjetischen Überfalls an die Wand gemalt und sich dann gegen seinen Vorredner Fritz Erler (SPD) gewandt: »Meine Damen und Herren, wie kann Herr Kollege Erler sagen: Die Argumente des Kalten Krieges gelten nicht mehr; der Kalte Krieg findet nicht statt? Fühlt er denn nicht, meine Damen und Herren, daß wir in einer der erregendsten Phasen des weiter andauernden Kalten Krieges sind? Und fühlt denn niemand, meine Damen und Herren, auf der Seite der Opposition, daß wenn in diesem Augenblick — die Bundesrepublik einfach mit den Händen in dem Schoß sich dahinsetzen würde, wir damit dem Kalten Krieg eine Wendung gegen uns geben würden, die geradezu verhängnisvoll sein würde?«

An dieser Stelle verzeichnet das Protokoll einen Zwischenruf des Abgeordneten Schmidt (Hamburg): »Der Singman Rhee von Bonn!« Er wurde aber deshalb nicht zur Ordnung gerufen; Bundestagspräsident D. Dr. Eugen Gerstenmaier (CDU) sah offenbar keine Beleidigung in dem Vergleich des Kanzlers mit dem damaligen Diktator von Südkorea, dessen Terrorregime von den USA gezwungen werden mußte, dem Waffenstillstand im Krieg gegen die Kommunisten zuzustimmen, und den die Amerikaner später als starrsinnigen Kalten Krieger und skrupellosen Wahlfälscher fallenließen.

Adenauer fuhr dann in seiner Rede fort: »Sie haben gefragt: Welche Parolen wollen Sie den jungen Leuten denn bieten, die Sie jetzt einziehen werden? — Nun, ich will Ihnen die Parolen sagen: Schutz unserer Freiheit und Schutz unserer Heimat und Schutz Europas vor dem vordrängenden Sowjetrußland, das Europa haben will!«

Laut Bundestagsprotokoll gab es an dieser Stelle »anhaltenden Beifall bei den Regierungsparteien« sowie einen weiteren Zwischenruf des Abgeordneten und späteren Bundeskanzlers Schmidt: »Das hat Goebbels auch gesagt!«, was wiederum ungerügt blieb, da es der historischen Wahrheit entsprach.

Ebenfalls richtig waren Fritz Erlers, von Adenauer so energisch zurückgewiesene Feststellungen: Der Kalte Krieg sei einem kräftigen Tauwetter gewichen. Washington habe sich entschlossen, entgegen dem Rat des Pentagons sein stehendes Heer drastisch zu verringern, und werde sich künftig auf die Abschreckungskraft seiner Atomwaffen verlassen. Auch in Moskau war beschlossen worden, die Rote Armee um zwei Millionen Soldaten zu reduzieren, und in London erwog man die Abschaffung der Allgemeinen Wehrpflicht. Paris schließlich, dessen NATO-Kontingente in Nordafrika gegen die aufständischen Algerier eingesetzt waren, drängte am stärksten darauf, daß sich die Großmächte endlich zu einer massiven Abrüstung bequemen sollten.

Nur in Bonn, schrieb *Der Spiegel* vom 4. Juli 1956, »hat man die Veränderungen der politischen und militärischen

Realitäten noch nicht zur Kenntnis genommen. Kanzler Konrad Adenauer klammert sich verbissen an den Nordatlantikpakt . . ., und die Bonner Generale verharren mit preußischem Gehorsam auf dem Plan, den sie vor fünf Jahren geschmiedet haben, der aber mittlerweile ziemlich altbacken geworden ist: 500 000 Soldaten mit Wehrpflicht . . .«

Was indessen weder die sozialdemokratische Opposition noch *Der Spiegel* damals erkannten, war die Tatsache, daß Konrad Adenauer, gerade weil das internationale politische Barometer Tauwetter anzeigte, den Eindruck erwecken mußte, als gehe der Ost-West-Konflikt erst seinem Höhepunkt entgegen und als stehe ein sowjetischer Angriff auf die Bundesrepublik unmittelbar bevor. Denn Adenauer war dringend darauf angewiesen, daß der Kalte Krieg andauerte; schließlich wollte er an der Macht bleiben und seine Politik der totalen Westintegration der Bundesrepublik erfolgreich fortsetzen. Mit der Aufstellung eines bundesdeutschen 500 000-Mann-Heeres und dessen Eingliederung in die NATO brauchte er sowjetische Wiedervereinigungs- und Neutralisierungsangebote nicht mehr zu fürchten. Die vollendete Remilitarisierung bedeutete die definitive Abkehr von der nationalen Einheit und die auf absehbare Zeit nicht mehr rückgängig zu machende Bindung der Bundesrepublik an den Westen, so wie Adenauer sie wünschte.

Im Jahr zuvor war der Bundeskanzler auf Einladung der Sowjetregierung in Moskau gewesen — zum ersten und letzten Mal in seinem Leben. Er hatte von der neuen Kremlführung die Versicherung erhalten, daß sie einen stabilen Frieden, besonders an der Westgrenze ihres Machtbereichs, dringend wünsche. Adenauer hatte sogar der Aufnahme diplomatischer Beziehungen zwischen Moskau und Bonn, auf die der Kreml großen Wert legte, nach einigem Zögern zugestimmt, und er hatte dafür von der sowjetischen Führung als Beweis ihres guten Willens die Rückführung aller noch in ihrer Gewalt befindlichen Kriegsgefangenen, Verschleppten und Kriegsverbrecher erwirkt. Der Kanzler wußte, daß die Sowjetunion den ernsthaften Wunsch hatte abzurüsten und daß die drastische Reduzierung der Roten Armee um zwei Millionen Soldaten nicht nur angekündigt, sondern damit auch schon begonnen worden war. Aber dies alles konnte ihn nicht dazu bewegen, von seinem Konfrontationskurs und der dazugehörigen Remilitarisierung abzugehen.

Immerhin war er listig genug, die wahren Gründe für diese starre Haltung zu verbergen und gänzlich andere vorzuschützen, nämlich seine angebliche Angst vor einem Atomkrieg, der — so behauptete er — um so wahrscheinlicher würde, wenn die Bundesrepublik nicht über eine starke konventionelle Armee verfügte. In seinen *Erinnerungen* hat er dies folgendermaßen dargestellt:

»Ich hielt eine Vermehrung der Atomwaffen, verbunden mit einer Reduzierung der herkömmlichen Waffen, für gefährlich ... Die Sowjetzone verfügte einschließlich ihrer Polizei über 250000 Mann unter Waffen. Jederzeit konnte an irgendeiner Stelle des Eisernen Vorhanges von ihrer Seite aus eine Art Bürgerkrieg angefangen werden. Die Bundesrepublik, die bisher keine nennenswerten Abwehrkräfte besaß, denn unser Grenzschutz fiel kaum ins Gewicht*, würde aufgerollt werden. Die Amerikaner würden bei einer Verwirklichung des« — eine Beschränkung auf nukleare Abschreckung vorsehenden, aber nie verwirklichten — »Radford-Planes das mit ansehen, ohne einschreiten zu können, denn ein Einschreiten würde einen atomaren Krieg bedeuten.«

Deshalb, so folgerte er, brauchte die Bundesrepublik starke eigene, konventionelle Streitkräfte und dazu die allgemeine Wehrpflicht. Er ging dabei von der (falschen) Voraussetzung aus, der Radford-Plan würde von den USA realisiert werden, und außerdem gehörte zu diesem Schein-Konzept, daß die Bundeswehr *keine* atomaren Waffen haben durfte. Aber gerade in diesem letzten Punkt gab es in Adenauers Regierungsmannschaft einen Minister, der auf das Gegenteil drängte, nämlich auf die Ausrüstung der neuaufzu-

* Der Bundesgrenzschutz, der aus rund 20000 Freiwilligen bestand, sollte nach den Vorstellungen des Bundesverteidigungsministeriums die Kader der im Entstehen begriffenen Bundeswehr stellen.

stellenden Bundeswehr mit modernsten nuklearen Waffensystemen.

Es war dies der zunächst als Sonderminister ohne Geschäftsbereich, dann als solcher für »Atomfragen« zuständige CSU-Abgeordnete Franz Josef Strauß, dem Adenauer wiederholt versichert hatte: »Solange ich Bundeskanzler bin, werden Sie, Herr Strauß, nicht Verteidigungsminister!«

Aber Strauß ließ sich davon nicht beirren; er blieb fest entschlossen, anstelle von Theodor Blank das Bundesverteidigungsministerium zu übernehmen. Dabei unterstützten ihn zwei enge Mitarbeiter Blanks, die seine Freunde waren, nämlich Achim Oster, der den Geheimdienst der Bundeswehr aufbaute, sowie der für die Abteilung Luftwaffe des Ministeriums zuständige General Josef Kammhuber, ein Bayer aus dem Landkreis Altötting, der keine Skrupel zu haben schien, am Sturz seines Chefs mitzuarbeiten.

Mit den genauen Details von jeder Panne, die im Ministerium des Theodor Blank zu verzeichnen war, konnte Strauß in der CDU/CSU-Bundestagsfraktion Stimmung gegen den ungeliebten Parteifreund machen, der bald merkte, daß jemand aus seiner nächsten Umgebung seinen Rivalen Franz Josef Strauß mit genauen Informationen versah. »Ich muß in Zukunft mal andere Worte gebrauchen«, äußerte Strauß damals einem *Spiegel*-Vertreter gegenüber, »sonst merkt Blank immer gleich, daß ich's vom Kammhuber habe.«

Auch öffentlich sprach sich Minister Strauß wiederholt gegen das »unmögliche Konzept des Herrn Blank« aus. In Zeitungsartikeln plädierte er für eine mit Raketen und Atomwaffenträgern ausgerüstete Bundeswehr. Seine Freunde setzten auch das Gerücht in Umlauf, »der arme Theo Blank« sei »ein todkranker Mann«, seiner schweren Aufgabe längst nicht mehr gewachsen und nur noch eine Belastung.

Nach diesen Vorbereitungen trat als nächster der CSU-Abgeordnete und Strauß-Intimus Dr. Friedrich Zimmermann auf den Plan. Er hatte die Nachfolge von Strauß als Generalsekretär der bayerischen CSU angetreten und war inzwischen auch stellvertretender Vorsitzender der Jungen

Union geworden, deren Bundeskongreß in Travemünde bevorstand. Zimmermann sorgte dafür, daß auf diesem Kongreß der CSU-Bundestagsabgeordnete Dr. Richard Jaeger, ein ehemaliger Klassenkamerad von Strauß und Vorsitzender des Verteidigungsausschusses, das Hauptreferat halten konnte.

Was Jaeger in Travemünde dann ausführte, veranlaßte die Junge Union, sofort eine Entschließung zu verabschieden, worin der Rücktritt Theodor Blanks noch vor Ablauf der Legislaturperiode gefordert wurde. Einer Pressemeldung zufolge sagte daraufhin Dr. Jaeger zu Dr. Zimmermann: »Daß meine Rede und dein Kongreß und diese Resolution bloßer Zufall sind, nimmt uns niemand ab.« Doch das war auch gar nicht mehr nötig. Es war inzwischen ein offenes Geheimnis, daß die bayerische CSU einträchtig auf den Sturz von Theodor Blank hinarbeitete — die einen, weil sie sich von Strauß als dessen Nachfolger mancherlei persönliche Vorteile erhofften, die anderen, weil sie den ehrgeizigen Landsmann fest in ein Bonner Ressort eingespannt sehen wollten, um in München Ruhe vor ihm zu haben. Zu den letzteren gehörte der damalige CSU-Vorsitzende Hanns Seidel, der vor der Presse in München erklärte: »Da Theodor Blank sich im Dienst für das Vaterland verzehrt hat, wird eine neue Kandidatur Blanks für das Verteidigungsministerium nach der nächsten Bundestagswahl (1957) von der CSU abgelehnt.«

Adenauer sträubte sich noch dagegen, Blank fallenzulassen. Im *Bulletin* der Bundesregierung ließ er veröffentlichen, daß er bei der Bundeswehr »eine Verlagerung des Schwergewichts zugunsten der Atomwaffen«, wie Strauß sie gerade gefordert hatte, »für verfehlt halte«. Auch ermahnte er Strauß, sich nicht in Überschreitung seiner Kompetenz öffentlich für eine atomare Bewaffnung der Bundeswehr einzusetzen. Im Gegenzug übermittelte Strauß dem Kanzler die Bitte des amerikanischen Luftwaffenministers Quarles um ein Gespräch mit Adenauer. Quarles wurde im Palais Schaumburg empfangen und riet dem verdutzten Kanzler, wie von ihm zuvor mit Strauß abgesprochen, zu einer Korrektur des bundesdeutschen Verteidigungskonzepts entsprechend den Vorschlägen des Atomministers Strauß.

Während dann gleichzeitig Straußens Freunde die umlaufenden Gerüchte, Theodor Blank sei schwerkrank, amtsmüde und tief enttäuscht von dem geringen Rückhalt, den er bei Adenauer habe, noch kräftig vermehrten, holte Strauß zum entscheidenden Schlag aus: Über Herbert Blankenhorn, Adenauers NATO-Botschafter in Paris, ließ er dem Kanzler die Nachricht zuspielen, bei den Verbündeten beginne man an der Vertragstreue Bonns zu zweifeln, weil Verteidigungsminister Blank einesteils mit der zugesagten Aufrüstung stark im Rückstand sei, andernteils nichts zu unternehmen scheine, diesen Mangel zu beheben.

Damit war Theodor Blanks politisches Schicksal besiegelt. Das Vertrauen der Westmächte und die über jeden Zweifel erhabene Bündnistreue Bonns waren in Adenauers Konzept der Westintegration die tragenden Pfeiler.

Hinzu kam, daß eine Kabinettsreform überfällig war: Die Freien Demokraten, deren Düsseldorfer Landtagsfraktion im Bunde mit den Sozialdemokraten den zum linken CDU-Flügel gerechneten nordrhein-westfälischen Ministerpräsidenten Karl Arnold gestürzt hatten, waren inzwischen auch in Bonn zur Opposition übergegangen, ebenso der BHE. Die Bundesminister beider Parteien aber hatten, nun ohne Anhang im Parlament, ihre Sitze im Bundeskabinett behalten. Die Union, insbesondere aber die bayerische CSU, wollte es nicht länger dulden, daß eine Gruppe, die im Bundestag in Opposition zur Regierung stand, in Konrad Adenauers Kabinett fünf Bundesminister und außerdem auch noch den Vizekanzler stellte.

Also blieb dem Kanzler nichts anderes übrig, als eine Kabinettsumbildung vorzunehmen. Diese kostete dann nicht nur den FDP- und BHE-Ministern ihre Posten, sondern führte auch dazu, daß der von der Fraktion der CDU/CSU nicht mehr gestützte Theodor Blank das Verteidigungsministerium abgeben mußte. Die neue Regierungsmannschaft wurde von Adenauer am 16. Oktober 1956 der Öffentlichkeit vorgestellt; Bundesminister der Verteidigung war nunmehr Franz Josef Strauß.

In Konrad Adenauers *Erinnerungen* liest sich dieser Vorgang so: »Unser Verteidigungsbeitrag war im Verhältnis zu demjenigen anderer Staaten, wie beispielsweise Griechenlands, kaum angemesen. Es war für ein Volk wie das unsere, das doch — ich übertreibe nicht — auf den guten Willen seiner Freunde vollkommen angewiesen war, geradezu ein Irrsinn, sich so zu verhalten. Wie sollten wir damit durchkommen? Ich war dessen nicht sicher. Theodor Blank verzehrte sich bei dem Bemühen um die Bewältigung der ihm gestellten Aufgaben. Im Oktober 1956 sah ich mich gezwungen, ihn mit anderen Aufgaben zu betrauen und an seine Stelle den robusteren Franz Josef Strauß zu berufen. Ich hoffte, daß es Strauß gelingen würde, durch die Mauer des Widerstandes, die wir im Parlament und auch in der Öffentlichkeit zu überwinden hatten, durchzustoßen.«

»Mit der Ernennung zum Verteidigungsminister habe ich die Befehls- und Kommandogewalt über die Bundeswehr übernommen«, teilte Strauß kurz nach seinem Einzug in die Ermekeilkaserne, dem damaligen Sitz des Bundesverteidigungsministeriums, der Truppe in einem Tagesbefehl mit. »Tut alles, was in Euren Kräften steht, um der Bundeswehr Achtung und Vertrauen bei unserem Volk und im Ausland zu verschaffen. Vermeidet peinlich und sorgfältig jedes Wort und jede Handlung, die diesem Ziel schaden könnten.

Ich habe volles Vertrauen zu Euch, daß Ihr diese Aufgabe meistern werdet. Als Euer Oberster Vorgesetzter verlange ich Vertrauen und Zivilcourage von Euch und sichere Euch jede Unterstützung in der Durchführung der Euch übertragenen Pflichten zu.

Wir sind uns gemeinsam unserer Sache bewußt, weil sich unsere Arbeit auf den Grundlagen von Sitte und Recht vollzieht.«

Schon wenige Tage zuvor hatte Minister Strauß auf einer Pressekonferenz sein Konzept entwickelt. Der Kernsatz seiner Erklärung lautete: »Der Aufbau der Bundeswehr, das

Tempo der Truppenaufstellung, die Bewaffnung, die Ausrüstung und Unterbringung dürfen nur nach dem Grundsatz ›Qualität vor Quantität‹ vollzogen werden.«

Tagesbefehl und Presseerklärung des mit 41 Jahren jüngsten jemals für die Streitkräfte zuständigen Ministers der deutschen Militärgeschichte weckten in der Öffentlichkeit die Hoffnung, daß der energische Strauß seine Sache gut machen und sich an »Sitte und Recht« halten werde. Auch die Militärs und Beamten im Verteidigungsministerium setzten zunächst großes Vertrauen in den neuen Chef. Aber schon nach wenigen Tagen mußten sie feststellen, daß Minister Strauß — im Gegensatz zu dem integren Theodor Blank — seltsame Vorstellungen von korrekter Amtsführung hatte, vor allem in jenem Bereich, wo es um gewaltige Summen ging, nämlich bei der Beschaffung von Waffen, Munition, Gerät und sonstiger Bundeswehrausstattung. Auch bei den Lieferanten sprach sich dies schnell herum, wobei dieselben Vorgänge, die bei den Offizieren und Ministerialbeamten Enttäuschung und bald auch Empörung hervorriefen, bei der Rüstungsindustrie und ihrer Lobby freudige Erwartungen weckten.

So hatten sich beispielsweise die italienischen *Simmel*-Werke im Frühjahr und Sommer 1956 monatelang vergeblich darum bemüht, mit dem Bonner Verteidigungsministerium wegen Granatenlieferungen ins Geschäft zu kommen. Kaum war Franz Josef Strauß im Oktober zum neuen Minister ernannt worden, konnte der *Simmel*-Generaldirektor Viola neue Hoffnung schöpfen, denn er begegnete dem Rechtsanwalt Dr. Peter Deeg aus Bad Kissingen, einem engen Vertrauten und Duzfreund des Ministers Strauß, der sich erbot, den *Simmel*-Werken den ersehnten Auftrag im Handumdrehen zu verschaffen.

Angemerkt sei, daß dieser Dr. Deeg in den Jahren der Naziherrschaft ein enger Freund und Mitarbeiter des berüchtigten — später in Nürnberg als Hauptkriegsverbrecher hingerichteten — NSDAP-Gauleiters von Franken, Julius Streicher, gewesen war. Streicher, Herausgeber des auf wüsteste

Judenhetze spezialisierten Wochenblatts *Der Stürmer,* beschäftigte damals seinen Intimus Dr. Deeg als Verfasser antisemitischer Hetzschriften, die im Stürmer-Verlag erschienen. Doch dann wurde Dr. Deeg wegen betrügerischer Manipulation zum Nachteil des *Stürmer*-Verlags mit Gefängnis bestraft; seine Bewerbung um Aufnahme in die NSDAP scheiterte an seiner »charakterlichen Unzuverlässigkeit«, wie es in der Begründung hieß. Wegen seiner Vorstrafe lehnte damals auch die Anwaltskammer Dr. Deegs Aufnahme ab. Erst nach 1945, nachdem Deeg der bayerischen CSU beigetreten war und sich dem Kreis der jungen Leute um den Parteivorsitzenden Dr. Josef Müller, den »Ochsensepp«, angeschlossen und dort Franz Josef Strauß, Dr. Otto Lenz, Dr. Friedrich Zimmermann, Achim Oster und einige weitere »Ochsensepp«-Schüler zu Freunden gewonnen hatte, wurde er als Rechtsanwalt zugelassen. In den folgenden Jahren war Dr. Deeg wiederholt in die Schlagzeilen geraten, einmal wegen seiner Verwicklung in die Bad Kissinger Spielbank-Affäre, ein andermal durch ein Grundstücksgeschäft mit dem Bund, bei dem er das Dreifache dessen fordern und erhalten konnte, was er selbst kurze Zeit zuvor für das Terrain bezahlt hatte.

Im Fall der Vermittlung des Lieferauftrags der Bundeswehr an die italienischen Granatenhersteller war Dr. Deeg binnen weniger Tage erfolgreich. Er berief sich dabei gegenüber dem Koblenzer Bundeswehrbeschaffungsamt auf seine enge Freundschaft mit dem neuen Minister. Als ihm dennoch der Auftrag nicht sofort erteilt wurde, drohte er den Koblenzer Beamten mit Beschwerde »an höchster Stelle«. Tatsächlich intervenierte binnen kürzester Frist das Ministerium, vertreten durch Oberst Becker, und dieser setzte die Auftragserteilung auch durch. Dr. Deeg verdiente — undementierten Presseberichten zufolge — an diesem Millionengeschäft, das am 26. November 1956, rund fünf Wochen nach dem Amtsantritt von Minister Strauß, zustande kam, 80 000 DM. Eine spätere parlamentarische Anfrage, »private Vermittlungsagenten« und deren Provision bei einem Auftrag auf Lieferung von Granaten aus Italien betreffend, beantwortete der Bundesminister der Verteidigung Franz Josef Strauß dahingehend, daß es »der Bundesregierung nicht bekannt« sei, ob italienische Firmen erhebliche Summen an deutsche Vermittler bezahlt hätten.

Das Koblenzer Beschaffungsamt, das zur Zeit des von Dr. Deeg vermittelten Auftrags noch von dem aus der Ära Blank stammenden Ministerialdirektor Dr. Rentrop geleitet wurde, war bald überlaufen von Spezis des neuen Ministers, die alle zur Krippe drängten. Dr. Rentrop äußerte sich später gegenüber dem *Spiegel*: »Herr Strauß ist gut beraten, wenn er verhindert, daß ich je unter Eid über meine Koblenzer Erfahrungen aussagen muß.«

Oberst Herbert Becker, der für Dr. Deeg in Koblenz interveniert hatte und von Anfang an die »Betreuung« alter Freunde des Ministers Strauß übernahm, rückte später zum Chef einer eigens für ihn im Verteidigungsministerium geschaffenen Unterabteilung Beschaffung in der Abteilung Wehrwirtschaft auf. Er erhielt damit die Planstelle eines Generals und wurde dann auch von Minister Strauß, entgegen dem ausdrücklichen Verbot des Parlaments, zum General befördert. Dazu ist anzumerken, daß der 1955 vom Bundestag eingesetzte Personalgutachterausschuß den ehemaligen Feuerwerker Becker nur unter der Bedingung für die Offizierslaufbahn zugelassen hatte, daß er höchstens Oberst werden dürfe und auf sein Spezialgebiet — amerikanische Materiallieferungen — beschränkt bleiben müsse. Becker verstand es indessen, sich Minister Strauß auch auf ganz anderen Gebieten unentbehrlich zu machen, und übernahm später unter anderem die Rolle eines »Führungsoffiziers« für den als »Onkel Aloys« bekanntgewordenen Rüstungskaufmann Dr. Aloys Brandenstein, einen alten Freund der Familie von Frau Strauß, der, kaum daß sein Nenn-Neffe Verteidigungsminister geworden war, binnen weniger Monate vom völlig mittellosen Schnorrer zum multimillionenschweren Generalbevollmächtigten eines Rüstungskonzerns avancieren konnte.

Nach Bekanntwerden der »Onkel Aloys«-Affäre, Ende der fünfziger Jahre, zog sich der saturierte Dr. Brandenstein auf seinen Landsitz in der Schweiz zurück und blieb für alle bundesdeutschen Gerichte unerreichbar, zudem vernehmungsunfähig. Brigadegeneral Becker wurde zur Militärmission in Portugal versetzt. Die Staatsanwaltschaft ermittelte dann gegen den General, denn er sollte die — streng geheimen — Bedarfszahlen der Bundeswehr an Dr. Brandenstein verraten haben. Die Ermittlungen wurden später mit dem Vermerk eingestellt, die Beweise reichten nicht aus; Verdacht bestehe aber nach wie vor.

Der neue Bundesverteidigungsminister sorgte indessen nicht nur für seine eigenen zahlreichen Freunde; er nahm sich auch sehr energisch jenes größten Beschaffungsprojekts an, das ihm aus der Ära Theodor Blanks hinterlassen worden war und um das sich nun für die Lieferfirma der Rechtsanwalt und Staatssekretär a. D. Dr. Otto Lenz eifrig bemühte, wobei angemerkt sei, daß ja auch der CDU-Bundestagsabgeordnete Dr. Lenz, unter anderem Mitglied des Verteidigungsausschusses, zu den alten Freunden des Ministers Strauß aus dem Kreis um den »Ochsensepp« zählte.

Bereits am 6. Februar 1957, wenig mehr als ein Vierteljahr nach seinem Amtsantritt, gab der Verteidigungsminister den Schützenpanzer HS 30 bei der Firma *Hispano Suiza* endgültig in Auftrag. Weitere Verträge wurden im Laufe des Frühjahrs perfekt, und am 3. August 1957 war das umfangreiche Vertragswerk abgeschlossen. Strauß hatte nun 10680 Schützenpanzer fest bestellt und 205 Millionen DM Vorschuß an *Hispano Suiza* auszahlen lassen. Übrigens gab es zu dieser Zeit noch immer keinen einzigen Prototyp des HS 30, erst recht keine »Null-Serie«, ganz zu schweigen von irgendwelchen Erprobungsergebnissen. Später stellte der Bundesrechnungshof dazu fest, »daß die Beschaffung in einer Weise betrieben wurde, die mit den Grundsätzen der Wirtschaftlichkeit nicht in Einklang steht... Insgesamt ist festzustellen, daß die Grundlagen für das Programm von 2,5 Milliarden DM nicht mit der gebotenen Gründlichkeit erarbeitet worden sind. Dieser Mangel ist auch nicht mit dem Hinweis auf die angeblich unabdingbare militärische Forderung zur schnellsten Aufstellung der Bundeswehr zu rechtfertigen. Gerade wenn solche Forderungen erhoben werden, ist es erforderlich, die militärischen, technischen, finanziellen und wirtschaftlichen Voraussetzungen besonders eingehend zu prüfen, damit übereilte Maßnahmen vermieden werden, die letzten Endes zu kostspieligen Verzögerungen führen und die Abwehrbereitschaft der Bundeswehr beeinträchtigen. Dies ist versäumt worden.«

Soweit der Bundesrechnungshof. Welche besonderen Umstände zu der übereilten Vergabe des Schützenpanzerauftrags geführt haben mögen, wird sich aus mancherlei Gründen kaum noch genau feststellen lassen. Immerhin gibt es einige Dokumente, aus denen man Rückschlüsse ziehen kann, was damals, 1957/58, tatsächlich vor sich gegangen ist.

Eines dieser Dokumente ist die Bundestagsdrucksache V/1135, die folgende Vorgeschichte hat: Im November 1966, nachdem durch Veröffentlichungen der Zeitschrift *deutsches panorama* die HS-30-Affäre neue Aktualität erlangt hatte, wurde der konservative Politiker Gottfried Treviranus, in der Weimarer Republik Reichsminister in den beiden letzten Kabinetten des Reichskanzlers Heinrich Brüning (Zentrum), nach Bonn gebeten und auf Veranlassung der Staatsanwaltschaft auch richterlich unter Eid vernommen. Er sagte aus, er habe 1958 den Verteidigungsminister Strauß aufgesucht und ihn auf massive Bestechungen in Zusammenhang mit der Vergabe des Schützenpanzers HS 30 aufmerksam gemacht, auch damals dem Minister Strauß eine Liste der bestochenen Beamten und sonstigen Personen übergeben. Die Summe der von *Hispano Suiza* gezahlten Bestechungsgelder bezifferte Treviranus mit 18 Millionen DM; allein Dr. Otto Lenz habe mehr als 3 Millionen DM erhalten. Daraufhin richtete die Bundestagsfraktion der SPD an die Bundesregierung eine Anfrage, in der sie Auskunft über den von Treviranus geschilderten Vorgang verlangte.

In der Antwort der Bundesregierung heißt es:

»Im Herbst 1958 besuchte Reichsminister a. D. Treviranus das Bundesministerium der Verteidigung ..., ausweislich der Besucherliste besuchte er am 28. Oktober 1958 Minister Strauß ... Im Gespräch mit Minister Strauß behauptete Reichsminister a. D. Treviranus, der britische Nachrichtendienst sei im Besitz einer Liste von Personen, die in Zusammenhang mit der Beschaffung des HS 30 — wohl für die Partei — Geld erhalten hätten ... Minister Strauß hat daraufhin Bundeskanzler Adenauer von dem Inhalt seines Gesprächs mit Reichsminister a. D. Treviranus unterrichtet ... Bundeskanzler Adenauer hat eine Überprüfung zugesagt und Minister Strauß einige Zeit später die Mitteilung zukommen lassen, die CDU habe nach dem Ergebnis ihrer Überprüfung weder unmittelbar noch mittelbar von der Firma *Hispano Suiza* Geld erhalten ... Minister Strauß hat weder 1958 noch später eine Liste der angeblichen Zahlungsempfänger erhalten ...«

Dieser kühnen Darstellung — die beschuldigte CDU hat sich selbst überprüft und nichts an sich zu beanstanden gehabt! —, die namens der Bundesregierung dem Parlament gegeben wurde, stand indessen nicht allein die beeidete Aussage des unbeteiligten Treviranus gegenüber, sondern auch die des Staatssekretärs im Bundesverteidigungsministerium, Karl Gumbel, seinerzeit Ministerialdirektor unter Strauß. Darüber hatte *Die Welt* am 29. Oktober 1966 aus Bonn gemeldet:

»Vorher hatte Gumbel eingestanden, daß der ehemalige Reichsminister Treviranus im Verteidigungsministerium eine Liste überreicht hat, die die Namen von Personen enthielt, die von der Schweizer Firma Bestechungsgelder angenommen haben sollen.« Ergänzend sei erwähnt, daß schriftliche Warnungen des damaligen Botschafters der Bundesrepublik in Bern, Dr. Friedrich Holzapfel (CDU), an Minister Strauß, welche die sich zum Skandal ausweitenden Praktiken der *Hispano Suiza*-Repräsentanten und die Beziehungen des Generalbevollmächtigten Conrado José Kraémer zu östlichen

Geheimdiensten betrafen, unbeachtet blieben; sie wurden später von Minister Strauß teils bestritten, teils verharmlost. Auch Warnungen und ein »freundschaftliches Hilfsangebot« von amtlicher schweizerischer Seite, Strauß persönlich überbracht von Oberstleutnant Schaufelberger, wurden später von Strauß bestritten und, soweit unbestreitbar, bewußt irreführend dargestellt. Kurz, Strauß konnte oder wollte sich nicht mehr erinnern, schon 1958 von verschiedenen Seiten darauf aufmerksam gemacht worden zu sein, daß sein erster und für lange Zeit größter Rüstungsauftrag auf unreelle Weise zustande gekommen war.

Daß es sich dabei um mehr als bloße Gerüchte und Vermutungen gehandelt hat, ergab sich später aus einem weiteren Dokument. Gestützt auf ihr Gedächtnis und auf Tagebuchaufzeichnungen gab im Oktober 1966 eine Dame, die mit Staatssekretär a. D. Otto Lenz befreundet gewesen war, folgende eidesstattliche Erklärung ab:

»Ich, Frau Maria Clerc, geboren am 14. Juli 1917 in Bonn, erkläre hiermit an Eides statt: Ich erinnere mich genau, daß der verstorbene Staatssekretär im Bundeskanzleramt, Dr. Otto Lenz, mir Anfang März 1955 während eines gemeinsamen Skiurlaubs in Kitzbühel folgendes erzählt hat: Dr. Lenz erlitt am 5. März in Kitzbühel einen schweren Skiunfall ... und mußte anschließend fast sieben Wochen lang im Krankenhaus liegen. Dieser Unfall war für ihn ein schwerer Schock, unter dessen Eindruck er dem Sinne nach zu mir sagte: So schnell kann man aus dem Leben gerissen werden. Wenn ich jetzt die Möglichkeit habe, eine große Summe für mich abzuzweigen, dann werde ich das bestimmt tun. Diese Gelegenheit wird sich im Zusammenhang mit der Wiederbewaffnung ergeben können, denn dabei wird es sich um große Beträge handeln. Sie wird Milliarden kosten.

In den folgenden Monaten habe ich Herrn Dr. Otto Lenz häufiger auf Reisen nach Paris und Genf begleitet. Dort traf Herr Dr. Lenz u. a. in Genf Herrn Kraémer von der *Hispano Suiza* ... Auch während dieser Zeit hat sich Herr Dr. Lenz mehrfach in dem oben erwähnten Sinn geäußert.

1955 und 1956 war Herr Dr. Lenz auch mindestens dreimal in Spanien. Einmal war ich mit dabei. Dort fuhren wir nach Santander auf ein Schloß, das einem spanischen Bankier gehörte. Bei dieser Zusammenkunft war auch ein spanischer Erzbischof anwesend. Nachdem Dr. Lenz seine Gespräche mit diesen Herren geführt hatte, sagte er in etwa zu mir: Jetzt klappt es. Jetzt habe ich das richtige große Geschäft an der Hand. Bei dieser Gelegenheit deutete er mir gegenüber zum erstenmal an, worum es sich handelte, nämlich um Panzer, auf die die neue deutsche Armee in erster Linie angewiesen sei.

Einige Zeit später, in Deutschland, fragte ich Dr. Lenz dann, wie es denn nun mit den Panzern stünde. Er antwortete, es sei alles prima und in Ordnung. Ich fragte ihn weiter, ob er denn schon einen gesehen habe. Er . . . lachte: ›Nein, gesehen habe ich noch keinen, nur einen aus Holz.‹

Wieder einige Zeit später hatte Dr. Lenz in seinem Bonner Büro, An der Evangelischen Kirche 5, eine Besprechung mit einem Herrn, dessen Namen ich nicht weiß . . . Die Besprechung dauerte etwa eine halbe Stunde. Als Dr. Lenz wieder herauskam, hatte er zwei Schecks in der Hand und wedelte damit. Er sagte mir: ›Das ist nun das große Geschäft. Es hat geklappt. Dieser eine Scheck ist für den nächsten Wahlkampf der CDU, und der hier ist für mich.‹

Acht Tage später schenkte Dr. Lenz mir eine Brosche mit Brillanten und Saphiren, die ich mir in einem Juweliergeschäft in der Brienner Straße in München ausgesucht hatte. Wert etwa 10000 DM. Bei der Übergabe dieses Geschenks sagte Dr. Lenz, dies sei nun die angenehme Folgeerscheinung dieses großen Geschäfts für mich, und wenn ich wollte, würde er mir nun auch ein Haus kaufen. Wann dies alles sich genau abgespielt hat, erinnere ich mich nicht mehr genau. Es muß aber Ende 1956/Anfang 1957 gewesen sein. Herr Dr. Lenz war zu dieser Zeit CDU-Bundestagsabgeordneter, zugleich aber der eigentliche Propaganda-Leiter der Bundesregierung und der CDU . . .«

Frau Maria Clerc, damals in Bonn unter dem Namen »Effie v. Horn« bekannt, gehörte zu den wenigen Deutschen, für die der HS-30-Kauf eine »angenehme Folgeerscheinung« hatte; für den Käufer selbst, die Bundeswehr, waren die Folgen sehr traurig, erst recht für diejenigen, die die Milliarden aufzubringen hatten, nämlich die bundesdeutschen Steuerzahler.

Was ursprünglich so überaus eilig gewesen war, daß jegliche Vorprüfung oder gar Erprobung unterbleiben mußte, das dauerte dann — von der Bewilligung der Mittel bis zur schließlichen Auslieferung — volle sechs Jahre. Dabei verringerte sich die Auftragsmenge drastisch — von über 10000 Schützenpanzern, die ursprünglich bestellt worden waren, auf zunächst nur noch 6000 und am Ende auf wenig mehr als 2000. Die Hälfte davon baute eine britische Firma, den Rest bundesdeutsche Lizenznehmer, *Hispano Suiza* keinen einzigen; der Konzern des Don Conrado José Kraémer beschränkte sich im wesentlichen aufs Kassieren sowie auf die Lieferung weitgehend unbrauchbarer Pläne, deren Ausführung Pannen über Pannen und hohe zusätzliche Kosten verursachte. *Hispano Suiza* scheute sich dann aber nicht, im Herbst 1966 eine Erklärung abzugeben, deren letzter Absatz lautete:

»Der gesamte« — HS 30 — »Komplex wurde seinerzeit von den zuständigen Regierungs-, Parlaments-, Sicherheits- und Rechnungskontrollorganen mit positivem Ergebnis für *Hispano Suiza* geprüft. Die deutsche Bundesrepublik hat durch die Beschaffung der HS-30-Schützenpanzer keinen Schaden erlitten. Vielmehr hat sich der HS-30-Schützenpanzer so bewährt, daß die ursprünglich vorgesehene Einsatzzeit wesentlich verlängert worden ist.«

Diese Erklärung rief damals einen Proteststurm aus den Reihen der Bundeswehr hervor. Offiziere und Mannschaften — vom Panzergrenadier bis zum General — schrieben Leserbriefe an die Zeitungen, worin sie die miserablen Eigenschaften des HS 30 schilderten und die Behauptungen der Firma *Hispano Suiza* »dreiste Lügen« nannten.

Damals, im November 1966, wollte sich der Autor selbst ein Bild von den Eigenschaften des skandalumwitterten Schützenpanzers machen. Er besuchte die mit der »Dauerverwendung« des HS 30 betrauten Bundeswehreinheiten. Hier einige Zitate aus der Niederschrift der Gespräche des Autors mit den Offizieren:

Frage an einen Kommandeur: »Welche Erfahrungen haben Sie mit dem HS 30?«

Kommandeur: »Nun ja, rund ein Drittel der Fahrzeuge ist immer zu irgendwelchen Reparaturen weg ... Fahren wir mit den einsatzbereiten zwei Dritteln zu einer Übung, auch nur auf den Standort-Übungsplatz, dann fällt dabei im Schnitt die Hälfte aus ...«

An dieser Stelle vermerkt das Protokoll eine Unterbrechung durch ein seltsam schrilles Heulen.

Erklärung eines Kompaniechefs: »Das ist das Einmalige am HS 30! Seine Absaugturbine ist viele Kilometer weit zu hören. Sie erspart dem Gegner jede Panzeraufklärung. Wenn es schrill heult, so wie eben, dann weiß jeder: Jetzt fahren die HS 30 auf ...!«

Ein Zugführer, zehn Minuten später: »Wieder einer ausgefallen! Motorschaden! Der HS 30 bringt uns zur Verzweiflung! Im Gelände kann man nämlich Motorpannen nicht beheben. Dazu muß das Heck gelöst, der Motor mit einem Spezialgerät herausgezogen werden. Eine großartige Sache — aber nur auf völlig ebenem Untergrund. Und wo gibt's den im Gelände?«

Tags darauf, Besuch bei einem Brigadekommandeur.

»Die Truppe«, erklärte der Kommandeur, »hat sich damals tatsächlich einen Schützenpanzer gewünscht. Aber gewiß nicht den HS 30! Wir wurden bei der Konzipierung dieses Fahrzeugs nicht gehört. Die Truppe erhielt dann ein Fahrzeug, das zwar bestechend aussieht, in seinem Gebrauchswert für den Ernstfall aber keinen Schuß Pulver wert ist ...«

Ein anderer Kommandeur trat hinzu und warf ein:

»Was heißt HS 30? Was heute bei uns fährt, hat mit dem

ursprünglichen *Hispano*-Angebot nur noch die Typenbezeichnung gemein — und das Heulen! Von Anfang an wurde daran gebastelt und umkonstruiert. Ich erinnere nur an das Getriebe und an die Verschweißung der Bodenwannen. Es war abenteuerlich!«

Es folgte ein dreiviertelstündiges Gespräch, hauptsächlich von den Kommandeuren bestritten, über die Konstruktionsfehler des HS 30. Sie zählten mehr als zwei Dutzend schwerster Mängel auf. Dann warf der Autor ein:

»Ursprünglich sollten über zehntausend HS 30 angeschafft werden — erinnern Sie sich?«

Darauf einer der beiden Kommandeure, seufzend: »Das ist ein besonderes Kapitel! Natürlich braucht eine moderne Truppe für den beweglichen Abwehrkampf Schützenpanzer. Die dienen dann wirklich der Verteidigung. Aber: Schützenpanzer sind und bleiben im Grunde Angriffswaffen! Zehntausend davon anschaffen, das hieße, sich nicht allein auf taktische Angriffe im Rahmen einer reinen Verteidigungsstrategie einrichten, sondern größenwahnsinnige Angriffsstrategie vorbereiten! Dabei wollen wir doch gar nicht nach Moskau marschieren ... Übrigens, mit dem HS 30 kämen wir nicht mal bis Magdeburg!«

Hatte es wirklich den Wunsch gegeben, »größenwahnsinnige Angriffsstrategie« betreiben zu können? Rudolf Augstein hat am 12. Dezember 1956 — nur wenige Wochen vor dem Abschluß der HS-30-Verträge — bereits im *Spiegel* (unter dem Pseudonym »Jens Daniel«) solche Angriffsstrategie als längst überholt bezeichnet: »In der Korea-Stimmung« — von 1950 — »sollte Westdeutschland nach dem Willen der Amerikaner eine Armee aus dem Boden stampfen, die im Ernstfall durch einen Offensivstoß nach Osten dem von den Amerikanern ins Auge gefaßten Kriegsschauplatz — Kaukasus und Südrußland — Entlastung bringen sollte. Da die Bevölkerung nicht glaubte — zu Recht nicht glaubte —, daß Sowjetrußland ein westeuropäisches Land angreifen werde, hatte dieses Konzept, das die deutschen Möglichkeiten sprengte, keine Aussicht, auf die Dauer von der Bevölkerung akzeptiert zu werden, im Gegenteil . . .«

Augsteins Kommentar vom Dezember 1956 erweckt den Eindruck, als hätte zu diesem Zeitpunkt die von ihm beschriebene strategische Konzeption — »Vorwärtsverteidigung« von der Njemen-Weichsel-Linie aus zur Entlastung der im Süden der Sowjetunion angreifenden Amerikaner — längst zum alten Eisen gehört. Tatsächlich war sich die ganze westliche Welt, mit Ausnahme der Bonner Regierung, gegen Jahresende 1956 darin einig, daß mit einem sowjetischen Vordringen nach Mittel- und Westeuropa weniger denn je zuvor zu rechnen sei; die Supermächte hatten sich stillschweigend auf die Respektierung der beiderseitigen Machtsphären eingestellt — wie das Nichteingreifen der Amerikaner bei dem Volksaufstand in Ungarn im Oktober 1956 deutlich gezeigt hatte —, und man verließ sich im übrigen in Washington wie in Moskau auf das jeweils vorhandene atomare Abschreckungspotential.

Dennoch hatte das Bundesverteidigungsministerium einige Wochen später, Anfang Februar 1957, die allein für eine »größenwahnsinnige Angriffsstrategie« in Frage kommende Anzahl von zehntausend Schützenpanzern endgültig in Auftrag gegeben; am Abend des Tags der Vertragsunterzeichnung, dem 6. Februar 1957, hatten Dr. Otto Lenz und sein Mandant, Conrado José Kraémer, dieses für sie so freudige Ereignis im Bad Godesberger Hotel *Adler*, zusammen mit einigen Politikern, Diplomaten und hohen Militärs, mit viel Champagner gefeiert.

Bei diesem frohen Fest im Hinterzimmer des *Adler* hatten die Generale nicht nur unbekümmert von alten Zeiten geschwärmt, sondern auch von den rosigen Zukunftsaussichten, die ihnen die bestellten zehntausend Schützenpanzer eröffneten. Die Politiker hatten den Militärs fröhlich zugeprostet und dabei einen später sehr bekanntgewordenen Manöverausspruch des aller Soldatenspielerei abholden Bundespräsidenten Theodor Heuss vorweggenommen: »Nun siegt mal schön!«

Auch der *Hispano Suiza*-Generalbevollmächtigte Kraémer hätte solche guten Wünsche seinem Freund, dem Staatssekretär a. D. und Wahlkampfleiter der Union beim kommenden Bundestagswahlkampf im September 1957, Dr. Otto Lenz, augenzwinkernd zuflüstern können. Aber Otto Lenz war an diesem Abend, entgegen seiner sonstigen Gewohnheit, plötzlich sehr ernst und nachdenklich geworden. Einer der anwesenden Diplomaten hatte ihm mit einer vertraulichen Mitteilung die bis dahin frohe Stimmung verdorben.

Man kann nur vermuten, welche Gedanken Otto Lenz an diesem Abend bewegten. Jedenfalls sah sich Lenz, dessen wache Intelligenz von allen, die ihn kannten, ebenso gerühmt wird wie seine Versiertheit auf dem Gebiet des geheimen Nachrichtendienstes, plötzlich mit der wahren und vollen Bedeutung dessen konfrontiert, was ihm bis dahin nur als ein glänzendes und für alle Beteiligten erfreuliches Geschäft erschienen war. Gleich von welchen Standpunkten aus man die Sache ansah: Das Ergebnis war und blieb beunruhigend.

Da war zunächst die militärische Seite: Jede Panne im Schützenpanzerprogramm konnte die Planung der Bundeswehr über den Haufen werfen und die Aufrüstung um Jahre verzögern ...

Da war die finanzielle Seite: 205 Millionen DM, die man an Vorschüssen gezahlt hatte, waren kein Pappenstiel!

Hinzu kam der innenpolitische Aspekt: Es durfte keinen Skandal geben, denn in wenig mehr als einem halben Jahr waren Neuwahlen zum Bundestag ...

Und schließlich mußte Otto Lenz auch an sich selbst denken: Niemand anderer als er hatte Herrn Kraémer in Bonn eingeführt, war der »politische Lotse« des *Hispano Suiza*-Chefs gewesen und hatte als Staatssekretär im Bundeskanzleramt, dem die Geheimdienste unterstellt waren, die Sicherheitsgarantie für Herrn Kraémer übernommen, der dann auch noch sein Mandant geworden und von ihm gegenüber der Bundesregierung anwaltschaftlich vertreten worden war ...

Dies alles mußte Otto Lenz mit großer Sorge erfüllen,

denn was er erfahren hatte, ließ Don Conrado José Kraémer* als ein beträchtliches Sicherheitsrisiko erscheinen! Lenz wurde sich darüber klar, daß er etwas unternehmen, mindestens aber Zeit gewinnen mußte.

Was er dann tatsächlich unternahm, ist sein Geheimnis geblieben. Gewiß ist nur, daß Otto Lenz die Absicht hatte, sich mit dem Bundeskanzler zu besprechen; daß er zwei längere Reisen unternahm; daß er dann wieder einen recht zuversichtlichen Eindruck machte — bis etwas geschah, das niemand erwartet hatte:

Am 3. Mai 1957 meldete das Bonner regierungsamtliche *Bulletin* das plötzliche Ableben eines hochverdienten Mannes; der Nachruf war von beachtlicher, sonst nur Mitgliedern des Kabinetts zugestandener Länge.

»Manche schwierige Lage wußte er einfühlsam und verhandlungsgeschickt zu meistern«, hieß es über den Verstorbenen. »Er hat Institutionen inauguriert, die über seinen Tod hinaus weiterwirken werden ... Sein Leben war reich erfüllt, aber es war nicht vollendet. Es eilte neuen großen Zielen zu. Um so erschütternder ist sein plötzlicher Tod für alle, die wiederum einen Mann zu beklagen haben, der sich um sein Volk hohe Verdienste erwarb.«

Der so jäh aus dem Leben Gerissene war der Staatssekretär a. D. Dr. Otto Lenz. Er war, erst 54 Jahre alt und — von einer Wirbelsäulenverletzung infolge eines Skiunfalls abgesehen — bis dahin kerngesund, am 2. Mai 1957 plötzlich verstorben, und zwar — wie es in der regierungsamtlichen Mitteilung hieß, »auf der Rückreise von einem Besuch Westafrikas« in »einem Krankenhaus in Neapel«, »an einer tropischen Virenkrankheit«.

Die *Frankfurter Allgemeine Zeitung* wußte es ein wenig anders; ihr Korrespondent meldete aus Rom: »Als Otto Lenz am Karfreitag«, dem 19. April, »in Rom eintraf, kam er sonnengebräunt, aber sichtlich abgemagert aus dem Herzen Afrikas ... Am nächsten Tage fuhr er nach Ischia, um eine

* Einzelheiten, die Vergangenheit des *Hispano Suiza*-Chefs betreffend, sind im Anhang aufgeführt.

alte Wirbelsäulenverletzung auszukurieren. Zugleich wollte er etwas ausspannen, um mit vollen Kräften in den Wahlkampf zu gehen. Auf Ischia erkrankte er an einem tückischen Fieber, dessen Keime er aus den Tropen mitgebracht hatte. Am 1. Mai brachte ihn ein Motorboot nach Neapel. Er hat die sonnige Stadt nicht mehr verlassen.«

Den Bonner Zeitungen und den Mitteilungen seines Büros war wiederum etwas anderes zu entnehmen, nämlich daß Dr. Lenz, »erst kürzlich aus Westafrika nach Bonn zurückgekehrt, die Osterfeiertage in Rom verbrachte und später nach Ischia weitergereist« sei; daß der bis dahin völlig Gesunde auf Ischia »von einem heimtückischen Fieber befallen« und »schon bewußtlos auf raschestem Wege in das berühmte Internationale Krankenhaus von Neapel« gebracht worden wäre, wo er nach wenigen Stunden verstarb.

Einmal schien Lenz direkt aus Afrika nach Neapel und von dort nach Ischia gereist zu sein; nach anderen Versionen war er erst nach Bonn oder nach Rom zurückgekehrt, wo er entweder nur den Karfreitag oder die ganzen Osterfeiertage verbracht hatte. Übereinstimmung herrschte, was den Transport nach Neapel am 1. Mai und den Tod am 2. Mai im Weltruf genießenden *Ospedale Internazionale* betraf. Doch gerade dieser letzte Punkt entsprach nicht den Tatsachen.

Wie eigene Recherchen des Autors Mitte der sechziger Jahre ergaben, war Lenz nicht im *Internationalen Krankenhaus* verstorben, sondern im *Ospedale Cotugno,* einem schäbigen Armenspital, das nach Auskunft der Polizei auch für diejenigen bestimmt war, »die nachts am Hafen als moribunde Fälle aufgelesen werden«. Dem Generalkonsulat der Bundesrepublik in Neapel war dies bekannt; ihm lag auch ein Totenschein des *Ospedale Cotugno* vor, worin als Todesursache »perniziöse Malaria und Urämie«, als letzte Adresse des Verstorbenen »Porto d'Ischia, Via Gigante 12, bei den Brüdern Migliaccio« angegeben war.

Dies alles hätte das Generalkonsulat eigentlich ein wenig stutzig machen und zu Nachforschungen ermuntern müssen; doch man hatte gar nichts unternommen, obwohl es sich bei dem Toten nicht um einen beliebigen Touristen handelte, sondern um den ehemaligen Staatssekretär im Bundeskanzleramt und Chef der Geheimdienste, der bis zu seinem plötzlichen Ableben als Mitglied der Bundestagsausschüsse für Sicherheit und Verteidigung mit allen Staatsgeheimnissen vertraut war, auch um ein Mitglied des Fraktionsvorstands der Union und ihren Wahlkampfleiter, zudem um einen sehr wohlhabenden Mann.

Folgendes hätte den bundesdeutschen Behörden, wenn sie der Sache nachgegangen wären, eigentlich auffallen müssen: Dr. Lenz war nicht direkt aus Afrika nach Italien gekommen, sondern aus Bonn; er hatte in Rom am 19. April einen kurzen Zwischenaufenthalt gemacht und war dann weitergereist, aber nicht bereits nach Ischia, denn dort hatte er sich nur die letzten drei Tage vor seinem Tode aufgehalten. Das Haus, das als seine letzte Adresse im Totenschein angegeben war, entsprach absolut nicht dem gewohnten Standard des finanziell unabhängigen, mit sich und anderen sehr großzügigen Staatssekretärs a. D.; es war ein »Fremdenheim« für äußerst bescheidene Ansprüche in einer dunklen, abseits gelegenen Gasse, das in keiner Liste des örtlichen Verkehrsvereins verzeichnet war und schäbige »Zimmer mit Frühstück« bot. Auch hatte Dr. Lenz sich dort nicht, wie es in Italien für alle Fremden zwingend vorgeschrieben war, polizeilich angemeldet.

Noch größere Rätsel gab seine Erkrankung und ihre Behandlung sowie sein Abtransport von Ischia auf: Abgesehen davon, daß 1957 die Malaria kaum noch zu den Krankheiten zählte, an denen ein Patient sterben mußte, hätte er als von Fieberanfällen und den ersten Anzeichen einer Urämie (Harnvergiftung) geplagter Patient doch eigentlich sofort einen Arzt aufsuchen oder rufen müssen. Doch erst am Morgen des 1. Mai war ein Mediziner, der praktische Arzt Dr. Pietro Messina, in das Fremdenheim in der Via Gigante geholt worden, und zwar auf Veranlassung der deutschen Begleiterin des Dr. Lenz. Er hatte nur einen kurzen Blick auf den Bewußtlosen geworfen und zu sofortiger Überführung in ein Krankenhaus geraten. Für eine genaue Diagnose — so der Arzt neun Jahre später — sei keine Zeit gewesen; Medikamente habe er weder verschrieben noch verabreicht. Die deutsche Dame, eine »Frau Doktor«, habe einen kompetenten Eindruck gemacht.

Man hätte annehmen können, Dr. Lenz wäre nun mit einer Ambulanz in eine der in wenigen Minuten erreichbaren, modernen und hervorragend ausgestatteten Privatkliniken auf der Insel gebracht worden oder mit dem Hubschrauber nach Neapel ins weltberühmte *Internationale Krankenhaus.* Doch tatsächlich waren er und seine Begleiterin mit einem kleinen Motorboot, Registernummer 1067, von dem Fischer Pasquale Lauro zum Festland gebracht worden, aber nicht nach Neapel, sondern nach Torregaveta, einem kleinen Festlandhafen, etwa eine Autostunde vom Zentrum Neapels entfernt. Von dort fuhren der bewußtlose Patient und seine Begleiterin zum *Ospedale Internazionale,* wo die Aufnahme — so war neun Jahre später zu erfahren — abgelehnt werden mußte, »weil man seine Krankheit als ansteckend diagnostizierte« . . . (Welch ein Krankenhaus, das nur Krankheiten zu behandeln wünscht, die nicht ansteckend sind!) Schließlich wurde Dr. Lenz vom *Ospedale Cotugno* aufgenommen, wo er wenige Stunden später starb; seine Begleiterin verschwand, ohne einen Namen oder gar eine Adresse zu hinterlassen und ohne der Aufnahme des Armenspitals etwas davon zu sagen, um welchen prominenten Patienten es sich handelte. Der Chefarzt von Cotugno gab später eine Erklärung ab, worin es hieß, an der Richtigkeit der vom Krankenhaus bescheinigten Todesursache — perniziöse Malaria und Urämie — gebe es keinen Zweifel, womit er zugleich das berühmte *Ospedale Internazionale,* das keine ansteckenden Krankheiten behandeln wollte, in ein schiefes Licht brachte, denn weder Malaria noch Urämie sind ansteckend.

Bleibt noch zu erwähnen, daß alle diese seltsamen Umstände weder damals noch später die zuständigen Behörden veranlaßt haben, den plötzlichen Tod des Dr. Otto Lenz näher zu untersuchen. Sie sind bis heute — zumindest für die

Öffentlichkeit — ungeklärt. In den vierbändigen *Erinnerungen* Konrad Adenauers ist seines zum »inneren Kreis« gehörenden Staatssekretärs und Wahlkampfleiters mit keiner Silbe gedacht; der Name des führenden Unionspolitikers, der in den ersten zwölf Nachkriegsjahren die Informations- und Pressepolitik Westdeutschlands maßgeblich beeinflußte und an der Wiederaufrüstung wesentlich beteiligt war, kommt in Adenauers Memoiren überhaupt nicht vor.

Als ein Jahr nach dem Tode von Otto Lenz die *Frankfurter Rundschau*, dann auch *Der Spiegel*, den Tatsachen entsprechend darüber berichteten, daß der verstorbene Staatssekretär und Adenauer-Intimus die *Hispano Suiza* bei den Vertragsverhandlungen mit der Bundesregierung über die Lieferung von Schützenpanzern vertreten und große Vorteile für den Rüstungskonzern herausgeholt habe, rührte sich im Bundestag die Opposition.

Die Sozialdemokraten richteten eine Kleine Anfrage an die Bundesregierung (Bundesdrucksache III/574 vom 17. Oktober 1958), worin es hieß:

»Entspricht die Behauptung den Tatsachen, wonach ein damaliges Mitglied des Vorstands der CDU-Bundestagsfraktion für die Lieferfirma bei ihren Vertragsvorbereitungen gegenüber dem Bundesverteidigungsministerium tätig war?«

Die schriftliche Antwort auf diese Frage war einsilbig: »Nein.« Der Minister, der dem Parlament diese unwahre Auskunft »namens der Bundesregierung« unter dem Aktenzeichen VR-12-01-02-02-04 und unter dem Datum vom 3. November 1958 gab, war Franz Josef Strauß. Der Übermut der Regierenden hatte zu dieser Zeit schon ein Ausmaß erreicht, bei dem ihnen, da sie sich seit einem Jahrzehnt unangefochten im Besitz der Macht wußten, alles erlaubt zu sein schien.

10. Keine Experimente!

Den Wahlen zum dritten Bundestag am 15. September 1957, die für den Fortbestand der Ära Adenauer entscheidend waren, ging ein langer und ungewöhnlich heftiger Wahlkampf voraus. Obwohl die Union ihren designierten Wahlkampfleiter, den Staatssekretär a.D. Dr. Otto Lenz, durch dessen plötzlichen Tod nur wenige Monate vor dem Wahltermin verloren hatte, war sie imstande, das von dem Verstorbenen sorgfältig vorbereitete Konzept voll zu verwirklichen.

Der 81jährige Konrad Adenauer selbst übernahm die Regie; er war nicht nur Regierungschef, Parteivorsitzender und Spitzenkandidat, sondern auch sein eigener oberster Planer und Chefpropagandist. Dem Bundespressechef Felix v. Eckardt fiel lediglich die Rolle eines Büchsenspanners zu, der auch für Nachschub an Munition sorgte. Das Schießen besorgte der Kanzler allein, und er führte seinen Wahlkampf in einem Stil, den selbst einige Christdemokraten für unwürdig und nicht mehr erträglich hielten.

Mit einem Sonderzug reiste Adenauer durch die Bundesrepublik, von einem Ort zum anderen. Mehrere Male täglich sprach er zu den Bundesbürgern — vornehmlich in geschlossenen Räumen und vor gesiebtem, störungsfreien Verlauf gewährleistendem Publikum, seltener vom Balkon eines Rathauses oder Bischofssitzes aus.

Sein Weg wurde durch massenhafte Plakatierung und von einer Flotte von Lautsprecherwagen rechtzeitig »durchgewärmt« und mit flotter Marschmusik »beschallt«, unterbrochen von Ankündigungen: »Meine Damen und Herren, in wenigen Minuten wird Bundeskanzler Adenauer hier vorbeikommen! In wenigen Minuten wird ein großer Staatsmann kommen: Konrad Adenauer! Bereiten Sie ihm einen herzlichen Empfang!« Gleichzeitig wurden an Kinder, die schulfrei bekommen hatten, schwarzrotgoldene Papierfähnchen verteilt, und die Lautsprecherstimme rief: »Gott schütze Konrad Adenauer! Gott schütze unseren Bundeskanzler!«

»ER kommt!« stand auf den Plakaten, und selbst unionsnahe Provinzzeitungen genierten sich darob ein wenig. »Wer kommt?« fragte beispielsweise die *Allgemeine Zeitung für Württemberg.* »In der christlichen Terminologie bedeutet ›ER‹ der Herr Jesus Christus und Gott selbst. Im Wortschatz der Christlichen Demokraten bedeutete ›ER‹ offensichtlich: der Bundeskanzler . . .«

Der Inhalt der kurzen Ansprachen, mit denen sich Adenauer dann an die »durchgewärmte« Menge wandte, stand in keinem rechten Verhältnis zu den pompösen Ankündigungen. »Statt das Regierungsprogramm zu entwickeln . . .«, monierte *Der Spiegel,* dessen Korrespondent den Kanzler auf seiner Deutschlandfahrt begleitet hatte, »gefiel sich Konrad Adenauer in einem Jargon, den sich zweitklassige Parteiredner gemeinhin für Vorstadtversammlungen reservieren.«

Adenauers Ansprachen zufolge ging es am 15. September gar nicht um eine Stimmabgabe des mündigen Wählers für die eine oder andere demokratische Partei, sondern um eine plebiszitäre Demonstration einer »überwältigenden Mehrheit«, die sich entweder zu seinem Kurs der unerschütterlichen Bündnistreue und des gesicherten Wohlstands oder aber zum Untergang Deutschlands bekennen konnte.

»Bis in die letzte Zeit, meine Damen und Herren«, sagte der Kanzler beispielsweise am 7. Juli 1957 in Nürnberg, »haben mich ehrlichmeinende Politiker des Auslands gefragt: ›Wird denn nicht eines Tages diese Partei, die Sozialdemokratische Partei, an die Macht kommen und ist dann nicht alles vergebens gewesen, was wir gemacht haben?‹ — Wir werden dafür sorgen, meine Damen und Herren, daß die SPD niemals an die Macht kommt!«

Nachdem sich der stürmische Beifall gelegt hatte, fuhr

Adenauer mit ernster Miene fort: »Warum sind wir so fest dazu entschlossen? Nicht etwa — glauben Sie mir das, meine Damen und Herren! — aus parteipolitischem Haß. Das ist nicht der Grund! Sondern wir sind dazu so fest und bis zutiefst entschlossen, weil wir glauben, daß mit einem Sieg der Sozialdemokratischen Partei der Untergang Deutschlands verknüpft ist!«

Selbst die Wochenzeitung *Die Zeit* des damaligen CDU-Bundestagsabgeordneten Dr. Gerd Bucerius empörte sich über diese Verteufelung des politischen Gegners und meinte: »Vielen . . . ist der Zorn flammend ins Gesicht gestiegen beim Lesen jener Worte, die der Kanzler in Nürnberg sprach . . .«, aber Konrad Adenauer ließ sich davon nicht beirren. Wenige Tage später erklärte er in Hannover:

»Wenn wir, die CDU/CSU, aus der Regierung ausscheiden würden und wenn an unsere Stelle eine Regierung träte, in der die Sozialdemokratie maßgebend wäre, dann würde allerdings innenpolitisch und außenpolitisch und in der ganzen Welt ein Erdrutsch erfolgen!«

Vier Tage später, in Wuppertal, gab er sich wegen der Empörung über seine Untergangsparolen sehr gekränkt: »Wenn ich, meine Damen und Herren, nach reiflicher Überlegung die feste Überzeugung habe, daß das, was die Sozialdemokratie und ihre Führer wollen, Deutschland zum russischen Satellitenstaat macht — auf die Dauer —, dann, meine Damen und Herren, werde ich das offen und freimütig sagen!«

»Die reine, einfache Behauptung«, so zitierte *Der Spiegel* daraufhin den französischen Psychologen Gustave Le Bon, »ohne jeden Beweis und ohne jede Begründung, ist ein sicheres Mittel, um der Massenseele eine Idee einzuflößen. Je bestimmter eine Behauptung, je freier sie von Beweisen und Belegen ist, desto mehr Ehrfurcht erweckt sie.« Spöttisch fügte *Der Spiegel* diesem Zitat aus der *Psychologie der Massen* hinzu: »Nun wäre es freilich falsch, annehmen zu wollen, Konrad Adenauer habe sich wohlüberlegt als ein Primitiver getarnt, um dadurch den Gesetzen der Massenpsychologie zu genügen. Er hat keine Tarnung nötig. Er ist ein Idealfall. Er braucht sich nur so zu geben, wie er ist, und er ist genau alles das, was Le Bon von einem Massenredner verlangt: primitiv, unlogisch, oberflächlich, verallgemeinernd.«

Vom 2. Juni 1957 an, als Bundeskanzler Adenauer in Bamberg — auf einer Kundgebung katholischer Männer vor dem Dom, die als »überparteilich« angekündigt war — schlicht erklärte, bei den Wahlen am 15. September ginge es darum, »ob Deutschland christlich bleibt oder kommunistisch wird«, bis zur Abschlußkundgebung in seinem eigenen Wahlkreis, auf dem Bonner Marktplatz, hielt der Kanzler fast hundert Wahlreden. Die stenographischen Niederschriften zeigen, daß er nicht ein einziges Mal etwas sagte, das über sein innen-, außen- oder wirtschaftspolitisches Regierungsprogramm für die nächsten vier Jahre Aufschluß gab. Statt dessen erging er sich in allgemeinen Redensarten, beschwor den Ernst der Lage, verteufelte die sozialdemokratische Opposition und versprach dem jeweiligen Publikum, was es seiner Vermutung nach gern hörte.

Zu fränkischen Weinbauern sagte er: »Als Rheinländer erachte ich den Weinbau als vorrangig. Wir werden ihn fördern, meine Damen und Herren!« Vor katholischen Krankenschwestern versicherte er, daß deren »aufopfernde, wahrhaft christliche Tätigkeit künftig mehr Anerkennung, auch in finanzieller Hinsicht« finden werde; dafür werde er als Kanzler sorgen. Und auf einer Nachmittagsveranstaltung für Hausfrauen, bei Kaffee und Kuchen, verstieg er sich gar zu noch kühneren Versprechen: »Mir tun die Hausfrauen leid«, begann er, »die sehr schwer arbeiten müssen von morgens früh bis abends spät. Und da wollen wir versuchen, durch die verschiedensten Einrichtungen ihnen die Arbeiten, die abgenommen werden können, abzunehmen oder sie wenigstens durch die maschinellen Fortschritte, die wir gemacht haben, zu erleichtern. Was will dagegen die SPD, wenn sie zur Macht kommt? Ja, meine Damen, ich weiß es nicht . . .« Manchmal wußte er aber doch etwas von der SPD und ihren Absichten.

Da hatte beispielsweise zu Beginn des Wahlkampfs in Limburg an der Lahn ein der CDU angehörender Kaplan eine SPD-Versammlung durch ständige provozierende Zwischenrufe heftig gestört und schließlich sogar erklärt, wenn man höre, was die SPD gegen den Herrn Bundeskanzler sage, so könnte man daraus nur folgern: »Der Herr Bundeskanzler müsse erschossen werden!« Erregt hatte der Versammlungsleiter, ein Staatsanwalt, gekontert: »Wir sind eine demokratische Partei. Daß wir auch eine christliche Partei sind, kann der Herr Kaplan schon daraus entnehmen, daß wir Herrn Adenauer nicht erschießen, obwohl er es vielleicht verdient.« Kaum hatte er das gesagt, berichtigte er sich: »Der Herr Kaplan hat das Wort vom Erschießen des Herrn Adenauer geprägt. Aber wir — der Kaplan und ich — haben nicht ›erschießen‹ sondern ›abschießen‹ gemeint.« Der Kaplan äußerte sich nicht mehr. Der Sozialdemokrat hingegen schrieb dann auch noch einen Entschuldigungsbrief an die lokale CDU-Presse, worin er seinen »falschen Zungenschlag« bedauerte und zugleich darauf hinwies, daß der Geistliche das böse Wort in die Debatte geworfen und ihn dadurch über alle Maßen gereizt habe.

Bundeskanzler Adenauer schlachtete diesen Vorfall in fast allen seinen Wahlkampfreden aus. Er begann damit auf dem Diözesantag der Kolpingfamilie in Münster am 27. Juli 1957, wo er erklärte: »Ehe ich meine erste Wahlrede gehalten habe, hat ein Staatsanwalt in Limburg über mich Ausführungen gemacht, daß ein katholischer Kaplan, der da war, ausgerufen hat: ›Wenn das wahr ist, müßte man Adenauer erschießen!‹ Und dann hat dieser Staatsanwalt gesagt: ›Ja, man müßte ihn auch erschießen!‹«

Nachdem sich die Empörung des Publikums etwas gelegt hatte, fuhr Adenauer in seiner eigenwilligen Darstellung fort: »Er hat dann am Tage darauf doch wahrscheinlich gesehen, daß er zu weit gegangen war, und hat in einer Erklärung an seine sozialdemokratische Zeitung gesagt, er habe ›abschießen‹ gesagt. Nun, erschießen und abschießen, das, meine Freunde, war die Methode der Sozialdemokratie, diesen Wahlkampf zu führen . . .«

In Hannover wurde die Limburger Affäre von Adenauer noch etwas mehr dramatisiert:

»Vor wenigen Wochen hat in Limburg an der Lahn eine sozialdemokratische Versammlung stattgefunden. Sie wurde geleitet von einem SPD-Mitglied, der Staatsanwalt ist . . . Und dieser Herr hat über mich derartig gesprochen, daß ein Versammlungsteilnehmer, der nicht Sozialist war, in einem Zwischenruf gesagt hat: ›Wenn das wahr ist, was Sie über diesen Bundeskanzler sagen, dann müßte er erschossen werden!‹ Darauf hat ein Staatsanwalt, meine Damen und Herren, erklärt: ›Jawohl, der Bundeskanzler müßte erschossen werden.‹«

Kaum hatten sich die stürmischen Pfui-Rufe gelegt, fuhr Adenauer fort: »Nach zwei Tagen hat ihm wohl jemand erklärt, daß das wohl ein bißchen viel wäre. Dann, meine Damen und Herren, hat er in einer sozialdemokratischen Zeitung in einer Zuschrift erklärt, er habe sich versprochen. Er habe nicht sagen wollen, der Bundeskanzler müßte erschossen werden, sondern er habe sagen wollen, er müßte abgeschossen werden. Meine Damen und Herren, ich muß Ihnen sagen, ich finde es unmöglich für einen Rechtsstaat, daß ein Staatsanwalt etwas Derartiges tut, ohne daß dagegen was geschieht . . . Auf welchen Tiefstand, möchte ich jetzt sagen, sind wir in Deutschland gekommen, wenn solche Dinge möglich sind!«

So ging es weiter, in Dutzenden von Reden, manchmal, wie in Wuppertal, mit dem Zusatz: »Ich wünschte, wir hätten eine gute Sozialdemokratische Partei in Deutschland. Denn, meine Damen und Herren, dann könnte man sich sachlich auseinandersetzen . . . Und dann würde Deutschland gegenüber dem Ausland ganz anders dastehen, als wie es jetzt dasteht . . .«

In keiner Rede des Kanzlers fehlte der Hinweis auf den angeblichen Ernst der Lage, wobei Adenauer es sorgsam vermied, auch nur anzudeuten, worauf sich seine Besorgnis gründe. War das Wetter schön, zeigten die Versammlungsteilnehmer heitere Gesichter, so fühlte sich der Kanzler veranlaßt, die Stimmung zu dämpfen und unbestimmte Ängste heraufzubeschwören. In Kiel erklärte er:

»Es ist nicht leicht für einen Redner, meine Damen und Herren, in einer Zeit, in der wir jetzt leben, an einem so strahlenden Sommertag — die Ferien haben hier gerade angefangen — so ernste Worte zu sprechen. Aber, meine Damen und Herren, ich glaube, ich bin dazu verpflichtet, und deswegen lassen Sie mich Ihnen sagen: Wir haben seit einer ganzen Reihe von Jahren noch nicht in einer so ernsten Periode in der Welt gelebt, wie wir jetzt leben!«

In Nürnberg: »Ich möchte — ich tue es nicht gern, meine Damen und Herren! — aber ich möchte einen so sonnigen schönen Tag — für meinen Geschmack meint es die Sonne zu sehr gut — . . . Aber dann denke ich an den Frankenwein, den Rheinwein und den Moselwein und den Saarwein, den wir demnächst bekommen werden — aber, meine Damen und Herren, trotzdem: Ich glaube, verpflichtet zu sein, Ihnen zu sagen, wie ernst die Lage in der Welt ist!«

Und in Mainz: »Da muß ich zu meinem großen Bedauern an die Spitze, meine Damen und Herren, stellen den Satz, den auszusprechen an einem so herrlichen Sommerabend, in einer so herrlichen Landschaft, vor einer solch schönen Versammlung — muß ich Ihnen sagen, meine Damen und Herren: Es sieht in der Welt sehr ernst aus!«

Nie erfuhren die Veranstaltungsbesucher Genaueres, ausgenommen die düstere Prophezeiung, ein Wahlsieg der SPD bedeute den Untergang Deutschlands oder auch, wie der Kanzler in der Schlußphase des Wahlkampfes sich steigern zu müssen meinte, den Untergang Westeuropas, des Abendlands und der NATO.

Für diese These lieferte ihm eine — keineswegs regierungsamtliche oder offiziöse — Verlautbarung einer portugiesischen Zeitung ein sehr dürftiges Fundament. Das Blatt hatte geschrieben, bei einem Eingehen auf die Moskauer Pläne — beiderseitiger Truppenabzug aus Mitteleuropa und Neutralisierung eines nach freien Wahlen wiedervereinigten Deutschlands — könnte die NATO zusammenbrechen. Angesichts der Schwäche Frankreichs könnte dann bald »die Grenze Europas an den Pyrenäen« liegen. Daraus machte Adenauer Ende August in einer Wahlrede in Württemberg, nachdem er zunächst die SPD als »neutralistisch, also moskauhörig« hingestellt hatte:

»Das portugiesische Regierungsblatt, das hat auch darüber geschrieben ... Wenn die Deutschen das tun, wenn sie die NATO zerstören, dann wird in kürzester Zeit Sowjetrußland bis zu den Pyrenäen reichen!«

Tags darauf, in Pforzheim, wertete er seine Quelle noch etwas auf:

»Die portugiesische Regierung, die sehr klug ist, meine Damen und Herren, die hat in ihrem amtlichen Blatt veröffentlicht — ich habe es hier unter meinen Papieren —, daß, wenn das käme, was die Sozialdemokraten vorschlügen, daß dann die Herrschaft der Sowjetunion sehr schnell bis zu den Pyrenäen gehen würde. Und so ist es auch in der Tat, meine Freunde!«

Wieder drei Tage später, in Bremen, war dann von einer Zeitung überhaupt nicht mehr die Rede. Da hieß es:

»Die portugiesische Regierung, die sehr klug ist ..., die hat zum Ausdruck gebracht, daß der mit einer solchen Aktion, wie sie Herr Ollenhauer vorschlägt, unvermeidliche Zusammenbruch von NATO die Russen in kurzer Zeit zu den Herren ganz Europas bis zu den Pyrenäen werden läßt. Das ist doch absolut richtig, meine Damen und Herren!«

Und am Abend desselben Tages, in Bremerhaven, wurde er noch etwas präziser: »In Portugal hat die dortige Regierung ... erklärt: Wenn das geschieht, wenn die sozialdemokratische Politik durchgeführt wird, dann wird die Macht Sowjetrußlands bis zu den Pyrenäen reichen!«

So führte Konrad Adenauer seinen Wahlkampf, und er würzte seine zwanglos vom Frankenwein zum Ernst der Lage übergehenden Reden mit zahlreichen giftigen persönlichen Angriffen auf einzelne Sozialdemokraten, besonders auf Herbert Wehner. Die rechtfertigte er dann mit dem Hinweis auf den Limburger Vorfall, der zeigen sollte, daß die

SPD mit den »Ungeheuerlichkeiten« angefangen habe. Sorgfältig vermied er jede sachliche Auseinandersetzung mit den Argumenten der Opposition. Alle Behauptungen, die er aufstellte, ließ er unbewiesen. Er beschränkte sich am liebsten darauf, alles Gute — selbst die elektrischen Haushaltsgeräte und sogar den von ihm bis zuletzt heftig bekämpften Anschluß des Saarlands an die Bundesrepublik — sich selbst und der CDU/CSU nachzurühmen, alles Böse den anderen anzulasten, vor allem den Sozialdemokraten.

Ganz selten nur ging er präzise auf irgendein Detail ein, und das geschah dann so wie in Celle, wo der Kanzler auf einer Bauernversammlung erklärte: »Man hat mir ans Herz gelegt . . ., daß ich gerade bei Ihnen ein Wort sprechen solle über die Zuckerrüben-Subvention, weil sie für Celle von außerordentlich großer Bedeutung sei. Ich habe heute noch einmal in Bonn nachfragen lassen. Ich möchte Ihnen sagen, meine Damen und Herren, daß die Auszahlung für die Schäden der beiden letzten schlechten Jahre am nächsten Montag aus Bundesmitteln beginnen wird.«

Aber kaum hatte sich der tosende Beifall, der dieser Mitteilung folgte, etwas gelegt, fuhr der Kanzler fort:

»Meine Damen und Herren, ich sage Ihnen, diese Bundestagswahl, die dritte, fällt in eine sehr schwere Zeit. Die Lage ist sehr ernst, meine Damen und Herren!« Und dann konnte er sich wieder den »sehr törichten«, Moskau in die Hände arbeitenden und den Wohlstand, erst recht die Zuckerrüben-Subvention, gefährdenden Sozialdemokraten zuwenden sowie die schrecklichen Befürchtungen der sehr klugen, damals noch faschistischen Regierung von Portugal bestätigen.

Das Resümee dieses Wahlkampfs zog *Der Spiegel* folgendermaßen: »Die SPD wird, wenn man Adenauer folgt, von einer kleinen Gruppe vaterlandsloser, zum Teil kommunistischer Wirrköpfe geführt . . .; käme diese Clique an die Regierung, dann würden die Londoner Abrüstungsverhandlungen scheitern, dann zöge Amerika sich aus Europa zurück, dann überrollte die Sowjetunion den Kontinent bis zu den Pyrenäen. In der CDU sind Führung und Anhängerschaft auf christlicher Basis eins. Siegt die CDU, dann bleibt alles so stabil, wie es ist . . .«

Die konservative Londoner *Times* stellte abschließend fest: »Dr. Adenauer konnte sich mit Schwung auf die Erfolge seiner Regierung konzentrieren. Sie hören sich gut an, auch wenn man eine gelegentliche Mißachtung der Tatsachen in Rechnung setzt . . . aber Dr. Adenauer hat eine Simplizität, die nach Vergebung ruft.«

Jedenfalls gab der Erfolg dem Kanzler recht. Bei sehr großer Wahlbeteiligung — fast 88 Prozent — folgte die Mehrheit der bundesdeutschen Wähler, vor allem die Frauen, die älteren Jahrgänge, die Masse der ländlichen und kleinstädtischen Bevölkerung, aber auch rund dreißig Prozent der Industriearbeiterschaft, der Parole der Unionsparteien »Keine Experimente!«. Am 15. September 1957 erhielten CDU und CSU zusammen 50,2 Prozent der Stimmen und damit die absolute Mehrheit.

Die als einziger Koalitionspartner der Union übriggebliebene Deutsche Partei erhielt nur 3,4 Prozent und wäre damit unter die Sperrklausel gefallen, hätte ihr nicht die CDU einige sichere Direktmandate überlassen und sie damit ins Parlament gehievt.

Die Sozialdemokraten konnten, trotz kräftiger Zugewinne, nicht mehr als 31,8 Prozent der Wählerstimmen auf sich vereinigen; die Freien Demokraten fielen auf 7,7 Prozent zurück. Der Gesamtdeutsche Block/Bund der Heimatvertriebenen und Entrechteten (GB/BHE) war knapp an der Fünfprozentklausel gescheitert. Alle anderen Parteien hatten weniger als ein Prozent der Stimmen errungen und waren damit zu völliger Bedeutungslosigkeit verurteilt. Die Kommunistische Partei, die ein Jahr zuvor als verfassungswidrig verboten worden war, hatte an der Wahl gar nicht teilnehmen können.

Die Gründe für diesen neuerlichen Sieg des 81jährigen Bundeskanzlers sah Rudolf Augstein nicht allein im skrupellos demagogischen Wahlkampfstil Adenauers. Unter dem Pseudonym »Jens Daniel« und der Überschrift »Christliche

Volksdemokratie?« schrieb er im *Spiegel*: »Die Opposition bei uns ist benachteiligt genug. Sie hat nicht ein Zehntel so viel Geld wie die CDU. Der Regierungsapparat kann für sie nicht eingespannt werden. Ihre Attribute ›links‹ und ›rot‹ sind Schreckbilder für die Bevölkerungsmehrheit. Die Bischöfe von den Kanzeln predigen CDU. Die Bevölkerung möchte zwar nicht unbedingt christlich handeln, sich aber doch gern ein christliches Mäntelchen umhängen. Das aus den Trümmern wiederemporgekommene Volk rechnet das Reifen des Korns und den millionsten Volkswagen den Verdiensten des Herrn Bundeskanzlers zu ...«

Tatsächlich hatte nun schon jeder zehnte bis zwölfte Haushalt ein eigenes Auto, wobei Klein- und Kleinstwagen in der Mehrzahl waren. In Zeitungsinseraten wurde damals beispielsweise für den *Lloyd* geworben: »Ein serienmäßiger *Lloyd* LP 600, belastet mit vier Personen und Gepäck, benötigt für die Fahrt Bremen—München = 834 km eine Fahrzeit von 11 Stunden 43 Minuten. Der Benzinverbrauch beträgt insgesamt 49,7 Liter = 32,55 DM. Pro Person kostet diese Reise ... also nur 8,14 DM ... Darum fährt man *Lloyd* ... 3680 DM ab Werk. Diese Angaben sind vom ADAC offiziell bestätigt.«

Andere Attribute des Wirtschaftswunders waren nun auch Fernsehgeräte, Waschautomaten und Hollywood-Schaukeln. Für den Herrn gab es weiße Nylonhemden und Trokkenrasierer, für die Dame Kosmetikkoffer, raschelnde Taftkleider (und für darunter einen Nylon-Petticoat und notfalls ein schickes Corselett) sowie für beide Geschlechter modische Freizeitkleidung, »vor allem dazu bestimmt«, wie es in einem damaligen Kommentar hieß, »beim Urlaub im Ausland als Deutsche nicht aufzufallen«.

Denn viele reisten nun schon in den Ferien in benachbarte Länder, natürlich nur diesseits des »Eisernen Vorhangs«, vorzugsweise an die italienische Adria, nach Mallorca und in die österreichischen Alpen.

Die Arbeitslosigkeit war stark zurückgegangen; sie lag

1957 im Jahresmittel bei 753 000 oder knapp vier Prozent. Es gab auch schon etwas mehr als hunderttausend ausländische Arbeitnehmer, darunter etwa dreißigtausend »Gastarbeiter«, in der großen Mehrheit Süditaliener sowie einige Jugoslawen und Spanier.

Die regulären, statistisch ausgewiesenen Einkommen der Bundesbürger hatten sich nur geringfügig verbessert und lagen noch immer um 400 DM, was die große Mehrheit betraf. Aber durch Überstunden und oft noch einen Nebenerwerb konnte der Hauptverdiener, durch eine Halbtagsarbeit auch die Hausfrau, noch etliches hinzuverdienen. Das machte sich vor allem in der Vorweihnachtszeit bemerkbar, wo 1957 die Einzelhandelsumsätze, vor allem bei Textilien und Elektrogeräten, geradezu explodierten. Der Ansturm auf Fernsehgeräte übertraf selbst die kühnsten Erwartungen: Da viele Lager schon geräumt waren, als der eigentliche Run erst einsetzte, mußten die meisten Händler ihre Kunden auf das nächste Jahr vertrösten und gaben Gutscheine aus, die eine Lieferung bis Ostern 1958 garantierten.

Die Weihnachtstage 1957 brachten, bei reichlich gedeckten Gabentischen und fetten Festtagsbraten, den Bundesdeutschen jedoch auch eine für sie sehr böse Überraschung: Kurz vor den Feiertagen war in Paris eine NATO-Konferenz zu Ende gegangen. Dort hatte man beschlossen, daß in Europa — und vorzugsweise auf dem Gebiet der Bundesrepublik — Mittelstreckenraketen stationiert werden sollten. Auch die Einrichtung von Depots für atomare Sprengköpfe war vereinbart worden.

Dies und die gleichzeitige Bonner Diskussion über die Ausrüstung der Bundeswehr mit »modernsten Waffen«, zu der Bundeskanzler Adenauer und sein Verteidigungsminister Strauß bereits fest entschlossen waren, rief als erste die Wissenschaftler auf den Plan.

Schon ein Dreivierteljahr zuvor, am 12. April 1957, hatten sich erstmals achtzehn Göttinger Professoren, meist Atomforscher, unter ihnen Max Born, Otto Hahn, Werner Heisenberg, Max v. Laue und Carl Friedrich v. Weizsäcker, mit einer Stellungnahme öffentlich gegen »die Pläne einer atomaren Bewaffnung der Bundeswehr gewandt«. Sehr zum Ärger Adenauers, der den Wissenschaftlern dann erklärte, sie verstünden nichts von Politik, hatten die Gelehrten in ihrer Erklärung betont, daß sie zwar »die gegenseitige Angst vor den Wasserstoffbomben« als einen wesentlichen Beitrag zur Erhaltung des Friedens in der Welt ansähen, doch hatten sie hinzugefügt: »Wir halten aber diese Art, den Frieden und die Freiheit zu sichern, auf die Dauer für unzuverlässig, und wir halten die Gefahr im Falle eines Versagens für tödlich. Wir fühlen keine Kompetenz, konkrete Vorschläge für die Politik der Großmächte zu machen. Für ein kleines Land wie die Bundesrepublik glauben wir, daß es sich heute noch am besten schützt und den Weltfrieden noch am ehesten fördert, wenn es ausdrücklich und freiwillig auf den Besitz von Atomwaffen jeder Art verzichtet.«

Das war im April 1957 gewesen, und die eindringliche Mahnung der weltberühmten Wissenschaftler hatte auf die Bundesbürger zunächst tiefen Eindruck gemacht. Aber schon fünf Monate später, im September 1957, hatten die meisten ihre Ängste wieder vergessen und ihre Stimme bei der Bundestagswahl dem Kanzler gegeben, der entschlossen war, sich über alle Warnungen hinwegzusetzen.

Nun aber, am 26. Februar 1958, kam wiederum ein Aufruf, diesmal von 44 Professoren unterzeichnet, der nicht nur vor den schrecklichen Gefahren warnte, in die sich die Bundesrepublik freiwillig begeben wollte, sondern der sich ausdrücklich an die bundesdeutschen Gewerkschaften wandte und sie zum Widerstand gegen eine solche Politik aufforderte.

Der »Appell von 44 Professoren der Bundesrepublik an die Gewerkschaften vom 26. Februar 1958« verdient es, im vollen Wortlaut wiedergegeben zu werden, nicht zuletzt wegen seiner aktuellen Bedeutung:

»Die amtliche Schlußverlautbarung der NATO-Konferenz in Paris vom 19. Dezember 1957 und die Erklärung der Bundesregierung vom 23. Januar 1958 machen offenkundig, daß die Bundesrepublik in das System der Abschußrampen für Raketen und der Atomwaffenlager einbezogen werden soll. Millionen deutscher Menschen sind dadurch von tiefer Sorge und Unruhe erfaßt.

Die Aufrüstung mit Atomwaffen auf unserem Boden verschärft die gefährlichen Spannungen, macht die Hoffnungen auf Wiedervereinigung aussichtslos und bedeutet im Konfliktfall die endgültige, unabwendbare Vernichtung Deutschlands.

Die ernsten, ja beschwörenden Stimmen kenntnisreichster und wahrhaft urteilsfähiger Wissenschaftler sind von den verantwortlichen Politikern in unbegreiflicher und folgenschwerer Weise übergangen worden. Wir wenden uns daher an das ganze deutsche Volk, die Mahnungen und Warnungen der Wissenschaftler nicht unbeachtet zu lassen. Wir wenden uns besonders an die Gewerkschaften als größte berufsständische Organisation. Die Gewerkschaften sind politisch neutral. Als Organisation freier Staatsbürger haben sie sich jedoch das Recht vorbehalten, zu entscheidenden Lebensfragen des Volkes Stellung zu nehmen. Uns scheint, dieses Recht ist jetzt zu einer Pflicht geworden!

Jetzt geht es nicht mehr allein um Tarifverhandlungen. Was nützen höhere Löhne und ein besserer Lebensstandard, wenn die friedlichen Voraussetzungen hierfür nicht politisch gesichert werden? Die Fortsetzung und Steigerung des Wettrüstens aber untergräbt unvermeidlich die Grundlagen jedes sozialen und wirtschaftlichen Aufstiegs. Heute kommt es darauf an, den mitteleuropäischen Raum nicht in die tödlichen Fesseln atomarer Militärpolitik zu verstricken. Dieser Krisenherd muß von Atomwaffen frei bleiben. Das liegt im Interesse beider Teile unseres gespaltenen Vaterlands und aller europäischen Völker. Die Schaffung einer atomwaffenfreien Zone wäre ein erster wesentlicher Schritt in die gemeinsame freiheitliche und friedliche Zukunft aller Deutschen.

Wollen die Gewerkschaften die Wissenschaftler angesichts der drohenden Gefahren allein lassen? Warum zögern und worauf warten sie?

Ungeachtet verschiedener Auffassungen über Wirtschafts- und Sozialfragen fordern die Unterzeichner die Gewerkschaften auf, sich in dieser ernsten entscheidenden Stunde mit ihnen zu gemeinsamer öffentlicher Bekundung zu verbinden.«

Dieser Appell hatte einen überraschend schnellen Erfolg. Bereits vierzehn Tage später, am 10. März 1958, veröffentlichte ein neugegründeter »Arbeitsausschuß gegen den Atomtod« in Bonn einen Aufruf, dessen Kern lautete:

»Ziel einer deutschen Politik muß ... die Entspannung zwischen Ost und West sein ... Wir fordern Bundestag und Bundesregierung auf, den Rüstungswettlauf mit atomaren Waffen nicht mitzumachen, sondern als Beitrag zur Entspannung alle Bemühungen um eine atomwaffenfreie Zone in Europa zu unterstützen. Wir rufen das ganze Volk, ohne Unterschied des Standes, der Konfession oder Partei, auf, sich einer lebensbedrohenden Rüstungspolitik zu widersetzen und statt dessen eine Politik der friedlichen Entwicklung zu fördern. Wir werden nicht Ruhe geben, solange der Atomtod unser Volk bedroht!«

Dieser Aufruf, der am 14. März vom offiziellen Organ des DGB, *Welt der Arbeit*, veröffentlicht wurde, trug die Unterschrift des DGB-Vorsitzenden Willi Richter sowie seiner beiden Stellvertreter Georg Reuter und Bernhard Tacke, wobei angemerkt sei, daß Tacke der CDU angehörte. Sodann hatten sich zahlreiche prominente Sozialdemokraten dem Aufruf angeschlossen: die Oberbürgermeisterin von Oberhausen, Luise Albertz; der Bürgermeister von Hamburg, Max Brauer; der inzwischen zur SPD übergetretene frühere CDU-Bundesinnenminister Dr. Dr. Gustav Heinemann; der frühere Reichstagspräsident Paul Löbe; der Parteivorsitzende Erich Ollenhauer; Bundestagsvizepräsident Professor Dr. Carlo Schmid; der nordrhein-westfälische Ministerpräsident Fritz Steinhoff und die in der katholischen Arbeiterbewegung hochangesehene frühere Zentrumspolitikerin und nunmehrige SPD-Bundestagsabgeordnete Helene Wessel. Von den Freien Demokraten hatten der langjährige Parteivorsitzende und frühere Bundesjustizminister Dr. Thomas Dehler sowie Dr. Marie Elisabeth Lüders, die Alterspräsidentin des Bundestags, den Aufruf mitunterschrieben, von der Zentrumspartei der frühere nordrhein-westfälische Ministerpräsident und nunmehrige Justizminister Dr. Rudolf Amelunxen.

Angeschlossen hatten sich auch zahlreiche Männer der Kirche wie der Oberkirchenrat D. D. Heinrich Kloppenburg, Kirchenpräsident D. Martin Niemöller, Kirchenpräsident D. Hans Stempel und Pfarrer Dr. Dieter Linz; eine stattliche Reihe von Wissenschaftlern, an ihrer Spitze der Nobelpreisträger Professor Max Born, sowie einige Publizisten, Künstler und Schriftsteller wie Stefan Andres, Heinrich Böll, Walter Dirks, Axel Eggebrecht, Prof. Dr. Walter Hagemann, Akademiepräsident Hans H. Jahnn, PEN-Präsident Erich Kästner, Ernst Kreuder, Dr. Wilhelm Lehmann, Professor Wilhelm Maler, Martha Saalfeld, Paul Schallück — alles in allem die Repräsentanten eines breiten Spektrums, das von der SPD über den linken Flügel der Union bis zu den Liberalen reichte und, zumal mit dem DGB im Rücken, eine deutliche Mehrheit der Bevölkerung zu mobilisieren imstande war.

Bundeskanzler Konrad Adenauer, der in seinen vierbändigen *Erinnerungen* diesem Aufruf und der daraus entstandenen Bewegung anderthalb Zeilen gewidmet hat — »Unter der Parole ›Kampf dem Atemtod‹ wurde gegen die Politik der Bundesregierung Stellung genommen«, heißt es lapidar auf Seite 300 des dritten Bandes —, ließ sich von den zahlreichen Massendemonstrationen und sehr erfolgreichen Unterschriftensammlungen nicht im geringsten beeindrucken. Er wußte sich sicher im Besitz der Macht. Er allein bestimmte die Richtlinien der Politik. Er hatte erst wenige Monate zuvor für seine Partei die absolute Mehrheit im Bundestag errungen. Ihm standen alle Machtmittel des Staates zur Verfügung, und er konnte notfalls, sofern seine Propagandamaschinerie damit nicht fertig würde, mit Hilfe der Polizei die Aufbegehrenden zum Schweigen bringen.

Er und erst recht sein für die atomare Bewaffnung der Bundeswehr zuständiger Minister Franz Josef Strauß hatten es sich in den Kopf gesetzt, die »Politik der Stärke« bis zur letzten Konsequenz weiterzuführen. Adenauer war der festen Überzeugung: »Ein Staat, der über keine Verteidigungskräfte verfügt, und dies galt namentlich im Falle der Verwirklichung von irgendwelchen Neutralisierungsplänen, wäre bestenfalls ein Protektorat, aber kein eigenständiger Staat. Dies war eine allgemeine Grunderkenntnis, die für das Handeln der Bundesregierung mitbestimmend war ... Man mußte bedenken, daß das Vorhandensein einer eigenen bewaffneten Macht dem jeweiligen Staat nicht nur bei kriegerischen Auseinandersetzungen ... und bei der Erhaltung des Friedens durch Abschreckung half, sondern vor allem zur Unterstützung seiner gesamten Außenpolitik diente.«

Daß dies Vorstellungen waren, die ins 19. und frühe 20. Jahrhundert gepaßt hätten, störte ihn nicht. Daß die in ihrer Neutralität von Ost und West respektierten Staaten Europas — Schweden, Schweiz, Finnland und Österreich — weder wehrlos noch gar Protektorate, zudem wirtschaftlich und ihrem Gesellschaftssystem nach durchaus ein Teil des Westens waren, ließ er ebenfalls unbeachtet.

Gerade das Beispiel Österreichs widerlegte seine Behauptungen: Als Teil des »Großdeutschen Reiches« war Österreich 1945, wie Deutschland, von den Siegermächten besetzt und in Zonen aufgeteilt worden. Wie Deutschlands Hauptstadt Berlin, so hatten die Sieger auch Wien in vier Sektoren aufgesplittert. Aber in Österreich war es durch gemeinsame Anstrengung der drei Parteien — der christlich-konservativen ÖVP, der Sozialisten und der nach rechts tendierenden Liberalen — nach und nach gelungen, dem Land die Einheit und volle Unabhängigkeit wiederzuerringen. Um den »Preis« — falls es ein solcher war — der »immerwährenden Neutralität« war 1955 der Staatsvertrag Österreichs mit den Siegermächten zustande gekommen, die ihrerseits die Besatzung beendeten und Österreichs Bestand und Unverletzlichkeit garantierten. Innenpolitische wie wirtschaftliche Stabilität, geringe Rüstungsausgaben und wachsender Wohlstand kennzeichneten seither die Entwicklung. Trotz der gemeinsamen Grenzen mit den Ostblock-Staaten ČSSR und Ungarn und den NATO-Mitgliedern Bundesrepublik Deutschland und Italien, konnte von fremder Einmischung oder gar von einem Protektorats-Status nicht die Rede sein. Im Gegenteil: Die Kanzler der knapp acht Millionen Einwohner zählenden Republik betrieben eine eigenständige, selbstbewußte Außenpolitik und erwarben sich und ihrem Land auf internationalem Parkett Achtung und hohes Ansehen.

Die Politik Konrad Adenauers, die davon ausging, daß Neutralität die Preisgabe der Möglichkeit zu eigenständigem Handeln bedeute, hatte in Wahrheit seinen eigenen außenpolitischen Spielraum stark verengt. Die Bundesrepublik war längst auf Gedeih oder Verderb an die Politik ihrer nuklearen Schutzmacht USA gekettet. Washington forderte, daß die Bundesrepublik die Vereinigten Staaten militärisch entlaste, und dementsprechend mußte Bonn aufrüsten.

In Adenauers *Erinnerungen* stellt sich das so dar: »Unser Verhältnis zu den Vereinigten Staaten war gut. Es hatte allerdings eine Zeitlang sehr darunter gelitten, daß wir beim Aufbau unserer Bundeswehr nicht entsprechend den amerikanischen Erwartungen vorankamen. Es hatten sich nicht nur in Europa, sondern auch in den Vereinigten Staaten Stimmen geltend gemacht, die erklärten, die Deutschen wollten am Frieden in der Welt — der aber ein bewaffneter Friede sein mußte — profitieren, jedoch selbst nichts zur Rüstung beitragen, sie wollten nur Geld verdienen.«

Diesen Vorwurf zu entkräften war bereits gelungen. Die Bundesrepublik hatte schon damit begonnen, eine Armee aufzubauen, deren Stärke etwa der der Wehrmacht des Deutschen Reiches vor dem Zweiten Weltkrieg entsprechen sollte; allein zehntausend Schützenpanzer waren in Auftrag gegeben worden! Aber nun wollten die Amerikaner, daß die Bundeswehr sich nicht nur »konventionell«, sondern auch atomar bewaffne.

»Die Frage der atomaren Bewaffnung«, heißt es dazu in

Adenauers *Erinnerungen,* »war in der Tat eine Gewissensfrage ... Ich sah, so wie das Kräfteverhältnis zwischen Ost und West verteilt war, einen freiwilligen Verzicht unsererseits« — so wie ihn SPD, Gewerkschaften, die evangelische Kirche, die linken Katholiken und die Liberalen jetzt forderten — »für unklug an ... Es gab viele Leute, die den Standpunkt vertraten: Lieber rot als tot! Den Menschen saß die Furcht im Nacken. Sie sagten sich: ›Wir wollen lieber Jahre der Unfreiheit über uns ergehen lassen, als daß wir und unsere Kinder und Kindeskinder vernichtet werden.‹ Das Unsinnige dabei war, daß durch eine freiwillige Unterwerfung des deutschen Volkes, durch eine Preisgabe Europas die Auseinandersetzung zwischen den Vereinigten Staaten und Sowjetrußland nicht aus der Welt geschafft würde. Der Spannungsherd zwischen den Vereinigten Staaten und Sowjetrußland konnte nur dadurch beseitigt werden, daß die Russen durch ihre innere Entwicklung zu der Überzeugung kommen würden: Wir können das Wettrüsten mit dem Westen nicht durchhalten! Wir müssen eine Verständigung suchen! Ich sah als Ziel meiner Politik, alles zu tun, um eine derartige Entwicklung zu fördern.«

Nun konnte zwar von einer »freiwilligen Unterwerfung« der Bundesrepublik oder gar ganz Westeuropas, wie sie Adenauer als einzige Alternative zur atomaren Aufrüstung der Bundeswehr sah, überhaupt nicht die Rede sein. Der Vorschlag, der seit dem 2. Oktober 1957, kurz nach den von Adenauer gewonnenen Bundestagswahlen, von östlicher Seite gemacht worden war, bot eine gänzlich andere Möglichkeit:

An diesem Tag hatte der polnische Außenminister Adam Rapacki vor der UN-Vollversammlung in New York erklärt, falls die beiden deutschen Staaten sich auf ein Verbot der Herstellung und Lagerung von Atomwaffen auf ihrem Gebiet einigten, würde Polen sich dem anschließen; wenige Tage später hatte nicht nur die DDR, sondern auch die ČSSR ihre Bereitschaft erklärt, den Vorschlag Rapackis zu akzeptieren.

Eine Annahme des Rapacki-Plans hätte nicht den Austritt der Bundesrepublik aus der NATO, den Verzicht auf eigene konventionelle Streitkräfte oder gar »freiwillige Unterwerfung« bedeutet, sowenig wie für die DDR, Polen und die Tschechoslowakei einen Austritt aus dem Warschauer Pakt. Es wäre lediglich eine atomwaffenfreie Zone geschaffen worden, die Mitteleuropas rasche Entwicklung zur waffenstarrenden — und damit auch höchstgefährdeten — Bastion des Kalten Krieges beendet und weitere Abrüstungsverhandlungen möglich gemacht hätte. Denn das atomare Patt, die gegenseitige Abschreckung durch Fernbomber und Interkontinentalraketen, blieb zwischen den beiden Supermächten ja noch bestehen.

Der Rapacki-Plan ging sogar, was den Schutz der zu schaffenden atomwaffenfreien Zone betraf, noch einen Schritt weiter: Am 14. Februar 1958 leitete Polen, nach Abstimmung mit der Sowjetunion, den betroffenen Staaten und den drei Westmächten ein Memorandum mit detaillierten Vorschlägen zu, die auch Umrisse einer Kontrolle sowie eine Verpflichtung der Atommächte zur Nichtanwendung von Atomwaffen gegen das Gebiet der atomwaffenfreien Zone vorsahen.

Auch der Einwand der Westmächte, angesichts der konventionellen Überlegenheit der Streitkräfte des Warschauer Pakts und der geographischen Lage der Sowjetunion würde der Rapacki-Plan dem Osten mehr Vorteile bringen als dem Westen, wurde von der polnischen Regierung dann berücksichtigt: Im November 1958 schlug sie vor, die Durchführung des Plans etappenweise vorzunehmen; zunächst sollten die Atomwaffen in Europa »eingefroren», was heißen sollte: nicht über den bereits erreichten Stand hinaus vermehrt werden. Ihre endgültige Entfernung aus Mitteleuropa sollte dann mit einer Verminderung der konventionellen Rüstungen einhergehen.

Aber zu diesem Zeitpunkt, im Spätherbst 1958, war bereits klar, daß die USA und damit selbstverständlich auch Bonn an dem Rapacki-Plan gar nicht interessiert waren. Das strategische Konzept des amerikanischen Außenministers Dulles und des Bundeskanzlers bestand weiterhin darin, die Sowjetunion durch immer stärkere Aufrüstung zu nicht minder großen Rüstungen herauszufordern und sie im Vertrauen auf den längeren Atem des Westens wirtschaftlich zu ruinieren, wodurch Moskau schließlich gezwungen wäre, sich einem amerikanischen Diktat zu beugen.

Zur moralischen Begründung dieses Konzepts mußte die Behauptung herhalten, dem Westen bliebe gar keine Wahl, da die Sowjetunion jede, auch nur zeitweise militärische Überlegenheit sofort dazu benutzen würde, weitere Länder, als erstes die Bundesrepublik, zu erobern, zu unterwerfen und dem kommunistischen Block einzugliedern.

Zwar übersah diese Begründung geflissentlich, daß der Sowjetunion solche Expansionsabsichten schon deshalb nicht unterstellt werden konnten, weil sie bereits mit ihrem gegenwärtigen, durch die Ergebnisse des Zweiten Weltkriegs geschaffenen Besitzstand in Europa, zumal mit Polen und Ungarn, große Schwierigkeiten und — von 1959 an — China im Rücken hatte, das im Fall einer sowjetischen Militäraktion in Europa den fernöstlichen Besitzstand Moskaus beanspruchen und angreifen würde. Aber Adenauers Begründung wies einen noch weit gravierenderen Fehler auf:

Indem er behauptete, eine nicht »modernst«, also auch atomar, aufgerüstete Bundesrepublik würde sich bereits mit dem Verzicht auf Kernwaffen »den Russen« freiwillig unterwerfen und automatisch zur Beute der aggressiven und konventionell überlegenen Sowjetunion werden, stellte er gerade das in Frage, was er selbst als die Grundlage seiner gesamten Politik bezeichnete: die feste Verankerung der Bundesrepublik im westlichen Bündnis und die amerikanische Schutzgarantie. Denn auch eine atomwaffenfreie Bundesrepublik sollte ja weiterhin — so sah es der Rapacki-Plan vor — der NATO angehören, ihre festen wirtschaftlichen, politischen und militärischen Bindungen an den Westen aufrechterhalten und vom amerikanischen Abschreckungspotential gedeckt sein.

Galt denn das feierliche Versprechen Washingtons, seine europäischen Verbündeten vor jedem Angriff mit allen verfügbaren Mitteln zu schützen, nur für den Fall ihrer atomaren Bewaffnung? Und wurde dadurch, daß die Bundesrepublik ein eigenes nukleares Schreckenspotential erhielt und zum »Erstschlag« fähig wurde, etwa der Friede sicherer? Mußte das nicht umgekehrt die Großmächte dazu verleiten, einen etwaigen militärischen Konflikt unter Schonung ihrer eigenen Länder von ihren europäischen Verbündeten führen zu lassen?

Allen diesen Fragen ging Adenauer aus dem Wege. Er behauptete einfach, die USA hätten als Schutzmacht Anspruch darauf, daß man sich ihren Wünschen fügte und der gemeinsamen Sache Opfer brächte, denn — so betonte er auf einer Pressekonferenz —: »Wir hier in Deutschland verdanken den Frieden lediglich der Tatsache, daß die Atomwaffe der Vereinigten Staaten außerordentlich stark ist.«

Demnach *war* die Bundesrepublik bereits ein Protektorat, das heißt, ein völlig auf den Schutz durch eine Großmacht angewiesenes, zu keiner selbständigen Politik fähiges Staatswesen. Um diesen sich aufdrängenden Eindruck zu verwischen, versuchte der Kanzler sogleich, Ausmaß und Bedeutung der Atombewaffnung der Bundeswehr zu verharmlosen und zugleich so zu tun, als wäre sie seine eigene, freie und pflichtgemäße Entscheidung. Auf derselben Pressekonferenz am 5. April 1957 im Bonner Bundeshaus erklärte er den Journalisten:

»Unterscheiden Sie doch die taktischen und die großen atomaren Waffen! Die taktischen Waffen sind nichts weiter als eine Weiterentwicklung der Artillerie. Selbstverständlich können wir nicht darauf verzichten, daß unsere Truppen auch in der normalen Bewaffnung die neueste Entwicklung mitmachen. Die großen Waffen haben wir ja nicht!«

Sein Verteidigungsminister hatte in dieser Frage ganz andere Vorstellungen, aber davon wird noch die Rede sein. Jedenfalls setzte sich Adenauer auch in dieser heiklen Angelegenheit durch. Der Rapacki-Plan — dessen Angebote übrigens bis heute nicht widerrufen wurden und noch immer gelten — wurde von Bonn und Washington ignoriert. Im März 1958 verabschiedete der Bundestag mit der Mehrheit der CDU/CSU eine Entschließung, die der atomaren Aufrüstung der Bundeswehr ausdrücklich zustimmte. Der mit vielen schönen Worten verbrämte Kernsatz lautete:

»Solange der Kommunismus seine weltrevolutionären Ziele weiterverfolgt ... müssen die Streitkräfte der Bundesrepublik mit den modernsten Waffen so ausgerüstet werden, daß sie den von der Bundesrepublik übernommenen Verpflichtungen im Rahmen der NATO zu genügen vermögen und den notwendigen Beitrag zur Sicherung des Friedens wirksam leisten können.«

Die Folgen dieser Entscheidung sind — über fast ein Vierteljahrhundert hinweg — bis heute spürbar geblieben. Die Weichenstellungen, die von Adenauer und der damaligen Bundestagsmehrheit vorgenommen wurden, haben erst jene »Sachzwänge« herbeigeführt, aus denen wir meinen, uns nicht mehr befreien zu können.

So liebten die Bundesbürger ihren Präsidenten *(von links nach rechts):* DGB-Vorsitzender Christian Fette, Theodor Heuß, der Berliner DGB-Vorsitzende Ernst Scharnowski, Ernst Reuter und Karl Arnold 1952 in der Berliner Waldbühne.

Wie wenig sich doch geändert hat: Demonstrationen gegen Atomwaffen auf deutschem Boden in den fünfziger und Anfang der sechziger Jahre in München und Düsseldorf. *Rechts:* Immerhin war damals eine große Partei

noch gegen die Bereitstellung deutschen Gebietes für Abschußbasen von Atomwaffen. SPD-Vorsitzender Erich Ollenhauer *(links)* und „Kronjurist" Adolf Arndt.

Oben: Auch Berufsverbote sind nicht neu: Auf einer Pressekonferenz gaben Konrad Adenauer und Innenminister Gustav Heinemann am 19. 9. 50 bekannt, daß alle Anhänger der KPD und Personen, „die demokratisch nicht zuverlässig sind" aus dem öffentlichen Dienst entlassen werden sollten. *Unten:* Nach dem Verbot der KPD am 17. 8. 56 durch das Bundesverfassungsgericht besetzt die Polizei das Haus der hessischen KPD.

11. ... nicht sein kann, was nicht sein darf

Als am 4. Oktober 1957 der erste künstliche Satellit, der sowjetische *Sputnik I,* um die Erde geflogen war, da hatte Bundeskanzler Konrad Adenauer den damit bewiesenen Vorsprung der Sowjetunion in der Raketentechnik und der nun beginnenden Eroberung des Weltalls mit bewährter Banalität abgetan. »Hoch ist nicht weit, meine Damen und Herren«, lautete sein Kommentar, und er sollte beruhigend wirken.

Als sich gegen Jahresende 1958 abzeichnete, daß die Siegermächte neue Verhandlungen über die Deutschland- und Berlin-Frage planten, war des Kanzlers einzige Sorge, die beiden deutschen Staaten könnten an diesen Verhandlungen beteiligt und die DDR dadurch aufgewertet werden. Denn seit Adenauer in Moskau gewesen war und dort, gegen den Rat seiner außenpolitischen Experten, der Aufnahme diplomatischer Beziehungen zwischen der Bundesrepublik und der Sowjetunion zugestimmt hatte, war die sogenannte Hallstein-Doktrin zur obersten Maxime der Bonner Außenpolitik erhoben worden.

Diese von Walter Hallstein und Wilhelm Grewe entwickelte Doktrin, die am 9. September 1955 in Bonn auf einer Konferenz aller Auslandsvertreter der Bundesrepublik dargelegt worden war, ging von dem Anspruch der Bundesrepublik aus, daß sie allein berechtigt sei, Deutschland und die Deutschen als Staat zu vertreten. Die Deutsche Demokratische Republik war für Bonn staats- und völkerrechtlich sowie in jeder anderen Beziehung nicht vorhanden. Die nichtexistente, noch immer »Sowjetische Besatzungszone« (SBZ) genannte Republik jenseits der Elbe, aus der nach dem Exodus von fast zwei Millionen Menschen bis Ende 1953 zwischen 1954 und Ende 1957 nochmals rund 1,3 Millionen Bürger in die Bundesrepublik geflüchtet waren — meist über West-Berlin, wo es keine wirksamen Kontrollen gab —, hatte zwar mit der Bundesrepublik ein alljährlich verlängertes Abkommen über den Interzonenhandel, doch ansonsten gab es keine offiziellen Beziehungen zwischen beiden Staaten. Hingegen befaßte sich das Bonner Bundesministerium für gesamtdeutsche Fragen, das von 1957 an von Ernst Lemmer geleitet wurde, weiterhin mit Plänen für eine »Eingliederung« der DDR in die Bundesrepublik, betrieb eine umfangreiche Propaganda gegen das dortige Regime und unterstützte auf vielerlei Weise — mitunter durch organisierte »Abwerbung« — die Flucht von DDR-Bürgern in den Westen; die meisten Flüchtlinge waren Angehörige akademischer Berufe, Studenten, Oberschüler und ausgebildete Spezialisten. Diese für die DDR beängstigende, für die Bundesrepublik hingegen in jeder Hinsicht vorteilhafte Fluchtbewegung bestärkte Bonn noch darin, sich als einzige legale deutsche Regierung anzusehen und dies auch von allen anderen Staaten zu fordern.

Indessen war der bundesdeutsche Alleinvertretungsanspruch plötzlich dadurch in Gefahr geraten, daß Adenauer durch die Aufnahme normaler diplomatischer Beziehungen zur Sowjetunion seine Regierung in die seltsame Lage gebracht hatte, ausgerechnet in Moskau, der Hauptstadt der Schutzmacht jener angeblich nichtexistierenden DDR, und neben der dort schon seit einem Jahr bestehenden DDR-Botschaft, eine gleichrangige diplomatische Vertretung errichten zu müssen.

Zwei deutsche Botschafter, einer aus Bonn, der andere aus Ost-Berlin, an ein und demselben wichtigen Platz und vor den Augen der diplomatischen Vertreter aus aller Welt — diese Aussicht bereitete den Lenkern der Bonner Außenpolitik schlaflose Nächte.

Schließlich erfanden sie jene Hallstein-Doktrin, die die

Moskauer Regelung zu einer einmaligen Ausnahme erklärte, den Alleinvertretungsanspruch Bonns (außer gegenüber Moskau) noch einmal bekräftigte und sämtlichen anderen Staaten für den Fall einer Anerkennung der DDR sofortige Gegenmaßnahmen der Bundesrepublik, insbesondere den Abbruch der diplomatischen Beziehungen, androhte.

1957 war die Hallstein-Doktrin erstmals zur Anwendung gekommen, als Jugoslawien im Zuge einer Normalisierung seiner Beziehungen zu Moskau die DDR diplomatisch anerkannt und mit ihr Botschafter ausgetauscht hatte. Bonn hatte sich zum Abbruch der Beziehungen zu Belgrad genötigt gesehen und hatte der DDR damit den Platz geräumt. Doch da die Bundesrepublik nicht auch noch ihre sich gerade erfreulich entwickelnden Wirtschaftsbeziehungen zu Titos Reich beenden wollte, schloß sie inkonsequenterweise sogleich ein neues Handelsabkommen mit Belgrad und räumte den Jugoslawen umfangreiche Kredite ein.

Dieses Verhalten Bonns wurde von den Westmächten amüsiert, von den afrikanischen und asiatischen Entwicklungsländern jedoch mit ernstem und sehr wachem Interesse verfolgt. Man mußte, so folgerten sie richtig, also nur das tun, was Bonn herausforderte (oder zumindest erkennbar werden lassen, daß man eine Anerkennung der DDR plante), dann konnte man von der Bundesrepublik nahezu alles bekommen, was man ohne solche Provokation sich nicht einmal zu erträumen gewagt hätte. In den folgenden Jahren entwickelten Dutzende von kleinen Nationen das Spiel mit der Beinahe-Anerkennung der DDR, verbunden mit gleichzeitigen Forderungen an Ost-Berlin und an Bonn, zu einer für beide deutsche Staaten ungemein kostspieligen Perfektion, und so manche gänzlich überflüssige Multimillioneninvestition zwischen dem Golf von Guinea und dem Indischen Ozean verdankte ihre Bewilligung allein der Hallstein-Doktrin, wobei sich häufig nur die in den jeweiligen Entwicklungsländern gerade an der Macht befindliche kleine Clique gewaltig bereicherte, ohne daß das Elend der notleidenden Völker gelindert wurde.

Wenn schon in der Außenpolitik die absurde, von Christian Morgenstern spaßeshalber erdachte Palmström-Regel galt, nämlich daß »nicht sein kann, was nicht sein darf«, so wurde sie erst recht auf die Deutschland- und Innenpolitik angewendet. Mit peinlichster Genauigkeit wurde alles vermieden, was den Alleinvertretungsanspruch hätte »aufweichen« können. Als beispielsweise in einer regionalen Fernsehsendung des Norddeutschen Rundfunks über den Hamburger Hafen die Hansestadt als »die größte des Bundesgebiets« bezeichnet wurde, führte dies zu einer Kleinen Anfrage eines CDU-Abgeordneten im Bundestag und zu langwierigen Erörterungen im Parlament. Der Volksvertreter — es war Josef Stingl, gebürtig aus Maria-Kulm im tschechoslowakischen Egerland — vertrat die Auffassung, daß durch die Erwähnung Hamburgs als angeblich größter Stadt des Bundesgebiets im öffentlich-rechtlichen Fernsehen der »ostzonalen These Vorschub geleistet« worden sei, West-Berlin, das ja mehr Einwohner als Hamburg zähle, gehöre überhaupt nicht zur Bundesrepublik. Zwar hätte gerade Josef Stingl, der seit 1957 als Vertreter West-Berlins dem Bundestag nur »mit beratender Stimme« angehörte, wissen müssen, daß West-Berlin tatsächlich kein Land der Bundesrepublik bildete. Aber es schien ihm — und allen, die an der lebhaften Diskussion teilnahmen — dringend geboten, keinen Millimeter der amtlichen Bonner Position preiszugeben. Diese betrachtete nämlich die Berlin-Regelung als nur vorläufig gültiges Diktat der Siegermächte (wobei angemerkt sei, daß Konrad Adenauer und die CDU/CSU die Vorteile dieses Provisoriums sehr zu schätzen wußten, denn Berlin gehörte ja zu den traditionellen SPD-Hochburgen; volles Stimmrecht der Berliner Abgeordneten im Bonner Bundestag hätte nur die Regierungsmehrheit geschmälert und womöglich eines Tages in Frage gestellt).

Was für West-Berlin galt, war erst recht anzuwenden auf die übrigen außerhalb der Bundesrepublik liegenden und einst zum Deutschen Reich (in den Grenzen von 1937) gehörenden Gebiete. Die Bezeichnung dessen, was umgangssprachlich »Ostzone« oder einfach »Zone« genannt wurde, als DDR — mit oder ohne Anführungszeichen — galt als Indiz für kommunistische, also staatsgefährdende Gesinnung und wurde auch von den Gerichten so gewertet. (Dagegen war die Abkürzung BRD für Bundesrepublik Deutschland damals auch im amtlichen Gebrauch statthaft und sogar empfohlen, da sich die DDR dieses Kürzels noch nicht bediente.) Als besonders verwerflich wurde es angesehen, den polnischen Namen einer jener Städte zu benutzen, die früher einmal zu Deutschland gehört hatten. Das galt nicht etwa nur für Stettin oder Breslau, bei denen die polnischen Namen *Szczecin* oder *Wrocław* nicht einmal in Klammern nachgestellt werden durften, wobei beispielsweise die Eintragung im Großen Brockhaus von 1957 lautete: »STETTIN, die ehemalige Hauptstadt der Provinz Pommern und des Regierungsbezirks S., Stadtkreis mit (1939) 383 000 meist evangelischen Einwohnern, an der schiffbaren unteren Oder . . .«, und wo sich erst ganz am Schluß der ausführlichen Beschreibung des einstigen Zustands ein verschämter Hinweis darauf fand, was dort seit 1945 anders geworden war. Selbst Orte wie Łodz, die nur von 1939 bis 1944 unter deutscher Herrschaft gestanden hatten, wurden weiter vorzugsweise so wie zu Hitlers Zeiten — »Litzmannstadt« — genannt.

Angesichts dieser zum Prinzip erhobenen Mißachtung der tatsächlichen Gegebenheiten und bei soviel Anhänglichkeit an eine nachträglich zur Idylle verklärte Vergangenheit kann es kaum noch verwundern, daß man auch in den heikelsten Bereichen zunächst einmal, bis zum Beweis des Gegenteils, davon ausging, daß alles, was sich vor 1945 »bewährt« hatte, weiterhin Verwendung finden konnte — auch und gerade in den Geheimdiensten. So war der von Bonn 1955 als »Bundesnachrichtendienst« (BND) übernommene Auslandsspionageapparat der amerikanischen Besatzungsmacht, die »Organisation Gehlen«, zwar im Kern die »Abteilung Fremde Heere Ost« der früheren Wehrmacht unter ihrem alten Chef, Generalleutnant a. D. Reinhard Gehlen. Aber die Effektivstärke des BND, in den fünfziger Jahren von Fachleuten auf 2200 hauptamtliche Agenten und Auswerter geschätzt, war nur durch Anwerbung »bewährter Fachleute« aus anderen Spionageapparaten des »Dritten Reichs« erreicht worden.

In einem Prozeß vor dem Bundesgerichtshof in Karlsruhe Anfang der sechziger Jahre, bei dem sich drei BND-Mitarbeiter wegen fortgesetzten Landesverrats und anderer Delikte verantworten mußten, bekannten sich die Angeklagten sämtlich als »alte Kameraden aus dem Reichssicherheitshauptamt« (RSHA). Einer, der ehemalige SS-Hauptsturmführer Hans Clemens, sagte vor Gericht aus (und seine BND-Vorgesetzten widersprachen dem nicht), er sei von seinem Chef ausdrücklich beauftragt gewesen, »frühere RSHA-Mitarbeiter und Leute vom SD« (Sicherheitsdienst der SS) für den BND anzuwerben. Mindestens einen RSHA-Kameraden, den Angeklagten Heinz Felfe, hatte Clemens tatsächlich für die BND-Arbeit gewonnen.

Heinz Felfe war aus Dresden gebürtig, hatte später mit einem Stipendium der SS studieren können, bis ihn 1939 der — ebenfalls aus Dresden stammende — RSHA-Funktionär Clemens in die Auslandsabteilung seines Amts geholt hatte, wo es Felfe dann zum Referatsleiter und SS-Obersturmführer brachte.

Clemens hatte schon vor dem Krieg nebenberuflich die SD-Außenstelle Dresden verwaltet und dort den Rechtsanwalt und NSDAP-Kreisrichter Erwin Tiebel, den dritten Angeklagten in Karlsruhe, als SD-Agenten beschäftigt. Auch Tiebel war von Clemens nach Kriegsausbruch ins RSHA geholt worden, wo er zusammen mit Felfe in der Auslandsabteilung gearbeitet hatte.

Nach dem Krieg war Tiebel in den Westen gezogen und hatte sich in Lendringsen, einem kleinen Ort im Sauerland, als Bauunternehmer niedergelassen. Dort fand ihn 1949 Heinz Felfe, der aus Dresden zu Besuch in den Westen gekommen war, und gemeinsam hatten sich Tiebel und Felfe dann mit Clemens in Verbindung gesetzt, der nicht so glimpflich davongekommen war: Er stand damals in Rom wegen der Erschießung von 335 italienischen Geiseln vor einem Kriegsgericht, wurde aber im Herbst 1949 überraschend freigelassen und in die Bundesrepublik abgeschoben, wo sich seine alten RSHA-Kameraden Felfe und Tiebel sofort seiner annahmen.

Bald danach, im Januar 1950, war Frau Clemens aus Dresden zu Besuch gekommen und hatte ihrem Mann den Vorschlag eines sowjetischen Geheimdienstoffiziers aus ihrer Bekanntschaft überbracht, in dessen Dienste zu treten. Tatsächlich reiste Clemens dann mit den besten Wünschen seiner Kameraden nach Dresden und übernahm — gegen ein erstes Handgeld von 1000 DM — von der sowjetischen Spionage den Auftrag, frühere Mitarbeiter des RSHA ausfindig zu machen und anzuwerben.

Im Sommer 1950 stellte das Bundesministerium für gesamtdeutsche Fragen den früheren SS-Obersturmführer Felfe als Befrager von geflüchteten DDR-Volkspolizisten an. Felfe, der dann für das Ministerium ein »Gelbbuch« über seine Befragungsergebnisse verfaßte, gab seinem Freund Clemens eine Kopie davon für den sowjetischen Geheimdienst.

Wenig später gelang es Clemens, von einem alten SD-Kameraden, den er zufällig traf, die Bad Reichenhaller Anschrift des ehemaligen SS-Standartenführers Krichbaum zu erhalten, der früher Verbindungsmann des RSHA zur militärischen Abwehr gewesen war und inzwischen als General Gehlens »Bezirksvertreter für Bayern« arbeitete. Clemens reiste sofort zu Krichbaum, und bald darauf erhielt er von der »Organisation Gehlen« exakt den gleichen Auftrag, den ihm schon der sowjetische Geheimdienst erteilt hatte: Er sollte frühere RSHA- und SD-Mitarbeiter aufspüren und anwerben.

Als Clemens seinen Freund Felfe Ende 1951 für die »Organisation Gehlen« gewann, war dieser auch schon, von Clemens empfohlen, zweimal in der DDR gewesen und hatte dort dem sowjetischen Geheimdienst allerlei »Material« aus Bonn überbracht. Bei Gehlen wurde Felfe zunächst Regierungsrat auf Probe, erhielt aber bald das Gehalt eines Ministerialrats. In wenigen Jahren arbeitete er sich nach oben und wurde Referatsleiter Sowjetunion der Abteilung IIIf (Gegenspionage). Seine Kontakte zum sowjetischen Geheimdienst konnte er nun noch besser ausbauen und lieferte seinen östlichen Auftraggebern alle streng geheimen Wochenberichte des BND, bald auch die der anderen bundesdeutschen Geheimdienste.

Niemand schöpfte Verdacht, weil es sich ja — so sagte später sein Chef aus — bei Felfe um einen »bewährten Mann« gehandelt habe, der von einem anderen »bewährten Mann«, nämlich Clemens, bestens empfohlen und von einem dritten »bewährten Mann«, dem RSHA-Standartenführer a. D. Krichbaum, überprüft und angeworben worden war.

Daß indessen Felfe keineswegs der einzige Doppelagent im Sowjet-Referat der BND-Gegenspionage war, ergab sich daraus, daß ihn seine östlichen Auftraggeber wiederholt aufgefordert hatten, sich doch in eine andere BND-Abteilung versetzen zu lassen, weil die Sowjets bei der Gegenspionage bereits »einen Überfluß an Agenten« hätten.

Auf diesen Wunsch des sowjetischen Geheimdienstes gingen Felfe und seine Freunde jedoch nicht ein. Ende der fünfziger Jahre feierten sie ihr gleichzeitiges zehnjähriges Berufsjubiläum bei der sowjetischen und der bundesdeutschen Gegenspionage, belohnt von Moskau mit je einem Diplom sowie noblen Gratifikationen, von General Gehlen mit je einer Plakette »für treue Dienste«. Erst im dreizehnten Doppeldienstjahr fielen Felfe, Clemens und ihr Kamerad Tiebel durch einen Zufall den bundesdeutschen Sicherheitsbehörden auf und wurden »enttarnt«.

Der »Fall Felfe«, der dann in den frühen sechziger Jahren den BND ins Gerede brachte, stellte aber nur insofern eine Besonderheit dar, als es dem Hauptangeklagten gelungen war, ins Herz der bundesdeutschen Gegenspionage einzudringen und so dreist über einen so langen Zeitraum hinweg zugleich für den Gegner zu arbeiten.

Was Felfes Herkunft aus der Terror- und Spitzel-Zentrale

des Naziregimes betraf, so stellte sie eher die Regel dar als die Ausnahme. Dutzende von »alten Kameraden« Felfes waren noch Jahre später in Schlüsselstellungen der bundesdeutschen Inlands- und Auslandsgeheimdienste tätig, so beispielsweise der SS-Hauptsturmführer a. D. und enge Felfe-Freund Theo Saevecke, der noch 1963 als Experte für Landesverrat der »Sicherungsgruppe Bonn« des Bundeskriminalamts angehörte. *Der Spiegel* meldete, ebenfalls 1963, über den BND:

»In derselben Abteilung« wie Felfe »stammen außer dem Abteilungschef und zwei Referatsleitern sämtliche Chargen aus Abwehr- und Sicherheitsdiensten« des Nazi-Regimes; »es wirkten: ein Referatsleiter als Direktor der Geheimen Feldpolizei; ein weiterer Referatsleiter als Gestapo-Kommissar und SS-Hauptsturmführer; ein Sachbearbeiter, der bis 1957 unter falschem Namen geführt wurde, als Gestapo-Kommissar und SS-Hauptsturmführer; ein weiterer Sachbearbeiter, der bis 1954 unter falschem Namen geführt wurde, bei der Gestapo . . .«

Beim Verfassungsschutz, dessen streng geheime Monatsberichte Felfe zwölf Jahre lang an die Sowjetunion geliefert hatte, war es um kein Deut anders; auch dort bevorzugte man »das Bewährte« und die entsprechenden Fachleute. »Es ist wohl nicht vermessen«, schrieb dazu Rudolf Augstein in einem Rückblick auf die Ära Adenauer, »die Frage zu stellen, ob die Bundesrepublik dauerndes Ansehen und solide Stärke errang, als man sich leichthin dazu verstand, die nützlichen Belasteten . . . zu pardonieren und in den Staatsdienst einrücken zu lassen — die SD- und Gestapo-Leute zweckmäßigerweise gleich in den demokratischen Verfassungsschutz, wo sie mit dem Abhören der Telefone ohne Unterbrechung fortfahren konnten . . .«

Über dieses Klammern an das angeblich »Bewährte« sowie das Leugnen, möglicherweise auch nur das Verdrängen unangenehmer Erfahrungen machte sich auch das Allensbacher Institut für Demoskopie in den fünfziger Jahren immer wieder Gedanken. In einer Untersuchung über diese Fragen, die die Allensbacher für das Bundeskanzleramt durchführten, heißt es einleitend: »Rund zwanzig Millionen Einwohner Westdeutschlands — also über die Hälfte seiner erwachsenen Bewohner — sind über 40 Jahre alt. Sie verbrachten mindestens einen Teil ihrer Kindheit im Kaiserreich; sie waren Zeugen von Entstehung und Verfall der Weimarer Republik, und sie lebten zwölf Jahre lang unter der Diktatur Hitlers . . .« — kein Wunder, so folgerten die Allensbacher vor rund drei Jahrzehnten, daß sich das weiter Zurückliegende in ihrer Erinnerung verklärte; daß sie das Elend der ersten Jahre nach 1945 noch ganz deutlich vor Augen hatten.

Trotzdem waren die Ergebnisse einer Meinungsumfrage, bei der sich die Demoskopen erkundigten: »Wann in diesem Jahrhundert ist es — nach Ihrem Gefühl — Deutschland am besten gegangen?«, für Auftraggeber und Fragesteller gleichermaßen überraschend. Denn 44 Prozent der Befragten meinten: »Im Dritten Reich«; 43 Prozent erklärten: »Im Kaiserreich«. Nur 7 Prozent entschieden sich für die Weimarer Republik, nur 2 Prozent für die Zeit nach 1945.

»Wir finden in diesem Meinungsbild vertraute Züge wieder«, heißt es dazu im Kommentar des Allensbacher Instituts. »Das Dritte Reich lebt im Gedächtnis des ›Durchschnitts‹ als die Zeit, in der es keine Erwerbslosigkeit gab . . . in der Ordnung herrschte, genau so wie in der alten Monarchie. Nur wer diesem Befund böswillig Gewalt antun will, kann andere Folgerungen ziehen; etwa, daß es eben immer und immer wieder die ›schimmernde Wehr‹ und die nationalistische Großsprecherei sei, die den Deutschen imponiere. In Wirklichkeit sind die Ansprüche an die ›ideale‹ Zeit, die Zeit, in der es ›am besten‹ gegangen ist, philiströser, kleinbürgerlicher, aber auch lebensnäher . . . Daß das Dekorative wirkt — wer wollte es bestreiten? Das Kaiserreich und das Dritte Reich, die ›besten‹ Zeiten also, trugen dem Rechnung, wohingegen die Weimarer Republik, unter der es ohnehin schon schlecht ging, sich nicht einmal durch Ausstattung einprägte . . .«

Mag sein, daß man sich im Bundeskanzleramt Gedanken darüber machte, wie man die Bundesrepublik durch »Ausstattung« attraktiver machen könne. Doch praktische Versuche in dieser Richtung — wie beispielsweise der zur Feier des (später gescheiterten) EVG-Vertrags geplante Fackelzug — blieben schon im Ansatz stecken. Bundespräsident Theodor Heuss war allem, was er »Klimbim« nannte, abhold und für eine prächtige »Ausstattung« der Bundesrepublik nur schwer zu gewinnen. Immerhin stiftete er dann aber doch den »Verdienstorden der Bundesrepublik«, dessen höhere Klassen bei Ministern, Diplomaten, hohen Beamten und nicht zuletzt bei Wirtschaftsführern, darunter so manchem aus der Nazizeit stark Belasteten, großen Anklang fand.

Um so mehr waren zwei Ministerien besonders bemüht, der Bundesrepublik mehr »Glanz« zu verleihen: das Auswärtige Amt und das Bundesministerium der Verteidigung. Im Auswärtigen Amt wirkte während der fünfziger Jahre als stellvertretende Protokollchefin Frau Erica Pappritz, die auch ein sehr erfolgreiches *Buch der Etikette* verfaßt hatte. Sie, die »Bewahrerin des Bewährten«, wie die *Frankfurter Allgemeine Zeitung* sie einmal nannte, tat ihr Äußerstes, die »Ausstattung« der Bundeshauptstadt stilgerecht vorzunehmen und immer neuen Höhepunkten zuzuführen.

Beim Staatsempfang für den damaligen Kaiser von Äthiopien, Negus Haile Selassie, der im November 1954 Bonn besuchte, übertraf Frau Pappritz selbst die kühnsten Erwartungen, wie der folgende *Spiegel*-Bericht erkennen läßt:

»Der Bahnsteig Nummer 1 des Bonner Bahnhofs war von einem 80 Meter langen rot-weiß gestreiften Baldachin überdacht. Die Backsteinwände waren mit zartvioletten Tüchern verhängt. Lebensbäume standen auf der Plattform. Künstlicher grüner Rasen war vor dem Bahnhof ausgelegt ... Wenige Minuten bevor der Kaiser auf die Sekunde pünktlich seinem Salonwagen entstieg, lieferte sich Bonns Prominenz, von der Protokollexpertin ... auf dem roten Läufer aufgestellt und an einer Teppichnaht ausgerichtet, in aller Öffentlichkeit den ersten Streit der Eitelkeiten. Hinter Bundespräsident Theodor Heuss, dem amtierenden Bundestagspräsidenten Carlo Schmid, dem Bundesratspräsidenten Peter Altmeier und vor Vizekanzler Franz Blücher war in der Reihe der Würdenträger an vierter Stelle protokollgemäß ein Loch für den Kanzler gelassen. Aber Konrad Adenauer verschmähte die Lücke. Er stellte sich ganz rechts, unmittelbar hinter den Bundespräsidenten. ›Herr Bundeskanzler‹, mokierte sich Carlo Schmid, ›da gehören Sie nicht hin. Dort stand bei uns in der Schwadron immer der Paukenschimmel.‹ Die Ankunft des kaiserlichen Expreß beendete die Debatte. Konrad Adenauer blieb, wo er war, und reichte dem Monarchen als zweiter die Hand ... Kaum beigelegt, flackerte schon am Abend ... der Protokollstreit in der Festvorstellung von ›Figaros Hochzeit‹ im Godesberger Stadttheater wieder auf. In der ersten Reihe der Ehrenloge standen die Sessel der beiden Staatsoberhäupter. Dem Kanzler war der Mittelplatz in der nächsten Reihe zugedacht. Wie von ungefähr war sein Stuhl jedoch so weit nach vorn geschoben, daß es für die Zuschauer ... aussah, als sitze Konrad Adenauer in der Mitte der ersten Reihe, von Haile Selassie und Theodor Heuss flankiert.

Protokollchef von Herwarth, der beim anschließenden Staatsempfang in der Redoute auf die protokollarischen Unklarheiten angesprochen wurde, gab eine bezeichnende Antwort. Er sei dafür, daß der Kanzler — entgegen den Gepflogenheiten des demokratischen Protokolls — den zweiten Platz einnehme. Auch der Bundespräsident werde nichts anderes zulassen. Und außerdem habe das Volksempfinden kein Verständnis dafür, daß der Kanzler auf den ... vierten Platz verwiesen wird ...«

Das »Volksempfinden«, das schon zu Hitlers Zeiten als »gesund« angesehen und immer dann bemüht worden war, wenn es galt, Gesetze und Regeln des Anstands zugunsten der Wünsche einzelner Mächtiger außer Kraft zu setzen, bewährte sich auch, als die 23jährige Schwiegertochter des Negus, die Herzogin von Harrar, zum vormittäglichen Besuch und Frühstück im Palais Schaumburg eine Garderobe anlegen wollte, die — so *Der Spiegel* — »geeignet gewesen wäre, die Sinne der männlichen Frühstücksgäste zu verwirren«, erst recht die der Gaffer.

In Bonn war man zwar hungrig nach großartiger »Ausstattung«, aber auch provinziell prüde. Nur Professor Carlo Schmid hatte gewagt, am Vortag offen seine Bewunderung für die Reize der Äthiopierin zu bekunden: »Die Prinzessin hat ein Häutle aus Samt«, hatten ihn spalierbildende Bonner schwärmen hören, als er aus der Redoute gekommen war. Und nun wollte die Herzogin gar am Vormittag in einem tief ausgeschnittenen, überdies etwas durchsichtigen Kleid das Kanzleramt besuchen!

Das Auswärtige Amt entsandte eilends seine Protokoll-Dame, die der Herzogin umständlich erklärte, wie kalt es in Bonn und besonders im Palais Schaumburg sei; am besten wäre es, sie würde sich etwas Warmes unterziehen und einen Pelz um die Schultern legen. Und so geschah es (wobei angemerkt sei, daß man bei einem anderen Staatsgast, Präsident Sékou Touré von Guinea, weniger prüde war. Die Exzellenz aus Westafrika wünschte und erhielt fürs Schlafgemach auf dem Petersberg ein dreischläfriges Bett — für sich, seine Gattin sowie seine Leibsekretärin. Aber erstens blieb dies der Öffentlichkeit, so hoffte man beim Protokoll, verborgen, und zweitens ging es dabei um die Hallstein-Doktrin. Denn Sékou Touré mußte jeder Wunsch erfüllt werden, weil er wiederholt erklärt hatte, er sehe eigentlich keinen Grund, nicht mit der DDR Botschafter auszutauschen, da ihm die Ostberliner sympathisch und zudem mit umfangreichen Käufen seines Bananenüberschusses gefällig seien ...).

Was die Bemühungen des Verteidigungsministeriums um Vermehrung des Prestiges und der »Ausstattung« Bonns betraf, so genügt es, darauf hinzuweisen, daß der Aufbau der Bundeswehr dergestalt von oben nach unten vorgenommen wurde, daß es um die Mitte der fünfziger Jahre schon beinahe ebenso viele Generale und Admirale gab wie Unteroffiziere und andere Ausbilder. Für die Bundesmarine galt dieses Mißverhältnis noch 1958, als die *Welt der Arbeit*, das Organ des DGB, am 8. August mit der Schlagzeile erschien: »Elf Admirale — aber keine Flotte«.

»Der Zahl der Admirale nach«, lautete der Text der Meldung, »müßte Westdeutschland eine Großmacht zur See sein. Das ist das Ergebnis einer Untersuchung der Führungsstäbe unserer Miniatur-Marine. Die Bundesmarine verfügt über ganze 26 000 Brutto-Register-Tonnen. (Vergleich: Das 1944 gesunkene Schlachtschiff *Tirpitz* hatte 41 700 BRT.) Ihr größtes Schiff ist zur Zeit ein zwanzig Jahre altes Boot, die *Hummel*, mit 870 BRT. Um diese winzige Marine zu leiten, benötigt das Verteidigungsministerium elf Admirale. Das sind genau so viele, wie die alte deutsche Kriegsmarine unter dem flottenfreudigen Kaiser Wilhelm II. im Jahr 1900 hatte. Die elf kaiserlichen Admirale befehligten jedoch 20 Linienschiffe, 8 Küstenpanzerschiffe, 12 Große Kreuzer, 29 Kleine Kreuzer und 160 weitere Einheiten mit zusammen 410 000 BRT ... Nach dem im Verteidigungsministerium offenbar üblichen Schlüssel kommen auf eine Tonnage, wie sie etwa das neue ostzonale Fährschiff zwischen Saßnitz und Trelleborg (7000 BRT) hat, nicht weniger als drei Admirale — und auf je vier Dampfer der Köln-Düsseldorfer Rheinschiffahrt ein Admiral!«

Indessen war dieser unbekümmerte Aufwand, den das Verteidigungsministerium bei der Spitze seiner nicht vorhandenen Marine auf Kosten der bundesdeutschen Steuerzahler trieb, noch bei weitem das harmloseste und billigste Detail, zumal im Vergleich zur »Ausstattung« der Luftwaffe, die damals gerade begann.

12. Im alten Geiste

»Allen Widerständen zum Trotz werden wir die Panzertruppen im alten Geiste wieder gestalten!« Dies schrieb im September 1958 ein erfahrener Panzerstratege und Rußlandkenner, General Hans Röttiger, ehedem Chef des Generalstabs der 4. Armee (Heeresgruppe Mitte), ins Gästebuch der Bundeswehr-Panzertruppenschule Munsterlager. Niemand nahm an dieser Beschwörung des »alten Geistes« Anstoß — im Gegenteil: Generalleutnant Röttiger war gerade wegen seiner Kriegserfahrungen in der Sowjetunion und seiner Entschlossenheit zur Wahrung der Wehrmacht-Tradition zum Drei-Sterne-General und Inspekteur des Heeres der neuen Bundeswehr ernannt worden.

Sein Chef, Bundesverteidigungsminister Franz Josef Strauß, gab dann vor dem Bundestagsplenum dem »alten Geist« eine moderne Note: »Im Ersten und Zweiten Weltkrieg«, erklärte er dem Hohen Haus, »fielen die militärischen Entscheidungen immer so, daß wir die Blitzsieger der ersten Phase waren; daß es in der zweiten Phase ein Hin und Her gab und daß wir in der dritten Phase regelmäßig die ›zweiten Sieger‹ waren ... Wir wissen doch, daß der frühere deutsche Generalstab das Rundumdenken hatte. Da hat man die Fälle Anton bis Zeppelin — Blau, Gelb, Weiß, Grün und so weiter — gehabt ... Es gibt heute für die militärische Vorbereitung ... nur mehr einen einzigen Fall: das ist der Fall Rot ...«

Für diesen »Fall Rot« hatte Minister Strauß, wie wir wissen, im Jahr zuvor bereits 10680 Schützenpanzer HS 30 bestellt und darauf mehr als 200 Millionen DM angezahlt. Inzwischen hatte man im Verteidigungsministerium ausgerechnet, daß man für diese riesige Menge an Schützenpanzern als Besatzungen etwa 140000 Panzergrenadiere benötigen würde. Da aber noch nicht einmal die Ausbilder vorhanden waren, die die zur Ableistung ihrer Wehrpflicht einberufenen Soldaten mit dem HS 30 vertraut machen sollten, hatte man sich dazu entschlossen, den Schützenpanzerauftrag auf vorerst 4450 Stück zu reduzieren, wobei angemerkt sei, daß es vom HS 30 noch immer keinen einzigen Prototyp gab, nicht einmal die Hoffnung, ihn bald zu bekommen, ganz zu schweigen von seiner Erprobung und schließlichen Freigabe für die Serienproduktion.

Im Bundestag hatte sich Minister Strauß vom SPD-Abgeordneten Helmut Schmidt sagen lassen müssen: »Sie haben die Bewaffnung der Schützenpanzerbataillone für die nächsten fünf, acht oder auch zehn Jahre festgelegt, ohne das Ding überhaupt je gesehen zu haben!« Helmut Schmidt kannte damals noch nicht die ganze Wahrheit; er ahnte sie erst, und so konnte Strauß sich mit einem Wust von technischen Details, die niemand verstand, einigermaßen herausreden.

Immerhin hätte sich Strauß den Vorwurf des Abgeordneten Schmidt (Hamburg) zur Warnung dienen lassen können, denn er war gerade dabei, sich in ein neues, noch größeres Rüstungsabenteuer zu stürzen, bei dem das betreffende »Ding«, auf das er die Bundeswehr ebenfalls langfristig festlegen wollte, auch noch nicht vorhanden war — nicht einmal als Reißbrettskizze! Aber weder dieser Umstand noch die harte Rüge der Opposition in der HS-30-Angelegenheit konnten Strauß davon abhalten, sich nun auf noch weit größere Risiken einzulassen.

Im Oktober 1958 traf er über die Köpfe seiner Planer und Berater hinweg die Entscheidung, die bundesdeutsche Luftwaffe mit dem *Starfighter* der amerikanischen Flugzeugfirma *Lockheed* auszurüsten.

Er tat indessen noch weit mehr: Noch ehe über Preise, Lizenzgebühren, Garantien und Termine auch nur vorfühlend verhandelt worden war, erklärte Strauß den *Lockheed*-Vertretern, daß er sich nun endgültig für ihr Produkt, den *Starfighter,* entschieden habe. Damit war für *Lockheed* ein harter Konkurrenzkampf, besonders mit der amerikanischen *Super Tiger*-Herstellerfirma *Grumman* und der französischen Firma *Dassault,* die die *Mirage III* anzubieten hatte, überraschend beendet, und *Lockheed* wußte diesen Vorteil zu nutzen:

Das Vertragswerk, das schließlich im Frühjahr 1959 zustande kam, übertraf selbst noch die HS-30-Kontrakte; der Bundesrechnungshof bedachte es später mit dem Prädikat »miserabel«. Neben stark überhöhten Gewinnspannen für *Lockheed* war der Hauptmangel des *Starfighter*-Vertrags, daß darin zwei unvereinbare Dinge miteinander gekoppelt wurden: Einerseits der Auftrag, den (vorhandenen) Schönwetter-Abfangjäger F-104-*Starfighter* zu einem (noch keineswegs vorhandenen) Allwetter-Mehrzweck-Flugzeug F-104 G (G = German) zu entwickeln; anderseits der Auftrag zur Lieferung von zunächst 66 komplett bei *Lockheed* zu produzierenden Maschinen dieses neuen Musters.

Diese Koppelung erwies sich als ein verhängnisvoller Fehler, denn während bei einem Produktionsauftrag für ein schon entwickeltes, erprobtes und ausgereiftes Flugzeug von der Lieferfirma feste Garantien übernommen werden müssen, kann bei einem Entwicklungsauftrag weder für einen festen Preis, einen bestimmten Termin noch für das Gelingen eine Gewähr geleistet werden, und natürlich trägt der Auftraggeber alle Kosten und auch das ganze Risiko.

Genaugenommen war die F-104 G, die Minister Strauß sich bei *Lockheed* bestellte, ein neues Flugzeug. Die von ihm gewünschte zusätzliche Elektronik erforderte eine erhebliche Verstärkung von Rumpf und Tragflächen des ursprünglichen Schönwetterjägers. Auch das Leitwerk mußte vergrößert, die Leistung des Triebwerks stark erhöht werden. Am Ende wog die F-104 G fast ein Drittel mehr als die ursprüngliche F-104.

Im November 1958 meldete der Bonner Korrespondent

der *Welt*, aus dem Bundesverteidigungsministerium verlaute, daß an dem für die Luftwaffe vorgesehenen *Lockheed*-Flugzeug *Starfighter* für die besonderen deutschen Anforderungen nur »einige geringfügige Änderungen an der elektronischen Ausrüstung notwendig« seien. Ein paar Jahre später schrieb das amerikanische Fachblatt *Aviation Week*: »Weder die Deutschen noch die amerikanischen Vertragspartner übersahen, als die Sache anfing, in was sie sich da eingelassen hatten. Sie waren beide etwas zu naiv . . .«

Was indessen diese angebliche Naivität der Vertragspartner diesseits und jenseits des Atlantik angeht, so regten sich später allerlei Zweifel. Was *Lockheed* betraf, so hatte diese Firma bis dahin jahrelang große Verluste gehabt. Der riesige Auftrag des Bonner Verteidigungsministeriums bedeutete für den Flugzeug-Konzern die Rettung vor dem Bankrott. Natürlich wollte *Lockheed* den Milliardenauftrag auf keinen Fall verlieren, und seine Repräsentanten versprachen gern alles, was die Deutschen hören wollten: Liefertermine, die gar nicht einzuhalten waren; die Lösung von Entwicklungsaufgaben, von denen die Konstrukteure wissen mußten, daß es kaum eine Möglichkeit gab, sie zu bewältigen. Aber natürlich legte sich *Lockheed* in diesen Punkten nicht vertraglich fest, sondern garantierte nur, sich der einträglichen Aufgabe »nach besten Kräften« anzunehmen.

Auch die bundesdeutschen Auftraggeber waren weniger naiv als vielmehr von Hoffnungen geblendet. Denn die äußerst kostpieligen und — wie es im Verteidigungsministerium hieß — »bis an die Grenzen der Physik« reichenden Umbauten des *Starfighter* F-104 G zum Super-*Starfighter* F-104 G konnten — so raunten sich die Fachleute schon 1958 zu — nur eines bedeuten: den dringenden Wunsch, sich nicht auf die reine Verteidigung beschränken zu müssen, sondern massiv angreifen zu können, und zwar mit Atombomben!

So sah es bald auch *Der Spiegel* und berichtete, ohne daß sich in Bonn Widerspruch regte:

»Die Starfighter-Verbände . . . sollen bei einem etwaigen

Angriff unter dem Rumpf tragen, was nun auch deutschen Strategen als Inbegriff politischer und militärischer Macht gilt: die Atombombe. Die atomare Bombenlast der deutschen *Starfighter* — jeder Sprengkörper wiegt (nach Angabe des Schweizer Fachblatts *Interavia*) 910 Kilogramm und vermag etwa die fünfzigfache Vernichtungsgewalt der Hiroshima-Bombe zu entfalten — entstammt den Arsenalen der US-Armee . . .«

Das war zwar reine Zukunftsmusik, denn die F-104 G war ja noch nicht einmal auf dem Reißbrett vorhanden, geschweige denn daß ein einziger Prototyp schon im Fluge erprobt gewesen wäre. Aber tatsächlich war, wie nachzuweisen ist, Minister Strauß mit just solchen atomaren Machtträumen im Kopf an einem möglichst raschen Vertragsabschluß mit *Lockheed* so brennend interessiert gewesen. Strauß wollte damals — buchstäblich um jeden Preis — seine superschnellen Atombomber, und zwar schon bald nicht bloß die ersten 66, sondern so viele wie irgend möglich. Im Laufe des Jahres 1959 warnte der damalige Fliegergeneral Johannes Steinhoff den Verteidigungsminister und dessen Spezi und nunmehrigen Luftwaffen-Inspekteur Kammhuber wiederholt und nachdrücklich vor einer »Überhastung mit dem *Starfighter*-Programm«. Er riet dringend, keinesfalls mehr als allerhöchstens 250 Maschinen des neuen, noch gänzlich unerprobten Typs zu bestellen — mehr könne die Luftwaffe noch gar nicht »verkraften«. Minister Strauß jedoch beschloß schon damals, ohne die Lieferung des Prototyps und erste Erprobungsergebnisse abzuwarten, eine gewaltige Ausdehnung des bundesdeutschen Auftragsvolumens — auf 700 Super-*Starfighter* F-104 G!

Dazu schrieb einige Jahre später *Der Spiegel*, ohne daß seine Behauptungen je dementiert worden wären: »Zweifellos hätte die Umrüstung der deutschen Luftkriegsflotte gemächlicher vollzogen werden können, aber Strauß führte gegen die Bedenken besonnener Offiziere und Ministerialbeamter ›politische Gründe‹ ins Feld. Später wurden diese Gründe erkennbar: Strauß wollte durch eine NATO-Hintertür Deutschlands atomare Teilhaberschaft schnell zur vollendeten Tatsache machen ... Daß der Wunsch nach atomarer Kampfkraft ein Hauptbeweggrund für die Erweiterung des Starfighter-Programms war, macht eine technische Modifikation deutlich, die Strauß nachträglich an der F-104 G vornehmen ließ: Er ließ den Bombenrechner austauschen ... Insgesamt 560 bundesdeutsche Starfighter bekamen ein neues Bombenrechner-Modell, den ›Dual Timer‹, der für den Abwurf von Atombomben geeignet, für konventionelle Bomben dagegen zu ungenau ist.«

Die Atombomben-Träume des Ministers Strauß verwirklichten sich indessen zu seiner Amtszeit nicht mehr. Erst später, von 1964 an, als Strauß das Verteidigungsressort längst hatte abgeben müssen, hing eine US-Atombombe unter dem Rumpf der mit dem Eisernen Kreuz gekennzeichneten Super-*Starfighter* der bundesdeutschen Luftwaffe, wobei — wie auch bei allen anderen nuklear bewaffneten Einheiten der Bundeswehr — nur von Washington aus der Befehl zur Schärfung der Sprengköpfe gegeben und dieser nur von jeweils zwei dafür besonders abgestellten amerikanischen Offizieren gemeinsam mit Spezialschlüsseln ausgeführt werden konnte — ein Privileg, das sich die Führung der USA bis heute erhalten hat.

Was aber die dann viele Milliarden Mark Mehrkosten verschlingende Anschaffung des Ministers Strauß betraf, so erwies sich der Super-*Starfighter* F-104 G, als die ersten Maschinen mit großer Verspätung nach und nach in Dienst gestellt werden konnten, als außergewöhnlich unfall- und absturzgefährdet sowie bald auch nur als »bedingt einsatzfähig«. Das von Strauß als Handstreich geplante *Starfighter*-Abenteuer entwickelte sich zu einem schier endlosen Trauerspiel und führte schließlich, über zahlreiche Katastrophen, darunter dem gleichzeitigen Absturz von vier *Starfighter*-Maschinen nahe Nörvenich, zu einem völligen Fiasko, das die bundesdeutsche Fachzeitschrift *Flug-Revue* schon im Dezember 1962 vorausschauend folgendermaßen schilderte:

»Es geht hier um ein Milliardenobjekt. Und dieses Objekt

heißt F-104 G Super-Starfighter. Die Geschichte dieses Flugzeuges, das in Europa (und nicht nur in Europa) den Ruf einer *femme fatale* genießt, muß an dieser Stelle nicht mehr in all ihren Einzelheiten geschildert werden; sie ist seit Jahren bekannt. Es erscheint aber zweckmäßig, noch einmal zurückzublenden in das Jahr 1957, das Jahr, in dem die zukünftige Ausrüstung der Bundeswehr im Rahmen ihrer NATO-Partnerschaft aktuell wurde. Nach dem Konzept der NATO und unter Berücksichtigung der geographischen Gegebenheiten der Bundesrepublik wurde ein hypothetisches Mehrzweckflugzeug mit hoher Überschallgeschwindigkeit gefordert ... Nach zweijährigem Studium der Angebote und gewissenhafter Prüfung der besten Flugzeugmuster stand auf einmal ein Flugzeug zur Debatte, das bis dato am Wettbewerb nicht teilgenommen hatte — die amerikanische F-104 ...

Dieses modernste und schnellste amerikanische Flugzeug hatte als Top Secret nicht an der Konkurrenz teilnehmen können und wäre selbst ohne dieses Hindernis für europäische Verhältnisse völlig ungeeignet gewesen. Der Interceptor (Abfangjäger) F-104 benötigt Start- und Landebahnen von 3000 Meter Länge und besitzt die typischen Eigenschaften eines überzüchteten Hochgeschwindigkeitsflugzeugs. Von den Technikern lehnte die Mehrheit dieses Flugzeug grundsätzlich ab. Außer einer überlegenen Geschwindigkeit hatte die F-104 keine Pluspunkte aufzuweisen.

Auf die Ablehnung reagierte *Lockheed* mit der Versicherung, daß man dieses Flugzeug ›entfeinern‹ und auf europäische Einsatzbedingungen umkonstruieren könne; es werde dann den deutschen Wünschen und damit der NATO-Spezifikation entsprechen. Fast gleichzeitig begann *Lockheed* mit einer recht ungewöhnlichen Public-Relations-Kampagne ...«

Worauf die *Flug-Revue* damals so behutsam anspielte, wurde dreizehn Jahre später, im Winter 1975/76, ausgelöst durch die Untersuchungen eines Anti-Korruptions-Ausschusses des amerikanischen Senats, weltweit bekannt als der

»Lockheed-Skandal«: *Lockheed* hatte, so stellte sich heraus, Politiker und Militärs zahlreicher mit den USA verbündeter Staaten massiv bestochen, allein seit 1970 mit mindestens 24,4 Millionen Dollar, nicht zu reden von einer kaum geringeren Summe in den späten fünfziger und den sechziger Jahren. Es war der größte Schmiergeld-Skandal der Geschichte. Er erschütterte Kolumbien, Mexiko, Schweden, die Türkei, Italien, die Niederlande und vor allem Japan. Zwei frühere japanische Ministerpräsidenten wurden als Schmiergeld-Empfänger überführt und gingen im *Lockheed*-Strudel unter, desgleichen etliche italienische Spitzenpolitiker, darunter zwei ehemalige Verteidigungsminister. In Holland kam sogar das Königshaus ins Gerede; Prinz Bernhard trat von allen öffentlichen Ämtern zurück.

Ebenfalls ins Zwielicht geriet nun auch der Mann, der in den späten fünfziger und frühen sechziger Jahren den größten Einzelauftrag überhaupt an *Lockheed* erteilt hatte, und zwar gegen den Rat vieler Fachleute und zu geradezu haarsträubenden Bedingungen, wie der Bundesrechnungshof dann feststellen mußte: der frühere Verteidigungsminister Franz Josef Strauß.

Ausgerechnet dessen alter Freund und Förderer aus der ersten Nachkriegszeit in Schongau, der frühere amerikanische Geheimdienstoffizier und spätere *Lockheed*-Repräsentant in Bonn, Ernerst F. Hauser*, den Strauß selbst dem *Lockheed*-Konzern mit Nachdruck empfohlen hatte, dessen Trauzeuge, Kindspate und Retter aus finanzieller Bedrängnis er geworden war, belastete nun ihn und auch die von ihm geführte CSU durch Zeugenaussagen und angebliche Tagebuchaufzeichnungen, die die politische Karriere von Strauß hätten beenden können. Doch Hauser hatte letztlich keine Beweise für seine schweren Anschuldigungen; in den *Lockheed*-Akten, soweit sie vorlagen, fand sich keinerlei Bestätigung dafür. Strauß nannte Hauser einen »Schwindler« und

* Wie sich Hauser und Strauß in der ersten Nachkriegszeit im oberbayerischen Schongau kennengelernt hatten, ist nachzulesen in Bernt Engelmann, *Wie wir wurden, was wir sind,* München, 1980, S. 46f.

verdächtigte seinen alten Freund als Werkzeug der »Kommunisten Moskauer Prägung«. Strauß konnte schließlich befriedigt feststellen, daß sich alle Vorwürfe gegen ihn und seine Partei als »haltlos« erwiesen hätten; die Berichterstattung angesehener Blätter wie der *Süddeutschen Zeitung* nannte er »Gangsterjournalismus«.

Dies nur zur Erklärung der vorsichtigen Andeutung in dem 13 Jahre vor dem Ausbruch des *Lockheed*-Skandals veröffentlichten Artikel der Fachzeitschrift *Flug-Revue,* worin es über den *Starfighter* F-104 G weiter hieß:

»Im Oktober 1959 trat die F-104 in die endgültige Konkurrenz zur *Mirage;* die Politiker nahmen den Technikern und Taktikern die Entscheidung ab und entschieden sich für das von *Lockheed* vorgeschlagene Modell ... Sie entschieden sich für ein Flugzeug, das nur auf dem Papier existierte! Es besteht heute nicht der geringste Zweifel darüber, daß die zweijährige Prüfungsarbeit des Ausschusses nichts weiter als eine Farce war. Die Beschaffung der Initialausrüstung (der Bundesluftwaffe) war nicht eine Frage der technischen Qualifikation und der taktischen Erfordernisse; sie war eine rein politische.

Noch während die Politiker in Bonn die Argumente der Techniker abwehrten, begann in den USA das große *Starfighter*-Sterben. Nachdem der *Starfighter* eine erschreckend große Unfallneigung gezeigt hatte, zogen die USA alle F-104 aus dem Dienst — insgesamt vier Squadrons (Geschwader). Im Frühjahr 1960 wurde dieser Typ endgültig gesperrt und zum Verkauf an kleinere Luftwaffen von zweitrangiger Bedeutung freigegeben; die Maschinen wurden National-China und Pakistan überlassen. Diese Meldung wurde in der Bundesrepublik unterdrückt ...«

Soweit die *Flug-Revue* im Dezember 1962.

Zwei Jahre zuvor hatte Bundesverteidigungsminister Strauß gleich siebenhundert Maschinen des noch gar nicht vorhandenen Typs F-104 G bestellt. Ganz gleich, was sonst noch dahingesteckt haben mochte, daß es zu einer solchen Entscheidung kommen konnte — eines ist sicher: Ein wesentlicher Bestandteil dieses aberwitzigen Hineinstürzens in ein unübersehbares, ungemein kostspieliges und höchst riskantes Abenteuer war die militärische Großmannssucht einer Führung, die aus der Katastrophe von 1945 offensichtlich nichts gelernt hatte. Daß sie sich mit ihrem — schon im Fall der Bestellung von mehr als zehntausend Schützenpanzern für jedermann erkennbaren — Größenwahn gegen alle Vernunft hatte durchsetzen können, war wohl in erster Linie auf den anscheinend in Deutschland unausrottbaren, auch nach zwei verlorenen Weltkriegen noch vorhandenen Aberglauben der Bürger zurückzuführen, daß Generalen, erst recht Oberbefehlshabern, ein Übermaß an Sachverstand von Gott zugleich mit ihrem hohen Rang verliehen worden sei. Umgekehrt bestärkte der Untertanengeist die Herrschenden, nicht zuletzt den Verteidigungsminister und Oberbefehlshaber der Bundeswehr Franz Josef Strauß, in der Annahme, sich gegenüber dem Parlament, erst recht gegenüber allen »untergeordneten« zivilen und militärischen Behörden oder gar nur schlichten Bürgern und Steuerzahlern, alles herausnehmen zu dürfen. Der autokratische Kanzler und die vom »alten Geist« beseelte Generalität sowie seine zahlreichen Vorzimmerschranzen und Aktentaschenträger ermunterten den jüngsten Wehrminister der deutschen Militärgeschichte geradezu, sich als niemandem Rechenschaft schuldiger Generalissimus aufzuspielen, wie das folgende Beispiel aus dem Ministeralltag des Jahres 1958 deutlich macht:

Am 28. April 1958 hatte Strauß als Oberbefehlshaber der Bundeswehr in einem »Tagesbefehl« von jedem Vorgesetzten »vorbildliche Haltung im Dienst wie auch außerdienstlich« gefordert. Tags darauf, am 29. April, gab der Minister, wohl im Überschwang seines Triumphes, den er kurz zuvor im Bundestag in der Frage der atomaren Bewaffnung errungen hatte, seinem Fahrer die Anweisung, sich an die Verkehrszeichen eines Bonner Polizisten nicht zu halten. Als der Fahrer, Leonhard Kaiser, daraufhin den Ministerwagen über die nicht freigegebene Kreuzung neben dem Bundeskanzleramt jagte, entging er nur knapp dem Zusammenstoß mit einer vollbesetzten Straßenbahn, deren Fahrer gerade noch hart bremsen konnte.

Auf der Rückfahrt ließ Strauß seinen Fahrer neben dem Verkehrspolizisten, dem Polizeihauptwachtmeister Hahlbohm, halten und fragte ihn, ob er Anzeige zu erstatten gedenke. Der Polizeibeamte bejahte dies, woraufhin Minister Strauß ihn barsch aufforderte, seinen Namen zu nennen, und hinzufügte: »Ich werde dafür sorgen, daß Sie von der Kreuzung hier verschwinden.«

Im weiteren Verlauf der Angelegenheit verlangte Minister Strauß zunächst vom Bonner Polizeipräsidenten Dr. Degenthoff, er solle Hauptwachtmeister Hahlbohm strafversetzen. Als dies nichts fruchtete, wandte sich Strauß an den neuen Innenminister von Nordrhein-Westfalen, Dr. Dufhues (CDU). »Ich muß verlangen«, hieß es in der förmlichen Dienstaufsichtsbeschwerde, »daß der Beamte nicht nur gemaßregelt, sondern in Zukunft auch nicht mehr in Bonn als Verkehrspolizist verwendet wird . . .«

Aber Innenminister Dr. Dufhues wies die Beschwerde ab, da der Hauptwachtmeister pflichtgemäß gehandelt habe. Als dies öffentlich bekannt wurde (und in diesem Zusammenhang auch das Strafregister des Ministerfahrers Kaiser), stellte Minister Strauß Strafantrag gegen Hauptwachtmeister Hahlbohm wegen Verletzung der Amtsverschwiegenheit. Die Verhandlung gegen den Beamten vor dem Landgericht Bonn ergab, daß Hahlbohm keine Amtsgeheimnisse verraten hatte; er wurde auf Kosten der Staatskasse freigesprochen.

Etwa zur gleichen Zeit, mit Datum vom 13. August 1959, gab Minister Strauß folgenden fernschriftlichen Befehl:

»An alle Kommandeure.

Betrifft: Kraftfahrzeugunfälle in der Bundeswehr.

Verlange beispielhaftes Verhalten im Straßenverkehr und strenge Bestrafung bei Verkehrsdelikten. Anordne strenge Auslese bei der Auswahl des Fahrpersonals. Wiederholte, auch leichtere Verkehrsverstöße können auf charakterliche Mängel schließen lassen.«

Der ständige Fahrer des Ministers, Kaiser, dessen Vorstrafen Strauß spätestens seit dem Strafantrag gegen Polizeihauptwachtmeister Hahlbohm bekannt waren, wurde von ihm weiterbeschäftigt, obwohl Kaiser wegen Verkehrsdelikten schon fünfmal gerichtlich bestraft worden war. In der Folgezeit verursachte Kaiser durch Nichtbeachtung der Vorfahrt einen schweren Unfall; drei Personen wurden dabei erheblich verletzt. Er wurde von Minister Strauß dennoch weiterbeschäftigt. Erst als Kaiser bald darauf, diesmal wegen Verkehrsgefährdung und Bedrohung des anderen Fahrers mit der Dienstpistole, erneut gerichtlich bestraft wurde, ließ Strauß ihn nach München versetzen, beschäftigte Kaiser aber weiter als Fahrer, so oft er, was sehr häufig der Fall war, nach München kam.

Indessen stellen der »Fall Hahlbohm« und seine Konsequenzen insofern eine Ausnahme dar, als sich Strauß dabei nicht hatte durchsetzen können; die Angelegenheit war frühzeitig publik geworden, und das empörte Presseecho hatte die von Strauß bemühten Parteifreunde zur Zurückhaltung gezwungen. In vielen anderen Fällen wurde erst Jahre später bekannt, mit welcher scheinbaren Selbstverständlichkeit sich Minister Strauß über Recht und Gesetz hinweggesetzt hatte.

Der 82jährige Bundeskanzler Konrad Adenauer, dem sein Verteidigungsminister nachzueifern trachtete, verhielt sich jedoch, zumal gegenüber lästigen Verkehrsregelungen, weit souveräner als Strauß. So ließ er beispielsweise im Juni 1958, als er an der Jahresversammlung der Max-Planck-Gesellschaft in Hannover teilnehmen wollte, sämtliche Autobahnabschnitte zwischen Bonn und Hannover, auf denen wegen Ausbesserungsarbeiten Gegenverkehr herrschte, polizeilich in Einbahnstraßen umwandeln, so daß er freie Fahrt auf der ganzen Strecke hatte. »Dadurch«, so eine Pressemeldung vom 11. Juni 1958, »wurde der allgemeine Verkehr für einige Stunden derart behindert, daß sich bis zu zehn Kilometer lange Stauungen bildeten.«

Die Bundesbürger, an denen die Kanzlerkolonne mit Höchstgeschwindigkeit vorbeigerast war (mit Blaulicht natürlich, das — wie einst die Fanfarenhupe Wilhelms II. — »Weg frei, Er kommt!« befahl), murrten zwar, aber am nächsten Wahltag, dessen konnte sich Adenauer sicher sein, würden sie ihm dann wieder eine starke Mehrheit verschaffen. Er erfüllte, wie der ihm und seiner Politik überaus freundlich gesinnte frühere amerikanische Diplomat Charles W. Thayer meinte, »den traditionellen Traum vom starken Mann«.

Niemand hat Adenauers autoritären Regierungsstil treffender geschildert als Rudolf Augstein in einem Rückblick aus dem Jahre 1964, wo es in bezug auf den erst wenige Wochen zuvor nach vierzehnjähriger, nahezu unumschränkter Herrschaft endlich zum Rücktritt gezwungenen Bundeskanzler hieß:

»Die Bundestagswahlen von 1953 und 1957 gaben ihm eine so unerschütterliche Stellung, daß er seine eigene Parteiorganisation kritisieren konnte, als sei er nicht ihr Erster, verantwortlicher Vorsitzender, sondern der Revisor aus Himmelshöhen von einer übergeordneten Instanz. Die Ministerpräsidenten der von der CDU geführten Bundesländer kanzelte er ab, in corpore, ohne Ziel und ohne einen anderen Anlaß als eben den, daß Parteitag war. Im Bundespräsidenten sah er wenig mehr als eine von seinen Gnaden einzuberufende Schachfigur ... Bundesrat und Bundesverfassungsgericht wurden so kritisiert, als könnten sie unverständlicherweise nicht begreifen, welch überlegener Einsicht seine Maßnahmen entstammten. Den CSU-Justizminister Schäffer brachte er dazu, als privater Treuhänder einer Fernsehgesellschaft mit sich selbst als dem Vertreter der Bundesregierung einen Kontrakt zu schließen. Recht mußte gesprochen werden, aber, bitte sehr, das richtige, das nichtpingelige Recht. Die Bundesminister führten ihre Geschäftsbereiche nicht im Rahmen seiner Richtlinien, sondern hatten seinen Willen zu vollstrecken. Für die Außenpolitik galt das ohnehin, für die komplizierten fachlichen Probleme des Verteidigungsministeriums galt es nicht ... Den Wirtschaftsminister und den Arbeitsminister ließ er mehrfach mit Kabinettsbeschlüssen ins Gefecht ziehen, über die er persönlich sich dann hinwegsetzte. Es gab keine Kabinettsloyalität gegenüber den Interessenten; kamen sie zu ihm, so war er nicht Chef der Bundesregierung, sondern der große Manitou ... In Ministerien, in denen er ›seine‹ Staatssekretäre sitzen hatte, die vom Chef der Bundeskanzlei — Globke — dirigiert wurden, hatten die Minister wenig zu sagen ...

Im Ausbeuten menschlicher Schwächen bewies er immense Geduld. Rat von Abhängigen nahm er entgegen. Seine innenpolitischen Partner aber behandelte er, wie er das Wählervolk behandelte: als Unmündige. Da er der Überzeugungskraft ermangelte, konnte er nicht Demokrat sein. Demokratie ist Für-mündig-Halten und Mündigmachen. Sein Herrschaftssystem dagegen fußte auf dem Grundsatz, alle für unmündig zu halten und in der Unmündigkeit zu erhalten.« Es war dies das Herrschaftsprinzip des Absolutismus in seiner letzten Phase, der »alte Geist«, den noch zu Beginn des 20. Jahrhunderts Wilhelm II. mit seinen Generalen, Junkern und Großindustriellen wie Krupp und Stumm mit allen Mitteln aufrechtzuerhalten versuchten.

Aber war diese »patriarchalische Demokratie«, wie Alfred Grosser damals meinte, wirklich »die für die Bundesrepublik glücklichste Lösung«?

13. Das Ende eines Traums

Am 13. Mai 1958 hatten im damals noch französischen Algerien, dessen »Befriedung« Frankreich nicht gelungen war, die Fallschirmjäger im Bunde mit den Ultrarechten gegen die »verrottete« IV. Republik geputscht. Die ratlosen Parlamentarier in Paris hatten daraufhin General Charles de Gaulle, den unbeugsamen Führer des Widerstands im Zweiten Weltkrieg und ersten Nachkriegs-Regierungschef, aus dessen selbstgewählter Verbannung zurückgeholt. Von Colombey-les-Deux-Églises, seinem lothringischen Landsitz, war er nach Paris gekommen und hatte, mit besonderen Vollmachten ausgestattet, die Ministerpräsidentschaft übernommen. Nach der Sommerpause, am 1. September 1958, proklamierte Charles de Gaulle dann die V. Republik mit einer ganz auf seine Person zugeschnittenen Verfassung. Am 14. September 1958 empfing der General als nunmehriger Staatspräsident in Colombey-les-Deux-Églises Bonns Bundeskanzler Konrad Adenauer. Noch im selben Herbst, am 26. November, traf de Gaulle erneut mit Adenauer zusammen, diesmal in Bad Kreuznach.

»Es ergab sich ein deutsch-französisches Einvernehmen, wie es seit Generationen nicht mehr zu verzeichnen war«, erklärte der Sprecher der französischen Delegation nach dem Ende der nur fünf Stunden dauernden Staatsvisite. Dieses Einvernehmen wurde auch auf der abendlichen Pressekonferenz demonstriert: Noch ehe die beiden Außenminister, Dr. Heinrich v. Brentano und Maurice Couve de Murville, den Konferenzraum überhaupt betreten hatten, wurde bereits ihr gemeinsames Kommuniqué an die Journalisten verteilt; die Vertreter der britischen und amerikanischen Nachrichtenagenturen gingen dabei übrigens leer aus.

Aber diese mit großem Pomp zelebrierten Beweise der engen Freundschaft, garniert mit lächerlichen kleinen Nadelstichen gegen die anderen Verbündeten, konnten nur kurze Zeit darüber hinwegtäuschen, daß mit de Gaulles Machtergreifung alles anders geworden war.

Adenauers Grundkonzept der westeuropäischen Integration war nun endgültig vom Tisch. Charles de Gaulle hatte diese von Paris immer nur halbherzig und unter nationalen Vorbehalten betriebene Politik brüsk beendet und blieb bis zuletzt ein unversöhnlicher Feind der Vorstellungen Adenauers von einem vereinigten Westeuropa.

Da Adenauers Politik der Westintegration gekoppelt war mit seiner Maxime, daß Bonn um jeden Preis mit Frankreich zusammenarbeiten müsse, war der Kanzler nun in eine Sackgasse geraten. Und da Charles de Gaulle bald auch noch die Trennung von den USA zum Programm erhob, die schließlich zum Austritt Frankreichs aus dem militärischen Bereich der NATO führte, verwirrte er Konrad Adenauer vollends, der schon das leiseste Abrücken von der Politik Washingtons für eine Todsünde und die NATO für sakrosankt hielt. De Gaulle beraubte Adenauer aller westlichen Orientierungspunkte. Der Kanzler blieb fortan hin- und hergerissen zwischen Paris und Washington, dabei immer wieder gezwungen, de Gaulle nachzugeben, der ihn an die kurze Leine nahm und sich dabei auch noch auf Adenauers ältestes und wichtigstes Anliegen, die deutsch-französische Aussöhnung, berief.

Vergeblich erwarteten Italien und die Benelux-Staaten von Adenauer, daß er seinen anderen Herzenswunsch, die europäische Integration, zäh verteidigen werde. Aber davon konnte keine Rede mehr sein; der Traum von einem europäischen Bundesstaat zerstob, und an seine Stelle setzte de Gaulle seine Phrase vom »Europa der Vaterländer«, die die Restauration des nationalstaatlichen Souveränitätsdenkens einleitete.

In diesem »Europa der Vaterländer«, so hätte man meinen können, wäre auch für Großbritannien Platz gewesen. Doch de Gaulle war da ganz anderer Ansicht, und die übrigen Europäer, zumal die Benelux-Staaten, hofften vergeblich, daß Bonn wenigstens in dieser Frage dem neuen Sonnenkönig in Paris widersprechen würde. Die Integration, die Adenauer gegen de Gaulle nicht zu verteidigen wagte, mußte zur Abschreckung Englands herhalten, und Bonns Diplomaten durften es den Briten erklären.

Als schließlich bei allen westeuropäischen Partnern die schon lange gehegte Befürchtung, daß sie von Bonn und Paris gemeinsam majorisiert würden, zur Gewißheit geworden war, als de Gaulle die Wünsche der kleineren Partner rücksichtslos beiseite geschoben und England vom Gemeinsamen Markt ausgeschlossen hatte, schloß Adenauer auch noch einen Pakt mit ihm, der das enge Zusammengehen der beiden Hegemonialmächte so stark betonte, daß die anderen argwöhnisch wurden. Wollte Bonn, so fragten sich Italiener und Briten, Holländer und Belgier, eines Tages allein die Vorherrschaft übernehmen? Und würden sie dann alle in einen Krieg zur Wiederherstellung der alten deutschen Grenzen hineingerissen werden?

Solche Befürchtungen waren nicht gar so absurd, denn zur selben Zeit, da Charles de Gaulle sich an die Spitze der V. Republik stellte und die europäische Integration vom Tisch wischte, hatte der Bundestag mehrheitlich beschlossen, die Bundeswehr atomar zu bewaffnen, waren vom Verteidigungsminister Strauß, neben Riesenmengen von Schützenpanzern, auch noch mehr als 700 Super-*Starfighter* bestellt worden, und in Adenauers Regierungsmannschaft überboten sich die Kabinettsmitglieder gegenseitig in revanchistischen Forderungen und deutschnationalem Protzentum.

In der Bundestagsdebatte über die atomare Aufrüstung hatte der SPD-Abgeordnete Schmidt (Hamburg) die Großmannssucht der Kalten Krieger in einer ungewöhnlich scharfen Rede gegeißelt und vor den katastrophalen Folgen gewarnt. Auf den Vortrag des CDU-Abgeordneten Dr. Richard Jaeger, des Vorsitzenden des Verteidigungsausschusses, den Helmut Schmidt als »Herr Jaeger (Formosa)« tituliert hatte, um ihn als Chauvinisten und Kalten Krieger vom Schlage des Marschalls Tschiangkaischek abzustempeln, war von dem sozialdemokratischen Wehrexperten namens seiner Fraktion erwidert worden: »Wir sagen dem deutschen Volke in voller, ernster Überzeugung, daß der Entschluß, die beiden Teile unseres Vaterlandes mit atomaren Bomben gegeneinander zu bewaffnen, in der Geschichte einmal als genauso schwerwiegend und verhängnisvoll angesehen werden wird, wie es damals das Ermächtigungsgesetz für Hitler war.«

Der Regierungskoalition warf Helmut Schmidt vor, sie lasse sich »von der satanischen Weisheit des klassischen Imperialismus leiten, von dem Satze, der da heißt: Si vis pacem, para bellum« (Wenn du den Frieden willst, bereite den Krieg vor). »Wenn Sie vom ›Abendland‹ reden«, verhöhnte Helmut Schmidt die Union, die er bereits zuvor »Christlich-Deutschnationale Union« genannt hatte, »dann meinen Sie die NATO, nichts als die NATO, nur die NATO!«

Besonders warnte Schmidt vor dem »machtbesessenen« Minister Strauß. Gegen dessen Konzept der massiven atomaren Aufrüstung setzte er die Forderung, »die militärischen Kräfte der Großmächte geographisch voneinander zu trennen«. Er plädierte für eine atomwaffenfreie Zone, bestehend aus Polen, der Tschechoslowakei, der DDR und der Bundesrepublik, wie sie schon der Rapacki-Plan vorgesehen hatte, und für einen Abzug der Sowjets und der Amerikaner aus Deutschland, »Schritt für Schritt und in gleichen Prozentsätzen«. Und er schloß mit einem Wort des großen nationalliberalen Außenministers der Weimarer Republik, Gustav Stresemann: »Legen Sie endlich ihren deutschen Größenwahn, Ihren deutschnationalen Größenwahn ab!«

Daraufhin war der SPD-Vorsitzende Erich Ollenhauer aufgesprungen und hatte Helmut Schmidt — »Schmidt-Schnauze«, wie er dann etliche Jahre lang von seinen Genossen mit durchaus respektvollem Unterton genannt wurde —

lange die Hand geschüttelt. Noch im selben Jahr 1958 war Helmut Schmidt in den Bundesvorstand der SPD gewählt worden. Doch was die Entscheidung über die atomare Aufrüstung betraf, so war die SPD — wie 1933 beim Ermächtigungsgesetz, wo sie sich für »wehrlos, aber nicht ehrlos« erklärt hatte — mit ihren Argumenten nicht durchgedrungen. Die Regierungsmehrheit Konrad Adenauers war darüber achtlos hinweggegangen.

Aber noch im selben Jahr, am 27. November 1958, bekam sie dafür aus Moskau die Quittung: Ein an die Westmächte gerichtetes sowjetisches Ultimatum mit der Forderung, West-Berlin zu einer entmilitarisierten Freien Stadt zu erklären. Der Kreml hatte sich den schwächsten Punkt des westlichen Bündnisses ausgesucht, um den übermütigen Kalten Kriegern in Bonn die Grenzen ihrer Macht deutlich werden zu lassen. Nun würde sich zeigen, ob Washington oder London oder gar Paris bereit sein würde, wegen West-Berlin einen Krieg anzufangen — denn anfangen müßten die Westmächte, da die DDR die militärischen Zufahrtswege ebenso blockieren konnte wie die Versorgung der West-Berliner Bevölkerung.

»Die Machtprobe, von der unsere Abendland-Phantasten geträumt haben, ist da«, schrieb Rudolf Augstein als »Jens Daniel« im *Spiegel* vom 10. Dezember 1958. »Um der drohenden Niederlage zu entgehen, werden die Heilmittelchen, die Bonns Politiker im Alliierten-Stübchen zusammenbrauen, nicht mehr ausreichen . . .«

Auch in West-Berlin, wo die SPD unter Führung von Willy Brandt am 7. Dezember 1958 mit 53 Prozent der abgegebenen Stimmen die absolute Mehrheit errungen hatte und die CDU auf 38 Prozent Stimmenanteil gekommen war, sah man sorgenvoll in die Zukunft. Wie weit würde man es in Bonn kommen lassen? Die bisherige »Politik der Stärke« samt Hallstein-Doktrin, Propaganda-Trommelfeuer gegen das »Zonen-Regime«, organisierter Abwerbung und Fluchthilfe sowie ständiger Provokationen Moskaus von West-Berlin aus hatten die Lage der West-Berliner ebensowenig erleichtert wie die der DDR-Bevölkerung, zudem die Aussicht auf Wiedervereinigung — von der Rückgewinnung der Ostprovinzen ganz zu schweigen — in immer weitere Fernen rücken lassen. Würde sich nun die Bonner Ostpolitik als ebenso illusionär erweisen wie die ein Jahrzehnt lang als vorrangig propagierte Westpolitik?

Schon mehrten sich die Stimmen der Vernunft, die eine Anerkennung der DDR und der Oder-Neiße-Grenze, die Aufnahme beider deutschen Staaten in die UNO, eine internationale Garantie für West-Berlin und eine Verständigung mit dem Ostblock auf der Grundlage des Rapacki-Plans forderten, vor allem aber, als Bonner Vorleistung und erstes Zeichen des guten Willens, einen Verzicht auf die ständige Herausforderung des Ostens von West-Berlin aus.

»Jene Eigenschaft Berlins, an der uns aus menschlichen Gründen gelegen sein muß, jene Fluchtbrücken-Eigenschaft, birgt die meisten Schwierigkeiten«, heißt es in jenem »Jens Daniel«-Kommentar vom 10. Dezember 1958 weiter. »Denn das Wohlstandsgefälle zwischen West und Ost hat seine Ursache ja nicht allein in der Mißwirtschaft der SED. Vielmehr hat die Zone stellvertretend für ganz Deutschland jene Reparationen zahlen müssen, die Rußland als das am meisten verwüstete Land des Hitler-Krieges von den Westmächten nicht beitreiben konnte. Allerdings würden schon Reiseerleichterungen die Fluchtbewegung eindämmen ... Ohnedies«, fügte »Jens Daniel« prophetisch hinzu, »dürfen wir uns nicht in der Hoffnung wiegen, daß Berlin unter den jetzigen Umständen noch lange als Flucht-Brücke dienen könnte. Es ist technisch möglich, Berlin hermetischer abzuschließen als die viele hundert Kilometer lange Zonengrenze.«

Da war sie bereits, die Vision der Mauer, die erst fast drei Jahre später, am Sonntag, dem 13. August 1961, dann tatsächlich errichtet wurde und die den mächtig angeschwollenen Strom der Abwanderung aus der DDR über Nacht in ein nur noch leise tröpfelndes Rinnsal verwandelte. Sage also niemand, dergleichen habe sich nicht voraussehen lassen!

Versuche auch keiner, mit dem Finger anklagend auf »die da drüben« zu zeigen und ihnen die alleinige Schuld an der traurigen Entwicklung aufzubürden.

Die Berliner Mauer, die in den sechziger und siebziger Jahren zum Symbol unüberwindbarer deutsch-deutscher Gegensätze wurde, war ein Produkt des Kalten Krieges, und dieser wiederum war das Lebenselexier der Bundesrepublik unter Bundeskanzler Adenauer, während die Deutschen in der DDR darunter schwer zu leiden hatten. Gegen Ende der fünfziger Jahre nannte eine französische Zeitung das westdeutsche Wirtschaftswunder unhöflich, aber zutreffend, »eine Sumpfblüte des Kalten Krieges«, und Gösta v. Uexküll, der frühere außenpolitische Kommentator der *Welt*, der dann in Gert v. Paczenskys *Panorama*-Redaktion beim Fernsehen des Norddeutschen Rundfunks eingetreten war, legte etwa zur gleichen Zeit in einem brillanten Aufsatz dar, daß der rasche Aufstieg Westdeutschlands aus den Trümmern des Zweiten Weltkriegs zur führenden Wirtschaftsmacht Europas allein darauf zurückzuführen war, daß Hitlers Wehrmacht die Entscheidungsschlacht um Stalingrad verloren hatte und nicht die Rote Armee. Hätten die Sowjets vor Hitler kapitulieren müssen, wären sie, wie 1918, aus dem Kreis der Siegermächte ausgeschieden. Dann hätte der Westen, schlimmer als nach dem Ersten Weltkrieg, dem besiegten Deutschland ein »Morgenthau-Versailles« diktiert, von dem es sich für lange Zeit nicht wieder erholt hätte. Keine »Treue« zum Westen, kein Bekenntnis zum Abendland, kein Appell an die europäische Solidarität und die »atlantische Schicksalsgemeinschaft« hätte Deutschland vor der Rache der westlichen Sieger gerettet!

Die Tatsache, daß die Sowjetunion am Ende des Zweiten Weltkriegs unter den Siegern und zur zweiten Weltmacht aufgestiegen war sowie die sogleich beginnende Rivalität der beiden großen Lager, aus denen dann die sich feindlich gegenüberstehenden Militärbündnisse entstanden, bewahrte das westliche Deutschland vor der ihm eigentlich auch zugedachten Bestrafung, lautete Gösta v. Uexkülls Schlußfolgerung. »Statt Hungerblockade: Care-Pakete, statt Versailles: Pariser Verträge und Aufnahme in die NATO, statt Reparationen: Marshall-Hilfe. ... Wo bleibt da die Gerechtigkeit und wo die Logik? Und hier zeigt sich, daß zwar nicht aus den Begriffen ›Schuld‹ und ›Sühne‹ eine Antwort hergeleitet werden kann, wohl aber aus den Begriffen ›Ursache‹ und ›Wirkung‹ ...«

Zu den Wirkungen gehörte natürlich auch, daß Westdeutschland fortan im Kalten Krieg an vorderster Front stand, was wiederum der politischen Rechten in der Bundesrepublik prächtig ins Konzept paßte, denn der zur Staatsdoktrin erhobene Antikommunismus im Verein mit dem wirtschaftlichen Aufschwung ließ die entsetzliche Vergangenheit rasch in Vergessenheit geraten, brachte alle alten »Fachleute« wieder an die Futterkrippe, ließ die Konzerne wieder aufblühen und den »alten Geist« in die neuen Kasernen einziehen.

Der Kalte Krieg hätte, wenn es allein nach dem Willen seiner Nutznießer gegangen wäre, ewig dauern können, und deshalb fachten sie ihn, wenn er abzuflauen drohte, eilig wieder an, durchaus im Einverständnis mit Adenauer, der sich davon das völlige Zusammenwachsen seines reichen Rheinbund-Staats mit dem »Abendland« und die immerwährende Gunst Washingtons versprach.

Doch nun hatte die bundesdeutsche Rechte, indem sie die atomare Aufrüstung der Bundeswehr beschloß, den Bogen überspannt. Chruschtschows Berlin-Ultimatum, genau auf die schwächste Stelle des westlichen Bündnisses gezielt, rief den noch halbwegs nüchternen Politikern in Bonn mit einem Schlage ins Bewußtsein, was geschehen könnte, falls sich die USA, über die Köpfe ihrer Verbündeten am Rhein hinweg, mit der Sowjetunion über eine friedliche Berlin- und Deutschland-Regelung verständigen würden. Denn daß sich Washington wegen West-Berlin zum Atomschlag bereitfinden könnte, das glaubten nicht einmal Minister Strauß und seine Generale. Gerade deshalb, so argumentierten sie, brauchten sie ja so dringend eigene Atomwaffen.

Sie begriffen nicht, daß ihnen dies weder West noch Ost erlauben konnte, ja daß sie gerade mit diesem Plan eine sehr bedrohliche Krise heraufbeschworen hatten, und sie merkten erst, als es zu spät war, daß ihre gleichzeitige DDR-Politik, wie sie von der »Frontstadt« West-Berlin aus immer wilder betrieben worden war, die Gegenmaßnahmen Moskaus auf den neuralgischen Punkt des westlichen Bündnisses gelenkt hatte.

»Von der Fluchtbewegung, die in der Bundesrepublik auf einfältige Weise hochgespielt wurde«, heißt es abschließend in dem schon kurz zitierten »Jens Daniels«-Kommentar vom 10. Dezember 1958, »hat die jetzige Krise ihren Ausgang genommen. Haben wir gewußt, was wir taten, als wir den Bundestag zu einer Propaganda-Sitzung nach Berlin schickten? War es nötig, daß wir den Sowjets jetzt unter Druck die Liquidierung des Agenten-Unwesens in Westberlin anbieten müssen, nachdem einsichtige Leute jahrelang die Trockenlegung dieses Sumpfes gefordert haben? Wollen wir Zugeständnisse immer erst dann machen, wenn wir sicher sein können, daß sie nicht mehr ausreichen?

Als die Sowjets die Neutralisierung ganz Deutschlands forderten, entgegnete unser Kanzler: ›Neutralität ist nur bewaffnet.‹ Als Stalin daraufhin im März 1952 bewaffnete Neutralität anbot, stemmte der Kanzler sich gegen Vier-Mächte-Verhandlungen. ... Die Sowjets zogen aus dieser Haltung die Konsequenz. Sie errichteten einen zweiten deutschen Staat, den sie jetzt nicht mehr fallenlassen können, ohne sich selbst aufzugeben. Der Brite Eden, der Amerikaner Kennan, der Pole Rapacki haben Vorschläge gemacht, die der Roten Armee einen Abzug hinter die russischen Grenzen ermöglichen könnten — wir haben sie nicht einmal erwogen. Statt dessen fordern wir jetzt die Wiedervereinigung zu Bedingungen, über die auch nur zu verhandeln wir uns vor fünf Jahren geweigert haben. Chruschtschow winkt mit der Quittung. Schizophrenie in der Politik wird bestraft ...« Fast auf den Tag genau ein halbes Jahr später, am 11. Mai 1959, kam diese Strafe, denn nun zwangen die Westmächte Konrad Adenauer praktisch zur Aufgabe seines Alleinvertretungsanspruchs.

Schon in seiner ersten Regierungserklärung vom Oktober 1949 hatte der Bundeskanzler die These aufgestellt: »Die Bundesrepublik Deutschland ist bis zur Erreichung der deutschen Einheit die alleinige legitimierte staatliche Organisation des deutschen Volkes.« Ein Jahrzehnt lang blieb diese Alleinvertretungsthese der eine der beiden Ecksteine Bonner Politik. Doch nun, auf der am 11. Mai 1959 in Genf beginnenden Deutschland-Konferenz der Außenminister, die die Sowjetunion durch ihr Berlin-Ultimatum zustande gebracht hatte, war dieser Eckstein einfach weggesprengt worden.

Moskau hatte die Teilnahme der DDR an dieser Konferenz durchgesetzt, und diese war in Genf nun durch eine Delegation unter Führung ihres Außenministers Dr. Lothar Bolz vertreten. Notgedrungen hatte daraufhin auch die Bundesrepublik eine Delegation mit Außenminister Dr. Heinrich v. Brentano an der Spitze nach Genf entsandt, und selbstverständlich war das für Bonn bis dahin völlig Undenkbare geschehen: Beiden deutschen Delegationsführern war protokollarisch genau das gleiche Gewicht zugestanden worden, ohne daß die Westmächte dagegen Einspruch erhoben hätten.

Das dann einsetzende tagelange Gerangel um den exakten Status der beiden deutschen Delegationen, ihre Plätze im Saal — sie kamen schließlich an »Katzentische«, genau je eine Bleistiftlänge vom Haupttisch entfernt — sowie um Dutzende von Details bis hinab zu der — schließlich durch das Los entschiedenen — Frage, welche Deutschen das Pressekonferenzzimmer mit, welche das ohne Mikrofonanlage benutzen sollten, machte das Ganze für Bonn nur noch peinlicher. Es blieb bei absolut gleichrangiger Behandlung.

Die Bonner Vertreter waren durch diese »Aufwertung« der bislang für sie als souveräner Staat nichtexistenten »SBZ« so verwirrt, daß am Ende der Sprecher der Bundesregierung, Staatssekretär Felix v. Eckardt, tatsächlich erstmals die Bezeichnung »die DDR« über die Lippen brachte und sie, als darob die Mauern des ehemaligen Völkerbundspalasts nicht einstürzten, noch mehrmals wiederholte.

Als sich die Genfer Außenministerkonferenz am 5. August 1959, ohne zu konkreten Ergebnissen gekommen zu sein, auf unbestimmte Zeit vertagte, da war auch der andere Eckstein Bonner Politik, das unerschütterliche Vertrauen Bonns in die westliche Allianz, so brüchig geworden, daß es großer kosmetischer Anstrengungen bedurfte, seine unveränderte Tragfähigkeit noch einigermaßen glaubhaft zu machen.

Einige Jahre zuvor, im Mai 1955, hatte Adenauer noch, ohne Widerspruch zu finden, stolz verkünden können: »Wir sitzen jetzt in der größten und mächtigsten Militärallianz der Geschichte ... Die ganze atlantische Gemeinschaft wird jetzt für unser Ziel, die Wiedervereinigung, mit Macht eintreten, und die Wiedervereinigung wird nun bald in Frieden und Freiheit kommen!«

Abgesehen davon, daß — wie schon an anderer Stelle erläutert — weder Adenauer selbst noch »die ganze atlantische Gemeinschaft« die deutsche Wiedervereinigung tatsächlich jemals angestrebt haben, so war auf der Genfer Außenministerkonferenz über die Deutschlandfrage bei Bonns westlichen Verbündeten eine deutliche Zurückhaltung spürbar gewesen; von tatkräftiger Unterstützung der von Adenauer unverändert propagierten »Politik der Stärke« konnte keine Rede mehr sein. Eher schienen die Westmächte der ewigen *querelles allemandes,* wie die französische Presse den deutsch-deutschen Bruderzwist nannte, müde geworden zu sein. Ihnen ging es nicht mehr um ein *roll back,* sondern lediglich um die langfristige Sicherung des beiderseitigen Besitzstandes.

Zu diesem Umschwung hatte sicherlich wesentlich beigetragen, daß John Foster Dulles nicht mehr an der Genfer Außenministerkonferenz hatte teilnehmen können und bald nach Beginn der Verhandlungen gestorben war. Sein Nachfolger, Christian Archibald Herter, der die USA in Genf vertrat, war um eine flexiblere Politik gegenüber Moskau bemüht, führte während des Außenministertreffens, sehr zum Kummer der Bonner Delegation, bereits Geheimverhandlungen mit seinem sowjetischen Kollegen Andrej Gromyko und ließ erkennen, daß er zu Konzessionen bereit sei, wenn auch die Sowjetunion einige Zugeständnisse machen würde.

Unter diesen Umständen mußte es den Bonnern, die in Genf am »Katzentisch« saßen, schon als Erfolg erscheinen, daß sich die Weltmächte nicht bereits an Ort und Stelle über die Köpfe ihrer deutschen Verbündeten hinweg verständigten, sondern dies erst ein wenig später und in direkten Verhandlungen taten. Konrad Adenauer und Heinrich v. Brentano konnten, trotz Genf, vorerst weiter so tun, als hätte sich am Bonner Alleinvertretungsanspruch nichts geändert. Sie übersahen dabei geflissentlich, daß das Bild, das die Bonner Regierungspropaganda von dem anderen deutschen Staat der übrigen Welt präsentierte — »ein riesiges KZ mit 17 Millionen Menschen, die in Unfreiheit und Elend unter der Knute der SED vegetieren und auf ihre Befreiung hoffen« —, an Glaubwürdigkeit verloren hatte. Inzwischen hatte sich die DDR, trotz ihrer enormen Substanzverluste durch sowjetische Demontagen und massenhafte Abwanderung, mit ihrer industriellen Produktion in Europa bereits an die fünfte Stelle — nach der Sowjetunion, Großbritannien, der Bundesrepublik und Frankreich — vorgeschoben. Mit ihrem Maschinenexport stand die DDR an vierter Stelle in der Welt; die gesamte Vorkriegsproduktion Mitteldeutschlands hatte sich, trotz der gewaltigen Kriegs- und Demontageverluste, bis 1959 schon mehr als verdoppelt. Was die Versorgungslage in der DDR betraf, so waren nicht nur Hunger und Elend vollends beseitigt, sondern es gab auch bereits für alle, die am Produktionsprozeß teilnahmen, einen unverkennbaren, wenngleich nach bundesdeutschen Maßstäben noch recht bescheidenen Wohlstand, von dem sich allerdings — ähnlich wie damals in der Bundesrepublik — die Rentner noch ausgeschlossen sahen. Dementsprechend hatte auch die Loyalität der DDR-Bürger gegenüber ihrem Staat deutlich zugenommen. Selbst die antisozialistisch Eingestellten oder politisch Indifferenten hatten sich mittlerweile mit der kommunistischen Herrschaft abgefunden und — gefördert durch eine gewisse Trotzhaltung gegenüber dem »reichen Westen« — damit begonnen, sich mit dem neuen Staat zu identifizieren.

Von alledem nahm man in Bonn einfach keine Notiz; man dachte und handelte weiterhin in den Kategorien des Kalten Kriegs. Adenauers Hauptinteresse galt in diesem Frühjahr 1959, als die Eckpfeiler seiner Politik barsten, auch keineswegs der Genfer Außenministerkonferenz, dem ersten Auftreten der DDR-Vertreter auf internationalem Parkett und im gleichen Rang mit den Repräsentanten der Bundesrepublik oder den besorgniserregenden Geheimgesprächen zwischen Herter und Gromyko. In diesen Wochen, als England vorschlug, die Rüstung »einzufrieren« (was einen Verzicht auf die atomare Bewaffnung der Bundeswehr eingeschlossen hätte), als de Gaulle öffentlich erklärte, eine Anerkennung der Oder-Neiße-Linie gehöre zum »normalen Schicksal des deutschen Volkes«, und dann auch noch seine Mittelmeerflotte aus der NATO zurückzog, als selbst aus Washington dringende Botschaften kamen, die besagten, Bonn möge sich endlich den Sowjets gegenüber »flexibler« verhalten, da legte zwar die SPD einen als Verhandlungsbeitrag für Genf gedachten Deutschlandplan vor, der in drei Stufen zur Wiedervereinigung, zur Neutralisierung großer Teile Europas und zur Entspannung zwischen den Machtblöcken führen sollte, aber der Kanzler beschränkte sich darauf, seine alten Standpunkte für unverrückbar zu erklären; der »Wehner-Plan«, wie er die sozialdemokratischen Vorschläge nannte, führe »in den Abgrund«.

Adenauer beschäftigte sich Ende März und Anfang April 1959 mit ganz anderen Dingen, nämlich vornehmlich mit der Abwehr einer sorgfältig eingefädelten Intrige seiner eigenen Parteifreunde, deren Ziel es war, ihn seiner Macht zu berauben und aufs Altenteil zu drängen.

Am 1. Juli mußte ein neuer Bundespräsident gewählt werden, da im Herbst die Amtszeit von Theodor Heuss abgelaufen war und dieser sich geweigert hatte, das eine dritte Amtsperiode ausschließende Grundgesetz seinetwegen ändern zu lassen. Dies schien den Spitzenpolitikern der Union eine günstige Gelegenheit, den 83jährigen Kanzler endlich und auf würdige Weise loszuwerden. Die Parteifreunde Adenauers machten zunächst etliche, samt und sonders vergebliche Vorstöße, Adenauer das Präsidentenamt schmackhaft zu machen, wobei sie immer neue, zum Teil widersprüchliche Argumente ins Feld führten. Schließlich gelang es ihnen Anfang April 1959, Adenauer die Kandidatur mit dem Hinweis attraktiv zu machen, als Bundespräsident könnte er sich nicht nur einen würdigen Abgang verschaffen und seinen Nachfolger selbst bestimmen, sondern — anders als Heuss — auch aktiv in die Politik, zumal in die Außen- und Deutschlandpolitik, hie und da eingreifen.

Daraufhin ließ sich Adenauer von seinen Mitarbeitern eiligst zusammenstellen, was ein »starker« Bundespräsident unter voller Ausschöpfung seiner verfassungsmäßigen Rechte an Möglichkeiten hätte, die Bundespolitik zu beeinflussen. Nachdem ihm sein Staatssekretär Globke ein solches Gutachten vorgelegt hatte, verlautete aus dem Palais Schaumburg: »Der Kanzler war sehr beeindruckt, welche Schwierigkeiten der Bundespräsident der Regierung bereiten kann und was der Präsident alles machen kann, wenn er nur will.«

Offenbar spielte Adenauer mit dem Gedanken, sich eine Machtfülle, ähnlich der de Gaulles oder Eisenhowers, zu verschaffen, und er fand zunehmend Gefallen an dem — von ihm zuvor für rein dekorativ gehaltenen — Präsidentenamt. Wenn es bislang schon der Brauch gewesen war, begann er laut zu denken, daß der Staatssekretär des Bundespräsidialamts an allen Sitzungen des Kabinetts teilnehmen konnte, so mußte es ja erst recht dessen Chef, dem Bundespräsidenten selbst, gestattet sein, mitunter (oder auch immer) am Kabinettstisch Platz zu nehmen, wo es dem Kanzler dann die Höflichkeit gebieten würde, dem Staatsoberhaupt den Vorsitz zu überlassen.

Doch dann, nachdem er nach Cadenabbia am Comer See in Urlaub abgereist war und von dort am 16. April an den Bundestagspräsidenten Gerstenmaier geschrieben hatte, daß er »nach ruhigerem Überlegen« seinen Entschluß, vom Kanzleramt zurückzutreten, als »unzweifelhaft richtig« erkannt habe, kamen Adenauer im Laufe des Monats Mai, wohl nach noch ruhigerem Nachdenken, wieder allerlei Zweifel. Es war vor allem die Person seines Nachfolgers im Kanzleramt, die ihm nicht gefiel, denn die CDU/CSU-Bundestagsfraktion hatte sich bereits auf Ludwig Erhard festgelegt, seinen langjährigen Wirtschaftsminister, dessen politische Fähigkeiten Adenauer — wie er in seinen *Erinnerungen* nochmals bekräftigt hat — für sehr gering hielt, den er wiederholt öffentlich korrigiert und noch drei Monate zuvor in einem Akt der Überrumpelung ins Bundespräsidentenamt hatte wegloben wollen.

Ende Mai faßte der Kanzler, der gerade von der Beerdigung seines Freundes und Kampfgefährten John Foster Dulles aus Amerika zurückgekehrt war, den einsamen Entschluß, seine Kandidatur und den damit verbundenen Abschied vom Kanzleramt wieder rückgängig zu machen. Gleichwohl gab er sich noch bis zum 2. Juni — Ludwig Erhard war bereits in die USA abgereist, um sich dort als künftiger Bundeskanzler vorzustellen — ganz so, als hätte er weiter vor, sich am 1. Juli zur Wahl zu stellen und dann als Regierungschef zurückzutreten.

Erst am 2. Juni weihte Adenauer den CDU-Fraktionsvorsitzenden Heinrich Krone und den CSU-Landesgruppenchef Hermann Höcherl mit gleichlautenden Briefen in seinen neuen und nun endgültigen Entschluß, Kanzler zu bleiben, ein. Die große Mehrheit der Unionsabgeordneten, die Ministerpräsidenten der Länder, einige Mitglieder des Bundeskabinetts und die führenden Politiker der Opposition erfuhren erst aus Funk- und Pressemeldungen davon; an Ludwig Erhard schickte Adenauer ein Telegramm.

Die Gründe, die Adenauer für seinen überraschenden Sinneswandel anführte, stießen selbst in den unionstreuen

Zeitungen auf Zweifel und Kritik. Denn der Kanzler, der seit zehn Jahren immer wieder versichert hatte, daß die Lage »ernst wie noch nie« wäre, gab an, daß sie nun noch ernster geworden sei. Zur gleichen Zeit, da Adenauer seinen Parteifreunden von seinen drückenden Sorgen wegen der »bedrohlichen Entwicklung der Genfer Verhandlungen« erzählte, gab der Pressesprecher des Weißen Hauses in Washington bekannt, Bundeskanzler Adenauer habe sich gegenüber dem amerikanischen Botschafter in Bonn, David K. Bruce, »besonders befriedigt« über den bisherigen Verlauf der Genfer Konferenz geäußert.

Adenauer hatte nie viel auf die Meinungen anderer gegeben; jetzt, nachdem er seine Parteifreunde überlistet hatte, war es ihm völlig gleichgültig, was sie von ihm dachten. Er war jetzt ganz sicher, daß niemand mehr es wagen würde, den Versuch zu unternehmen, ihn aus dem Palais Schaumburg zu vertreiben. Das machte ihn heiter und gelassen. Er hatte auch jegliches Interesse an der Bundespräsidentenwahl verloren; »irgend jemand aus dem zweiten Glied«, so äußerte er sich unbekümmert in Hörweite der Bonner Journalisten, werde das Amt des Staatsoberhaupts übernehmen.

Es war dann der bisherige Bundesminister für Ernährung, Landwirtschaft und Forsten, Dr. h. c. Heinrich Lübke (CDU), der am 1. Juli 1959 von der in West-Berlin tagenden Bundesversammlung im zweiten Wahlgang mit der erforderlichen Mehrheit zum neuen Bundespräsidenten gewählt wurde.

Heinrich Lübkes große Stunde endete, so wußte *Der Spiegel* aus West-Berlin zu melden, mit einem symbolischen Fauxpas: »Der neugewählte Präsident stieg getreu der Bonner Rangordnung *nach* dem Kanzler in dessen wartendes Auto.«

14. Bilanz

Für die große Mehrheit der — inzwischen auf mehr als 55 Millionen angewachsenen — Bevölkerung jener westdeutschen Republik, die 1959 noch immer den Anspruch erhob, »die alleinige legitimierte staatliche Ordnung des deutschen Volkes« zu sein, war »die Demokratie« die einzig richtige Staatsform.

Während der ganzen fünfziger Jahre gab es da in der öffentlichen Meinung kaum ein Schwanken. Jahr für Jahr hatten sich zwischen 66 und 71 Prozent der Bundesbürger zur »Demokratie« als der besten und für ihr Land geeignetsten Gesellschaftsform bekannt, kaum vier Prozent hätten lieber eine Monarchie oder ein »Regime mit einem starken Mann an der Spitze« gehabt, und der beachtliche Rest, bis zu 30 Prozent, hatte keine Meinung geäußert.

Theodor Heuss, erster Bundespräsident von 1949 bis 1959, genoß sehr hohes Ansehen. Als Professor rangierte er ohnehin an der Spitze der Prestige-Skala der fünfziger Jahre, noch vor den Bischöfen, Generaldirektoren, Ministern und Generalen. Die offensichtliche Machtlosigkeit des Staatsoberhaupts störte die Bundesbürger nur anfangs; später gewöhnten sie sich daran, daß der weißhaarige, schwäbelnde Herr Professor mit Zigarre und Spazierstock nur ihr Repräsentant bei Neujahrsempfängen für das diplomatische Korps und bei ähnlichen Gelegenheiten war, wo es darauf ankam, der Welt zu zeigen, wie zivil, wie würdig und wie friedlich man doch eigentlich war.

Auch an Konrad Adenauer als Kanzler mußten sich die Bundesbürger erst gewöhnen — vor allem gerade die, die ihn von früher her, als Kölner Oberbürgermeister, schon kannten. Sein karger Wortschatz, sein rheinischer Tonfall, die kaum glaubliche Banalität seiner Aussagen täuschten zunächst und ließen verkennen, welche Härte, Zähigkeit und Zielstrebigkeit dahintersteckten. Erst als die Bundesbürger merkten, welche Macht sich ihr Kanzler verschafft hatte und wie unbekümmert er sie für seine Ziele einsetzte, seufzten sie mehrheitlich erleichtert auf. Denn nun hatten sie eine Demokratie und auch gleich noch den »starken Mann«, der alles richtig machte und alles durchsetzen konnte und der vor allem imstande war, alles in Vergessenheit geraten zu lassen, was »damals« — zu Beginn der fünfziger Jahre war es erst fünf Jahre her, daß man die Gasöfen gesprengt und die Massengräber eilig zugescharrt hatte! — im Namen Deutschlands geschehen war. Adenauer, so fühlte die Mehrheit, war ja ein Christ, ein Demokrat, ein Europäer, und indem sie sich diesem Urvater anvertrauten und ihm allein das Regieren überließen, wurden sie und ihr Land — es konnte ja gar nicht anders sein! — ebenfalls christlich, demokratisch, ganz und gar europäisch.

Dafür und natürlich auch für den gleichzeitigen Aufstieg aus den Trümmern nahmen die Bundesbürger mehrheitlich alles in Kauf: den Verzicht auf die Wiedervereinigung, die moralische und finanzielle Last der Wiederaufrüstung, die Rückkehr der Gauhauptstellenleiter und Obersturmbannführer auf ihre alten Posten, die wiedererstarkten, bald noch weit mächtigeren Konzerne und den Übermut der Superreichen.

»Uns geht's doch gut«, sagten sich die Bundesbürger, und das bedeutete für sie auch den Verzicht auf Kritik, die Anpassung an die gewünschten Normen, die Unterwerfung. Denn sie hatten auch Angst: Die Kehrseite des zunehmend »besseren« Lebens war das Bewußtsein, jeden Tag wieder alles verlieren zu können, und das Leben dazu. Angst war der Preis für Wohlstand und relative Freiheit. Das »Wirtschaftswunder«, das die Bundesrepublik in den fünfziger Jahren erlebte, war ja nur möglich gewesen durch die Bindung an das westliche, das amerikanische Wirtschaftssystem. Dafür mußte man mit der Furcht bezahlen, jeden Augenblick von sowjetischen Atombombergeschwadern ausgelöscht zu werden.

»Es läßt sich vernünftigerweise nicht ausschließen, daß der Zauber in einem Jahr vorüber ist«, bilanzierte 1959 die Zeitschrift *magnum* das abgelaufene Jahrzehnt. »Es läßt sich nicht ausschließen, daß es kracht, daß der gutangezogene Herr im gepflegten Wagen der Deutschen Bundesbahn morgen wieder im KZ steckt oder daß ein paar Pfund Kartoffeln wieder die ganze Dankbarkeit eines unschuldigen Herzens beanspruchen ... Wir bauen Versicherungspaläste, Burgen, als wären sie für tausend Jahre bestimmt — aber die taktischen Bombergeschwader sind schon in der Luft. Ihr Einsatz ist nicht eine Frage von Jahren oder Monaten, sondern von Minuten. Für diese ›Minuten-Bereitschaft‹ werden Millionen ausgegeben. Man gibt nicht Millionen aus für etwas, an das man nicht glaubt, womit man nicht rechnet ...«

Genauso dachten oder empfanden unterschwellig die korpulent gewordenen, ihre Wohlstandsattribute spazierenführenden Bundesbürger und -bürgerinnen der fünfziger Jahre. Adenauer wußte, daß es sich für ihn lohnte, ständig an diese Furcht zu appellieren, immer und immer wieder den Ernst der Lage zu beschwören. Auch wenn manche schon bald darüber zu spotten begannen — bei der Mehrheit hatte der Kanzler Erfolg mit seiner Schwarzmalerei.

Natürlich wies er es weit von sich, daß er selbst an der Schaffung der Grundlagen maßgeblich beteiligt war. Den Wohlstand wollte er gern als sein Werk in Anspruch nehmen; aber an den Gründen für die Angst sollten natürlich die anderen schuld sein.

Adenauer war sich durchaus darüber im klaren, daß er mit seinen Entscheidungen für die Remilitarisierung, den NATO-Beitritt und die atomare Bewaffnung erst die Weichen gestellt hatte, die — wenn er nur gewollt hätte — ganz anders hätten ausgerichtet werden können. In zähen, hartnäckigen Verhandlungen wäre sehr viel zu erreichen gewesen, sogar — wie das Beispiel Österreichs zeigt — Blockfreiheit *und* Wohlstand, Stabilität, niedrige Rüstungsausgaben und ein weit geringeres Maß an begründeter Angst. Aber dann hätte er sein rheinisch-abendländisches Grundkonzept aufgeben und von einem wahrhaft europäischen, das Wohl *ganz* Europas und damit auch seines Herzstücks Deutschland wahrenden Leitgedanken ausgehen müssen. Dann wären auch seine staatsmännischen Fähigkeiten auf eine weit härtere Probe gestellt worden, denn die Verhandlungen hätten sich als äußerst schwierig erwiesen — nach beiden Seiten hin.

Die Chance, Europa *nicht* zum Aufmarschgebiet rivalisierender Machtblöcke — und damit zum wahrscheinlichsten Schauplatz eines den alten Kontinent endgültig vernichtenden Atomkriegs — werden zu lassen, war die ganzen fünfziger Jahre hindurch vorhanden, wobei die Erfolgsaussichten sich von 1952 an, nach dem schroffen Nein Bonns zum ersten sowjetischen Angebot, langsam verminderten. Aber noch am Ende der fünfziger Jahre hätte es sich gelohnt, zumindest einmal auszuloten, was der sowjetischen Führung ein westdeutscher Verzicht auf eigene Atomwaffen wert gewesen wäre. Es war zwar konsequent, aber auch ungemein töricht, die Initiative allein den Amerikanern zu überlassen — mit dem entsetzlichen Ergebnis, daß die Bundesrepublik nun die Abschußrampe der USA und das Zielgebiet eines sowjetischen Atomschlags wurde, aber selbst nuklear handlungsunfähig geblieben ist, also weder selbst überzeugend drohen noch glaubhaft versichern kann, sie werde es nicht zulassen, daß Atomraketen von ihrem Gebiet aus abgeschossen werden.

Adenauer und die Kräfte, die hinter ihm standen, wußten, daß sie mit ihren frühen Weichenstellungen die Bonner Politik auf lange Zeit so festlegten, daß es immer schwieriger werden würde, einen alternativen Kurs zu steuern. Auch Adenauers Nachfolger im Kanzleramt wurden dadurch bereits von einer inzwischen längst dahingegangenen Generation in »Sachzwänge« gebracht, aus denen sie sich nicht so leicht wieder würden befreien können. Und natürlich war es Adenauer und seinen Beratern klar, daß sie ihr öffentlich proklamiertes Hauptziel, die Wiedervereinigung, selbst in eine immer fernere Zukunft verlegten.

Darüber durften Adenauers Minister ein Jahrzehnt lang das Volk mit forschen Sprüchen und dreisten Lügen hinwegtäuschen. So erklärte etwa Bundesvertriebenenminister Oberländer am 15. Juni 1954: »Unsere gemeinsame große Aufgabe ist heute der Osten ... Es gilt, die Aufgabe zu lösen, das Abendland wieder nach dem Osten zu tragen. Es gilt, die Menschen zu erziehen, die kolonisatorische Fähigkeiten haben. Man darf nicht von der Rückkehr träumen, sondern man muß die Rückkehr planen.« Außenminister Heinrich v. Brentano fügte dem nicht minder forsch hinzu: »Wir sind für die Politik der europäischen Integration in zwei Etappen. In der ersten Etappe werden die Gebiete bis zur Elbe in die NATO integriert, und wenn man stark genug ist, werden die Gebiete jenseits der Elbe beziehungsweise der Oder integriert.« Verteidigungsminister Strauß ließ an Abiturienten eine Werbeschrift, *Der junge Offizier — ein Beitrag zur Berufswahl*, verteilen, worin es hieß: »Ich bin Schlesier ... Aber gerade deshalb bin ich freiwillig Soldat geworden! ... Gerade der Gedanke daran, daß man in Schlesien heute Chinesen ansiedelt, bestimmt mich zu der Auffassung, daß man alles tun müsse ...«

Politik der Stärke, Kalter Krieg, Aufruf zur Ostkolonisation und zur Vertreibung der — natürlich frei erfundenen — Chinesen aus Schlesien — das war die eine Methode, den Bundesbürgern die Ablehnung jedes Verhandlungsvorschlags zwar nicht begreiflich zu machen, aber sich um jede vernünftige Argumentation herumzudrücken. Die andere Methode bestand darin, das »Wirtschaftswunder« und den wachsenden Wohlstand als Alternative zum Sozialismus gleich welcher Richtung hinzustellen.

Die Bundesbürger sollten meinen, nur die Wahl zu haben zwischen einem Dahinvegetieren in »roter« Knechtschaft, Primitivität, »Unordnung« und Armut auf der einen, christlich-demokratisch-abendländischer Freiheit mit Wohlstand, Ordnung, Gottgefälligkeit sowie höchster Zivilisation und Kultur auf der anderen Seite. Dabei wurde die durch den enormen Nachholbedarf der Nachkriegszeit bedingte Konjunktur mit dem Kapitalismus schlechthin gleichgesetzt und den Menschen suggeriert, daß es immer so weiterginge. Daß zu dem vornehm als Freie Marktwirtschaft umschriebenen Kapitalismus auch Krisen und Arbeitslosigkeit gehörten, erfuhren die Westdeutschen erst einige Jahre später, als niemand mehr an Alternativen dachte.

Neben dem Wohlstand war es vor allem die Ordnung, die die Bundesbürger in den fünfziger Jahren hoch zu schätzen wußten. Dazu gehörte die Gewährleistung der persönlichen Sicherheit und des Privateigentums — gleich ob an Aktienpaketen, Großgrundbesitz und Palästen oder an der gerade erst abgezahlten Waschmaschine —, aber auch »Takt in Kleiderfragen«, das wohlerzogene Kind, der strebsame Schüler, der fleißige Student, das polierte Auto und die glänzenden Gummibaumblätter, der schuppenfreie Kragen und der korrekt gebundene Schlips. Das moderne Biedermeier, zu dem die »Demagogenverfolgung« der »Roten« und »Neutralisten« durch den Staatsschutzapparat ebenso paßte wie die Flucht in eine *Förster im Silberwald*-Idylle und »Märchenprinzessin Soraya«-Romantik.

Dabei konnte dem aufmerksamen Beobachter die zunehmend rascher verlaufende Entwicklung vom Maschinen- zum Computer-Zeitalter eigentlich nicht verborgen bleiben. »Die Technik entwickelt ihren Eigenstil«, schrieb schon 1956 Karl Bednarik unter der Überschrift »Die schrecklich-schönen Masken der Technik« in der Zeitschrift *magnum.* »Sie beginnt den Menschen zu verdecken. Telefonrelais, Atomstationen, kybernetische Schirme, Weltraumraketen, Umspannwerke, Düsenjäger, Erdsatelliten haben kaum noch etwas, das auf den Menschen bezogen ist . . . Nur noch die Anschlußstücke, Griffe, Gucklöcher, Hörmuscheln, Druckknöpfe, Schalter und Klinken sind an den Menschen angepaßt, haben menschliches Maß.«

Diese stürmische Entwicklung war vielen Bundesbürgern, so »modern« sie sich auch gaben, ganz und gar nicht geheuer, und um so fester klammerten sie sich an ihren noch ganz in der »guten alten Zeit« des späten 19. Jahrhunderts verwurzelten Kanzler-Patriarchen. Der aber wies sie darauf hin, daß die wunderbar-unheimliche neue Technik aus Amerika käme, und daher sei sie auch gut.

Worauf er sie nicht hinwies, es wohl auch gar nicht wußte und sich auch kaum dafür interessiert hätte, war der sonderbare Umstand, daß die gewaltigen naturwissenschaftlichen und technischen Fortschritte, die gerade im ersten Nachkriegsjahrzehnt gemacht wurden, zuerst anderswo stattfanden und nicht mehr, wie früher einmal, in Deuschland entwickelt worden waren, das einst eine Spitzenposition auf den Gebieten der Physik, speziell der Nuklearforschung, der Chemie, der angewandten Mathematik, der Pharmakologie und der medizinischen Forschung gehabt hatte.

Gewiß, die Bundesrepublik war schon bald wohlhabend genug, sich die neuen Verfahren und Technologien im Ausland kaufen zu können. Aber war es nicht eigentlich seltsam, daß die anderen großen Industriestaaten den deutschen Forschern, Erfindern und Entdeckern auf einmal so weit voraus waren?

Es gab dafür Gründe, aber keiner der politisch Verantwortlichen zeigte Interesse daran, sie zu erfahren und daraus Konsequenzen zu ziehen, weil es sich um ein Tabu handelte. Es hing eng zusammen mit jenen »Vorkommnissen« in der Nazi-Zeit, und daran mochte die politische Führung der Adenauer-Zeit nicht rühren.

Was dahintersteckte, sei hier nur an einigen wenigen Beispielen erläutert*:

Vor 1933 hatte Deutschland unzweifelhaft gerade auf naturwissenschaftlichem Gebiet eine führende Stellung. Im internationalen »Atom-Club«, wie man die eng zusammen-

* Eine ausführliche Behandlung dieses Themas findet sich in: Bernt Engelmann, *Deutschland ohne Juden. Eine Bilanz*, München 1970. Jetzt als Goldmann-Taschenbuch Nr. 11240.

arbeitende, durch Schüler-Lehrer-Verhältnisse und persönliche Freundschaften miteinander verflochtene Spitzengruppe der Kernphysiker aus den verschiedensten Ländern nannte, waren die Deutschen weit stärker als jede andere Nation vertreten. Unter den 46 Physik-Nobelpreisträgern der Jahre 1901 bis 1939 befanden sich immerhin 14 — mehr als 30 Prozent —, die aus dem deutschen Kulturbereich stammten. Von diesen 14 waren bis 1933 bereits vier verstorben; die übrigen zehn arbeiteten in ihren heimatlichen Instituten. Um das Bild abzurunden, müssen wir noch diejenigen hinzurechnen, die vor 1933 ebenfalls in Deutschland lebten und arbeiteten, bereits zum wissenschaftlichen Spitzennachwuchs zählten, aber erst in späteren Jahren mit dem Physik-Nobelpreis ausgezeichnet wurden. Dann erhöht sich die Anzahl dieser eminenten Physiker auf 18, von denen die Hälfte, nämlich Albert Einstein, James Franck, Gustav Hertz, Otto Stern, Wolfgang Pauli, Felix Bloch, Max Born, Eugen Wigner und Hans Bethe, von der nach 1933 einsetzenden Verfolgung der »Nichtarier« direkt betroffen waren; ein weiterer, Victor Franz Hess, ging seiner jüdischen Frau wegen in die Emigration; Erwin Schrödinger verzichtete aus Abneigung gegen die Nazis und ihre Judenpolitik auf seinen Berliner Lehrstuhl und wanderte ebenfalls aus. Es zeigt sich also, daß von denen, die früher oder später den Physik-Nobelpreis erhielten, mehr als 60 Prozent dem wissenschaftlichen Potential Deutschlands verlorengingen, und zwar meist als direkte, seltener als indirekte Folge der Nazipolitik. Natürlich kann diese nur auf ein Indiz, den Physik-Nobelpreis, abgestellte Berechnung nicht exakt belegen, welcher tatsächliche Gesamtverlust an wissenschaftlichen Kapazitäten speziell auf dem Gebiet der Kernforschung eingetreten ist. Denn einerseits sind mehrere der genannten Physik-Nobelpreisträger an der Atomforschung kaum oder gar nicht beteiligt gewesen, und andererseits vermißt man unter den erwähnten Namen gerade einige der für die Atomphysik bedeutendsten Forscher, zum Beispiel Otto Hahn (der 1944 den Chemie-Nobelpreis erhielt), seine engste Mitarbeiterin und Enrico-

Fermi-Preisträgerin, Lise Meitner, oder auch deren Neffen Otto Frisch, mit dem zusammen sie den Nachweis erbrachte, daß sich Uranium-Atome unter langsamem Neutronenbeschuß in zwei große Fragmente spalten; oder Carl Friedrich v. Weizsäcker, Werner Heisenberg, nicht zuletzt auch Arnold Sommerfeld, den Pionier der Kernforschung und genialen Lehrer zahlreicher späterer Nobelpreisträger.

Die Liste ließe sich beliebig fortsetzen, doch am Resultat der ursprünglichen Berechnung änderte sich wenig oder nichts: Denn auch Lise Meitner und Otto Frisch mußten als Juden Deutschland verlassen; Sommerfeld war 1938 gezwungen, seinen Münchner Lehrstuhl aus »rassischen« Gründen zu räumen.

Die meisten Wissenschaftler emigrierten in die USA, viele auch nach England. Der amerikanische Atomforscher Victor Weißkopf — ein gebürtiger Wiener, der in Göttingen gearbeitet hatte, dann aber als Jude nach Amerika ausgewandert war — erinnerte sich, wie Robert Jungk berichtet hat, »daß er ... nur mit Schwierigkeiten Erlaubnis erhielt, einmal (1944) an einer ›Spezialkonferenz‹ mit ›drei englischen Herren‹ teilzunehmen, die (zu Besprechungen über das erste Kernforschungsprojekt der USA) aus London erwartet wurden. Als die drei Briten ankamen, stellte es sich heraus, daß es — Halban, Peierls und Simon waren ...!« Hans v. Halban, gebürtiger Leipziger, hatte aus »rassischen« Gründen Deutschland verlassen müssen, war engster Mitarbeiter von Frédéric Joliot-Curie in Paris geworden und von dort vor den einrückenden Deutschen nach London geflüchtet; Ernst Peierls, gebürtiger Berliner, gehörte bis 1935 zum Forschungsstab der AEG, mußte als Jude emigrieren und war dann Professor in Birmingham; Franz Simon schließlich, ebenfalls gebürtiger Berliner, hatte als Jude seinen Lehrstuhl an der Berliner Universität verloren, flüchtete nach England, war dort Professor in Oxford, später einer der Gründer und Leiter des britischen Atomenergie-Projekts. Er starb 1956 — als Sir Francis Simon — in Oxford.

So wie im Bereich der Kernphysik war es auf anderen wissenschaftlichen Gebieten auch. Ob es sich um Computer handelte — der »Computer-Vater« des amerikanischen »Manhattan Project« war Hans v. Neumann, bis 1933 Professor in Berlin — oder um Biochemie — der führende britische Biochemiker und Nobelpreisträger, Sir Hans Adolf Krebs, stammte aus Hildesheim und war bis 1933 Privatdozent in Freiburg —, die Nazis hatten dafür gesorgt, daß die einst in Deutschland tätigen Wissenschaftler ihre Heimat hatten verlassen müssen.

Wie viele Hochschullehrer, Forscher oder auch Chefingenieure, wie viele junge Menschen mit großen Begabungen von den Nazis in den Konzentrationslagern zu Tode geschunden oder vergast worden waren, ließ sich nicht mehr feststellen, sowenig wie die Verluste für die Wissenschaft und Technik, die der Krieg und die Nachkriegsereignisse gefordert hatten, einschließlich der von den Siegermächten, sozusagen als lebende Reparationsgüter, internierten und in ferne transatlantische oder sowjetische Forschungszentren verbrachten Waffenkonstrukteure. Und schließlich waren weitere, in ihrem Umfang nur zu ahnende Verluste dadurch eingetreten, daß unter den deutschen Auswanderern der Nachkriegsjahre — fast zwei Millionen Menschen kehrten bis 1959 der Bundesrepublik für immer den Rücken und emigrierten meist nach Übersee, vorzugsweise in die USA — auch ein beträchtlicher Teil aus wissenschaftlichen und technischen Nachwuchskräften bestand, die sich im Ausland bessere Ausbildungs- und Berufschancen versprachen. Nicht selten wollten sie auch wieder bei ihren aus Deutschland geflüchteten und nach dem Kriege nicht zurückgekehrten früheren Hochschullehrern weiterarbeiten.

Denn nur sehr wenige bedeutende Forscher und Lehrer kamen nach 1945 aus der Emigration zurück in die Bundesrepublik, und dies keineswegs nur oder vornehmlich wegen der in der alten Heimat anfangs noch herrschenden Not. Der wahre Hauptgrund, weshalb die meisten der überlebenden Emigranten nicht wiederkamen, war die für sie kaum faßbare Tatsache, daß niemand sie dazu aufforderte.

Spätestens nach der Gründung der Bundesrepublik hätte es ja eigentlich zu den ersten Aufgaben des neugewählten Parlaments und des Regierungschefs gehört, alle aus Deutschland Verjagten dringend um ihre baldige Heimkehr zu bitten, auf Kosten der Nation, in eine den persönlichen Bedürfnissen der so lange Verbannten soweit wie irgend möglich entsprechende Wohnung und Umgebung und selbstverständlich auch an ihren alten Arbeitsplatz.

Doch nichts dergleichen geschah.

»Wohl richteten einzelne Universitäten an ihre ehemaligen Angehörigen die Bitte zu neuer Mitarbeit, und Adolf Arndt forderte, als er Berliner Kultursenator war« — aber das wurde dieser im »Dritten Reich« selbst verfolgte Sozialdemokrat erst 1963 — »die Emigranten auf, zurückzukehren«, hieß es in einer 1967 ausgestrahlten SFB-Sendung von Jürgen Boettcher. »Aber von der Bundesregierung ist ein Aufruf nie ergangen . . .« Auf einen solchen Gedanken wären Konrad Adenauer und seine Mitarbeiter, an ihrer Spitze der an der Judenverfolgung der Nazis an prominenter Stelle beteiligt gewesene Staatssekretär Dr. Globke, gar nicht gekommen.

Da sie schon den immensen Verlust auf wissenschaftlich-technologischem Gebiet nicht bemerkten, fiel ihnen noch weniger auf, welche kulturellen Einbußen seit Beginn des Naziterrors zu verzeichnen waren — ganz zu schweigen von der moralischen Verpflichtung, die ihnen schon deshalb nicht in den Sinn kam, weil »das« doch alles mit Geld — wir wissen bereits, wie — »erledigt« worden war.

Adenauer, hätte man ihn auf den kulturellen Verlust angesprochen, wäre vermutlich imstande gewesen, darauf zu antworten: »Kultur ist Ländersache.« Da er an Musik und Theater wenig, an Literatur — ausgenommen an Kriminalromanen — noch weniger Interesse hatte, war es ihm im Verlauf seiner langen Kanzlerschaft wohl gar nicht aufgefallen, welche geistige und kulturelle Verödung in seinem Abendländchen Bundesrepublik herrschte.

Auch diese schreckliche Verarmung in einem materiell

wieder so reichen Land gehörte zu den Hinterlassenschaften der zwölfjährigen Schreckensherrschaft der Nazis. Diese hatten gründlich aufgeräumt mit allem, was ihnen als »undeutsch«, »artfremd« oder gar »entartet«, als »verjudet«, »zersetzend«, »nihilistisch«, »kulturbolschewistisch« oder auch nur als »Humanitätsduselei« erschien.

Das Deutsche Reich und seine Hauptstadt Berlin, deren Theater, Staatsoper, Konzerte, Kabaretts und Filmstudios es in der Weimarer Zeit mit denen jeder Metropole der Welt hatten aufnehmen können, verloren damals ihren Glanz. Die Bücherverbrennung, mit der am 10. Mai 1933 Joseph Goebbels die einst von Humboldt gegründete Berliner Universität schändete, symbolisierte nur noch den Abschied der Deutschen von ihrer Literatur, denn was die Nazis übrigließen, verdiente diesen Namen nicht mehr. Der Abschied von der bildenden Kunst und der modernen Architektur kam, als aus den deutschen Galerien nahezu sämtliche modernen Bilder und Plastiken entfernt wurden, Werke von Max Liebermann und Marc Chagall ebenso wie die von Klee, Gauguin, Cézanne, Picasso, Matisse oder Van Gogh; als das Dessauer *Bauhaus* geschlossen wurde und für die bedeutendsten Architekten, nicht nur die Juden unter ihnen wie Erich Mendelsohn oder Richard J. Neutra, sondern auch für »Arier« wie Walter Gropius oder Ludwig Mies van der Rohe, fortan in Deutschland kein Platz mehr war.

Statt der »entarteten Kunst«, die man aus den Galerien entfernt hatte, wollten die Nazis dann eine »artgemäße« Malerei fördern. Für das *Haus der Deutschen Kunst* in München wurden von rund fünfzehntausend eingereichten Werken nur neunhundert dem »Führer« selbst zur endgültigen Auswahl präsentiert. Hitler war, wie Goebbels in seinem Tagebuch vermerkt hat, mit dem Ergebnis noch keineswegs zufrieden. Er ließ nicht nur etliche Bilder wieder entfernen, sondern zertrat auch das eine oder andere »artfremde« Werk mit dem Stiefelabsatz. Was er übrigließ, hat der amerikanische Journalist William L. Shirer, der bei der Eröffnung des *Hauses der Deutschen Kunst* dabei war, den »größten Kitsch«

genannt, den er »jemals in irgendeinem Land der Welt gesehen« hätte.

Mit der zeitgenössischen deutschen Literatur war es um kein Deut anders. Fast alle namhaften Autoren, Juden wie Nichtjuden, Lyriker wie Romanciers, Essayisten, Satiriker, Kritiker, politische Publizisten wie Dramatiker, wurden geächtet, mit Schreibverbot belegt, in »Schutzhaft« genommen oder aus dem Land vertrieben; ihre Werke verschwanden aus den Bibliotheken und Buchhandlungen, wurden verbrannt oder eingestampft.

Der Kahlschlag der Nazis, der die deutsche Kulturlandschaft in eine Wüste verwandelt hatte, an deren Rand ein paar »artgemäße« Kümmergewächse gedeihen konnten, war von der Masse des Volkes so hingenommen worden wie alles andere. Was aber geschah nach 1945?

Kein verantwortlicher Politiker rief die überlebenden Schriftsteller, Maler, Regisseure, Schauspieler, Musiker und Architekten zur Rückkehr auf; niemand sorgte dafür, daß ihre alten und neuen, im Exil geschaffenen Arbeiten wieder bekannt wurden.

Soweit bei den Bundesbürgern, zumal den jüngeren, ein Nachholbedarf, vor allem im Bereich der Literatur und des modernen Theaters, bestand, wurde er vorzugsweise durch die Bücher und Stücke der bis dahin in Deutschland fast unbekannten Ausländer gedeckt. Dabei fanden Autoren wie Hemingway oder Faulkner, Sartre oder Anouilh besonders großes Interesse.

Gewiß wurden auch einige der zwölf Jahre lang verfemten deutschen Autoren von neuem bekannt. So fanden Kurt Tucholskys Satiren, Gedichte und gesellschaftskritische Essays in den fünfziger Jahren sogar noch weit größere Verbreitung als einst in der Weimarer Republik, und ähnliches galt auch für Erich Kästners »Gebrauchslyrik«, wie er selbst sie genannt hat. Doch die Tucholsky- und Kästner-Renaissance, das starke Interesse, das noch einige weitere von den Nazis geächtete Schriftsteller fanden, und auch der außerordentlich große Erfolg des ersten Nachkriegs-Bühnenstücks von Carl Zuckmayer, *Des Teufels General*, waren die Ausnahmen.

Von Lion Feuchtwanger, Heinrich Mann, Alfred Döblin, Theodor Plievier, Oskar Maria Graf, Arnold Zweig oder Anna Seghers nahm die Bundesrepublik kaum Notiz; dafür erschienen deren Werke, wie auch die von Ludwig Renn, Friedrich Wolf, Stephan Hermlin, Johannes R. Becher und vielen anderen von den Nazis Verfemten, in der DDR.

Weil Thomas Mann im Goethejahr 1949 auch an den Feiern in Weimar teilgenommen und sich in den frühen fünfziger Jahren mit Nachdruck gegen die Remilitarisierung ausgesprochen hatte, nahm die Bundesrepublik kaum noch Notiz von ihm.

Bertolt Brecht aufzuführen erforderte in vielen Gegenden der Bundesrepublik erheblichen Mut, und nichts kennzeichnet besser die Borniertheit, Intoleranz und Dümmlichkeit des bundesdeutschen Establishments der Adenauer-Zeit als die Tatsache, daß Bundesaußenminister Heinrich v. Brentano, ohne damit einen Proteststurm auszulösen oder sich gar, wie es in Frankreich bei einem vergleichbaren Vorkommnis der Fall gewesen ist, eine Rüge des Regierungschefs einzuhandeln, vor dem Bundestagsplenum erklären konnte, er schätze das literarische Werk Bert Brechts nicht höher ein als das von Horst Wessel.

Brentanos Ansicht, mit der er ungewollt seinen Vorfahren Clemens Brentano in dessen Einschätzung des Kunstverstands der Spießbürger und Philister bestätigte, übernahmen dann auch andere führende Unionspolitiker. Ihre Mißachtung der Leistung Brechts, dessen Gedichte und Bühnenstücke sie wahrscheinlich nicht einmal kannten, hatte in Wahrheit keinen anderen Grund als die Tatsache, daß Brecht Sozialist war, in der DDR lebte und dem dortigen Regime mit kritischer Sympathie gegenüberstand. Das ließ sie bei ihrem Vergleich des Dichters mit dem Naziheiden Horst Wessel sogar übersehen, daß von dem im Zuhältermilieu des Berliner Nordens umgekommenen SA-Führer kein literarisches Werk bekannt ist, ausgenommen die Umdichtung eines

Marschlieds zur späteren Hymne des »Dritten Reichs«, wogegen Brecht der einzige zeitgenössische deutsche Bühnendichter von hohem internationalem Rang war. Sie konnten dies übersehen und einen Großen der deutschen Literatur öffentlich verunglimpfen, weil sie die Gewißheit hatten, daß die meisten Bundesbürger nicht minder desinformiert, engstirnig und unduldsam waren wie sie selbst.

Über die langen Jahre der Kanzlerschaft Konrad Adenauers hieß es Anfang der sechziger Jahre in einem kritischen Aufsatz, sie hätten »aus 55 Millionen Deutschen, Schreibern und Lesern, Politikern und Kommentatoren, Zuschauern und Produzenten an Fernsehschirm und Leinwand ein Volk von Halbinformanten und Halbinformierten gemacht, von denen die einen nur die Hälfte dessen sagen, was sie wissen, von denen die anderen nur die Hälfte dessen erfahren, was sie brauchen; belastet mit Vorurteilen, umgeben von Tabus, eingeschnürt in Illusionen, so daß sie ihre eigenen Vorteile nicht mehr zu erkennen vermögen, ihre eigenen Interessen nicht mehr wahrnehmen ... Wie soll der normale Fernseh- und Zeitungskonsument aus so viel Provinzialismus, aus so viel Mief und Muff Weltzeitgeschichte begreifen? Sie lebt an sich selbst und ihrer Geschichte vorbei, die Bevölkerung der Bundesrepublik, uninformiert, unaufgeklärt, desorientiert, unentschieden zwischen ›Pril‹ und ›Sunil‹, im Bilde über ›Alete‹-Kinderkost und Küchenmaschinen, nicht aber über Nichtangriffspakt und kernwaffenfreie Zonen ...

Da stehn wir nun ..., wohlgenährt und kenntnislos, übervorteilt und zufrieden, mit Eichhörnchenvorrat darüber hinweggetäuscht, daß der Krieg uns das Leben kostet, mit Kindergeld über erhöhte Mieten getröstet, mit Christlichkeit und Wohlstand gegen die Anfechtungen des Kommunismus gefeit ... der Versuchung Widerstand leistend, durch einfaches Verhandeln das Leben hier und dort zu erleichtern ...«

Die Verfasserin dieses Aufsatzes, der in einem Sammelband mit dem Titel *Die Ära Adenauer*, zusammen mit Beiträgen von Friedrich Heer, Thilo Koch, Matthias Walden, Carlo Schmid, Golo Mann und anderen bedeutenden Publizisten 1964 erschien, war Ulrike Marie Meinhof, die sich im Laufe der fünfziger Jahre von einer aus christlicher Verantwortung zur Seelsorge sich berufen fühlenden Theologiestudentin, erst zur Hausfrau und Mutter, dann zu einer angesehenen gesellschaftskritischen Essayistin und Stückeschreiberin gewandelt hatte. Die Konsequenzen, die sie aus der von ihr sehr bewußt miterlebten Prägung der westdeutschen Gesellschaft in der Ära Adenauer später gezogen hat, waren sicherlich falsch, denn sie bewirkten das Gegenteil dessen, was sie bewirken sollten. Aber sie lassen den Grad der Verzweiflung vermuten, die kritische Geister damals schon empfanden, Leute, die wie Ulrike Meinhof zu der Überzeugung gekommen waren, »daß das beste an der Bundesrepublik ihr Grundgesetz ist«, gleichzeitig aber feststellen mußten, daß dieses Grundgesetz nicht mit Leben erfüllt wurde; daß die Bundesbürger gar nicht begriffen, welche Möglichkeiten es ihnen eröffnet hatte.

»Nichts und nirgends wurde etwas begriffen«, hieß es in dem Aufsatz von Ulrike Meinhof an anderer Stelle. »In diesem Land wird gelebt, als gäbe es keine anderen Bündnisse als die der NATO; als wäre Christlichkeit etwas so selbstverständliches wie Peter-Stuyvesant-Werbung; als wäre der Nationalsozialismus ein bedauerlicher Fauxpas; Wehrpflicht nichts anderes als eine Unterbrechung der Ausbildung ...; der Bundestag ein Fachausschuß von Sachverständigen für Sachverständige; die Oder-Neiße-Grenze ein Produkt sowjetischer Willkür ...«

Diese Feststellungen der Publizistin Ulrike Meinhof mögen manchem allzu hart erscheinen, aber ähnlich wie sie dachte ein Großteil der kritischen Intelligenz des Landes, nur sprachen die meisten es noch nicht so klar und deutlich aus, wie es Ulrike Meinhof tat.

Denn es gab sie ja schon, die neuen bundesdeutschen Schriftsteller, doch ihr Protest rang sich in den fünfziger Jahren nur ausnahmsweise zu politischen Resolutionen durch. Daß es sie aber bereits gab, zeigt beispielsweise die Liste der Preisträger jener von Hans Werner Richter gegründeten

»Gruppe 47«, die in der Ära Adenauer literarisch tonangebend war.

1950 war Günter Eich, der Verfasser des Gedichtbandes *Abgelegene Gehöfte,* ausgezeichnet worden, 1951 Heinrich Böll für seinen ersten Roman, *Wo warst du, Adam?,* 1952 Ilse Aichinger, ebenfalls für ihren ersten Roman, *Die größere Hoffnung.* 1953 war es Ingeborg Bachmann, deren Gedichtband *Die gestundete Zeit* gerade erschienen war. 1955 erhielt Martin Walser den Preis der Gruppe für seine Erzählungen *Ein Flugzeug über dem Haus und andere Geschichten;* 1958 wurde Günter Grass für seinen Roman *Die Blechtrommel* ausgezeichnet. Zur »Gruppe 47« gehörten jedoch auch schon, um nur einige Beispiele zu nennen, Walter Jens, Hans Magnus Enzensberger, Peter Weiss und Siegfried Lenz. Aber erst in den sechziger Jahren wurden sie auch politisch aktiv, erhoben Protest und engagierten sich.

Das lag sicherlich nicht allein an der Reizlosigkeit dieser satten Wirtschaftswunderjahre, das lag wohl auch an der Unattraktivität der einzigen Oppositionspartei, wenn man von Splittergruppen absieht. Die Sozialdemokraten opponierten und protestierten ausschließlich im Parlament, und sobald sie, wie es jedesmal geschah, mit ihren meist besseren Argumenten unterlagen, verhielten sie sich »konstruktiv« und machten wacker mit bei allem, was sie zuvor abgelehnt hatten. Und 1959 zogen sie dann auch noch aus ihren drei Niederlagen gegen die Union Konrad Adenauers und aus dem Umstand, daß es kaum noch klassenbewußte Arbeiter gab, sondern fast nur noch halbwegs zufriedene Klein- und Kleinstbürger, die für die kritischen Intellektuellen abschrekkende Konsequenz, sich der Union noch weiter anzupassen. Sie gaben sich am 10. September 1959 in Bad Godesberg ein neues Programm, das so gut wie nichts mehr von dem enthielt, was den im Grunde konservativen Mittelstand noch hätte abschrecken können.

Etwa um dieselbe Zeit schrieb Thilo Koch, gewiß kein radikaler Linker, eine weit schärfere Kritik der Verhältnisse, wie sie in der Bundesrepublik nach so langen Jahren der

Kanzlerschaft Adenauers herrschten, als das Godesberger Programm der Oppositionspartei SPD sie enthielt:

»Adenauers Festhalten an Prioritäten, dieser berühmte unbeirrbare Kurs, diese Stabilität — das alles kostete natürlich etwas. Der Preis war in einigen Punkten hoch, ja zu hoch: Immobilismus nach außen, vor allem gegenüber dem Osten; Autokratie und unbewältigte Vergangenheit im Innern; ungerechte Verteilung des Sozialprodukts und Ausbleiben von Reformen. Die Bundesrepublik hat dank ihres insgesamt beträchtlichen Reichtums und ihrer insgesamt stark progressiven Steuern geringere soziale Spannungen als zum Beispiel Frankreich und Italien; sie ist dennoch weit entfernt von einer wirtschafts- und sozialpolitischen Balance . . . Der Egoismus ist das allgemeine Glaubensbekenntnis. Die deutsche Wissenschaft ist ein Schatten ihrer selbst. Das Nationalgefühl ist dispensiert, tief verwirrt oder forciert. Der Jugend fehlen überindividuelle Wertkategorien . . .«

Welche hehren Ideale sollte die in den fünfziger Jahren herangewachsene Jugend auch haben? Welche anderen Wertkategorien wurden ihr denn in dem neuen Teil-Vaterland, der Bundesrepublik Deutschland, geboten als die des Hypothekenbanken-Slogans »Haste was, dann biste was!« . . .?

Dieser Wahlspruch hatte unsichtbar schon über dem ersten großen gesellschaftlichen Ereignis geprangt, das zu Beginn des Jahrzehnts in der neuen Bundeshauptstadt Bonn zu verzeichnen gewesen war: der Vermählung von Konrad Adenauers jüngster und erklärter Lieblingstochter Libeth mit Hermann Josef Werhahn, dem ältesten Sohn des Seniors der Neußer Milliardärsfamilie. Noch nie hatten sich in Deutschland soviel Macht und Reichtum auf engstem Raum versammelt wie zu dieser Hochzeit, die — fast auf den Tag genau fünf Jahre nach der bedingungslosen Kapitulation des »Großdeutschen Reichs« — Anfang Mai 1950 gefeiert worden war.

Unter den Hochzeitsgästen sah man die beiden Kanzlerberater und Werhahn-Geschäftsfreunde Robert Pferdmenges und Hermann Josef Abs, die allein so viele Aufsichtsräte von Großunternehmen beherrschten, daß es viele Stunden gedauert hätte, sie alle aufzuzählen. Die Barone Oppenheim und die Mitglieder des engeren Werhahn-Clans kontrollierten etwa ebenso viele Banken, Industrie- und Handelskonzerne, Versicherungsgruppen und Unternehmen der Energiewirtschaft. Der älteste Bruder der Braut, Dr. Konrad Adenauer junior, war Vorstandsvorsitzender der Rheinischen Braunkohlenwerke AG, Vorstandsrat der Vereinigung Deutscher Elektrizitätswerke und geschäftsführendes Vorstandsmitglied des CDU-Wirtschaftsrats; ein anderer Bruder, Dr. Max Adenauer, war Oberstadtdirektor von Köln.

Von der weiteren Adenauer- und Werhahn-Verwandtschaft, die erschienen war, hatte Kölns Erzbischof, Josef Kardinal Frings, ein Werhahn-Onkel, dem Brautpaar seinen Segen gespendet. Schwager John McCloy, der zu dieser Zeit (und noch bis 1952, als er Aufsichtsratsvorsitzender der *Chase Manhattan Bank* in New York wurde) der Hohe Kommissar der Vereinigten Staaten in der Bundesrepublik war, hob in seinem Trinkspruch die freundschaftlichen Gefühle Amerikas und seiner Wirtschaft für das Haus Adenauer hervor. Der Abt des reichen und auch politisch aktiven Benediktinerklosters Maria Laach, ein alter Freund des Kanzlers, vollzog die kirchliche Trauung.

So begannen die fünfziger Jahre in Bonn: mit einer Hochzeit, die das Bündnis der wirtschaftlichen mit der politischen Macht symbolisierte, und die Kirche gab ihren Segen dazu. Zehn Jahre später, Ende 1959, zog der Schriftsteller Wolfgang Koeppen, der in seinem Roman *Das Treibhaus* die Bonner Szene geradezu beklemmend beschrieben hatte, eine Bilanz des Jahrzehnts, in der es hieß: »Ich habe einen guten Paß, und die Reisegesellschaften meiner Landsleute überschwemmen die Erde ... Zu Pfingsten gehört uns endlich Paris. Kraft durch Freude noch zu Füßen der Akropolis, Wochenendausflüge nach Madrid und bald nach Florida, keine Legion Condor, die Lufthansa breitet die Schwingen, und der Chef jagt auf der Safari das Rhinozeros ...

Auf allen Reisen kauft man gegen feste deutsche Mark die alte Lüge, der Nabel der Welt zu sein. Man lebt verzweifelt irreal. Ein Wunder ist geschehen, das allzu oft zitierte Wirtschaftsglück. Nun hüllt man den Kopf in teure Tücher. Man leugnet, was war, man ahnt nicht, was sein wird. Vergessen sind die Toten, vergeben ist den Mördern, unsere Städte sind, versprach's nicht der Unhold, schöner denn je wiederauferstanden: die Trümmer, die Ausstoßung, sie sind ein böser Traum, sie sind nicht wahr. Auch Fakten sind nicht wahr ... Die große Hoffnung, die wir pflegen sollten, könnte Europa oder gar die Vereinigte Welt sein, aber unsere Redner fordern am Sonntag die Grenzen von 1938 ... Der Minister mag reden, was er will. Wir essen Austern oder Schweinshaxen. Wir sind nicht gerade begeistert, wir sind nüchtern geworden, aber unsere jungen Leute, unsere verschrieenen Trotzköpfe gehen brav in die Kasernen. Ein Notstandsgesetz mit allen Schrecklichkeiten der Diktatur wird erwogen. Für welchen Notstand? Der Verteidigungsminister erklärt, Rußland fürchte den Krieg. Gegen wen also will er uns verteidigen? Warum rüstet er? Der rote Führer fordert Abrüstung bis zum letzten Soldaten. Wir lachen hämisch ... Warum nehmen wir den Kommunisten nicht beim Wort? Das Gesicht des roten Führers ist ernst. Seine Augen scheinen das große Leichenfeld zu sehen, zu dem uns Verwirrung machen kann. Vielleicht lügt der Russe. Ich weiß es nicht. Aber wenn er nicht lügt, bietet er den Frieden und ... ich halte nichts davon, als Volk wieder den Tiger zu spielen. Die Waffen haben uns zweimal geschlagen, die Generäle haben uns zweimal ruhmvoll in den Tod geführt. Sie haben nachher ihre Pensionen gefordert ..., und in der ›Soldatenzeitung‹ rufen sie zu neuem Sterben auf und schmähen den schlappen Staat, der ihren Altersschwachsinn bezahlt. Sollten wir es nicht einmal mit Freundlichkeit versuchen? Und sollte man nicht auch zu seinen Nachbarn hilfreich sein? ...«

So wie Wolfgang Koeppen dachten sicherlich viele, aber es waren die Stillen im Lande. Noch schrieben sie sanfte Lyrik, noch studierten sie brav an den Universitäten, grüßten ehrfürchtig den nach dem »131er Gesetz« wiederverwendeten Rektor, den sie mit »Magnifizenz« ansprachen, noch trugen sie Hüte und zu Windsorknoten geschlungene Schlipse. Noch regte sich kein Protest. Und Konrad Adenauer, am Jahresende gefragt, was er für das Allerwichtigste halte, erwiderte ohne Zögern: »Einigkeit und Recht und Freiheit.« Er hätte auch sagen können: »Die Weichen sind gestellt« oder »Der Kurs bleibt der alte«. Noch stimmten ihm die meisten Bundesbürger freudig zu. Aber seine Zeit war eigentlich schon abgelaufen.

Quellen und Anmerkungen

1. Die Ausgangslage

Seite 8: *»Arnulf Baring, ein intimer Kenner . . .«*

Baring, 1932 in Dresden geboren, Ordinarius für Zeitgeschichte an der West-Berliner Freien Universität, habilitierte sich 1968 mit einer Schrift, *Außenpolitik in Adenauers Kanzlerdemokratie. Bonns Beitrag zur Europäischen Verteidigungsgemeinschaft,* die dann auch in der Schriftenreihe des Forschungsinstituts der Deutschen Gesellschaft für Auswärtige Politik e.V. (Band 28) erschienen ist. Diese Schrift, auf die sich die Darstellung der Adenauerschen Politik in den Jahren 1949—54 in besonderem Maße stützt und aus der wiederholt zitiert wird, liegt auch (München/Wien, 1969) als Buch vor.

Seite 13: *»Bei einer frühen Umfrage des Allensbacher Instituts . . .«*

1954 legten Erich Peter Neumann und Elisabeth Noelle vom Institut für Demoskopie, Allensbach/Bodensee, erstmals einen Teil jener »politischen Berichte« vor, die — wie es in den Vorbemerkungen heißt — »in den vergangenen Jahren im kleinen Kreise zirkulierten«.

Seite 14: *». . . hatte Preußen stets verabscheut.«*

Für Adenauers akzentuiert anti-preußische Einstellung und seine Abneigung gegen alles, was östlich des Rheintals lag, gibt es eine Fülle von Belegen. (Vgl. Baring, a. a. O., S. 48 ff. und die dazugehörigen Anmerkungen.) Der Autor selbst hat Konrad Adenauer 1947 gesprächsweise äußern hören, für ihn beginne Asien »eigentlich schon in (Köln-)Deutz«, also auf dem rechten Rheinufer.

»Adenauer weiß wenig von Osteuropa, und oft erweckt er den Eindruck, sich noch weniger dafür zu interessieren«, heißt es bei Charles Thayer, *Die unruhigen Deutschen.* Walter Henkels (FAZ) berichtet, beim Anblick eines seiner Porträts habe Adenauer ausgerufen: »Hier sehe ich ja wie ein Hunne aus! Kein Wunder, ich hatte eine Großmutter, die stammte aus dem Harz.« Wie Baring berichtet, habe Adenauer nach dem Zweiten Weltkrieg gestanden, er habe sich in Berlin immer wie in einer heidnischen Stadt gefühlt. In den zwanziger Jahren hatte er wiederholt vor Freunden erklärt, bei Braunschweig beginne für ihn die asiatische Steppe, in Magdeburg ziehe er immer die Vorhänge zu; wenn er über die Elbe fahre, spucke er jedesmal aus dem Fenster.

»Es wurde mir klar . . .«

Zit. nach Paul Weymar, *Konrad Adenauer. Die autorisierte Biographie,* München, 1955, S. 112.

»Die Mehrheit der Bundesbürger war . . .«

Allensbacher Meinungsumfragen, bei denen ein »modellgerechter (statistisch-repräsentativer) Bevölkerungsquerschnitt zugrunde gelegt wurde (2000 Personen, ab 18 Jahre, Bundesgebiet und West-Berlin), durchgeführt im Oktober 1951, im Juli 1952 und im Juli 1953.

Seite 15: *»Auch vertraten insgesamt 77 Prozent . . .«*

Die Frage lautete: »Wer soll über die Wiederbewaffnung Deutschlands entscheiden — eine Volksabstimmung, die Bundesregierung, der Bundestag?« Es entschieden sich 77 Prozent für die Volksabstimmung, 6 Prozent für die Bundesregierung, 5 Prozent für den Bundestag; der Rest — 12 Prozent — wußte keine Antwort.

Zur selben Zeit — November 1950 — waren 50 Prozent der Befragten gegen den Aufbau einer selbständigen deutschen Armee, 20 Prozent unentschieden, 30 Prozent dafür. Für die Mitwirkung bundesdeutscher Kontingente an einer Westeuropa-Armee stimmten nur 35 Prozent, 51 Prozent waren dagegen.

Seite 16: *»Die neue deutsche Armee . . .«*

Rudolf Augstein: »Waffen statt Politik«, in *Bilanz der Bundesrepublik,* Köln, 1961.

2. Geheimpolitik in Dickicht und Sumpf

Seite 20: *». . . als ›Erbauungskreis‹ getarnten Gremium . . .«*

An der Himmeroder Geheimkonferenz nahmen teil (außer den im Text genannten Militärs): General der Panzertruppen a.D. Hans Röttiger, General der Panzertruppen a.D. Fridolin v. Senger und Etterlin, Oberst a.D. Eberhard Graf Nostitz, General der Flieger a.D. Dr. Robert Knauss, General der Flieger a.D. Rudolf Meister, Major i.G. a.D. Horst Krüger, Admiral a.D. Walter Gladisch, Vizeadmiral a.D. Friedrich Ruge, Kapitän z.S. a.D. Alfred Schulze-Hinrichs.

Weitere Einzelheiten über den Inhalt der Beratungen:

Gerhard Wettig, *Entmilitarisierung und Wiederbewaffnung in Deutschland 1945—1955. Internationale Auseinandersetzung über die Rolle der Deutschen in Europa,* München, 1967.

Seite 23/24: Vgl. Gerhard Wettig, a.a.O., S. 362f.

Seite 26: *»...fehlte nun die judenfeindliche Komponente gänzlich.«* Dies hinderte aber Minister Strauß nicht daran, sich in Fragen der »psychologischen Kriegführung« von Dr. Eberhard Taubert beraten zu lassen, einem früheren engen Mitarbeiter des ehemaligen Reichsministers für Volksaufklärung und Propaganda, Joseph Goebbels. Taubert war in der Nazi-Zeit sowohl für antisemitische Hetze (z.B. den Film, *Der Ewige Jude*) als auch für »Antikomintern«, die propagandistische Bekämpfung des Kommunismus, zuständig gewesen. Zu Beginn der fünfziger Jahre, vor seiner Tätigkeit für Strauß, war Taubert für das Bundesministerium für gesamtdeutsche Fragen tätig und leitete als Vizepräsident den antikommunistischen »Volksbund für Frieden und Freiheit«.

Seite 27—29: Die Darstellung der Verstrickung der Wehrmacht in die Verbrechen der Nazi-Führung und der SS stützt sich im wesentlichen auf: Manfred Messerschmidt, *Die Wehrmacht im NS-Staat,* Hamburg, 1969; Christian Streit, *Keine Kameraden. Die Wehrmacht und die sowjetischen Kriegsgefangenen 1941—1945,* Stuttgart, 1978; Helmut Krausnick und Hans-Heinrich Wilhelm, *Die Truppe des Weltanschauungskrieges. Die Einsatzgruppen der Sicherheitspolizei und des SD 1938—1942,* Stuttgart, 1981; sowie auf die Nürnberger Dokumente der Serien NI, NO, NG, NOKW.

Seite 35: *»... die sich gegenseitig nicht sonderlich grün waren ...«* Hierzu heißt es bei Arnulf Baring (a.a.O., S. 20f.): »Alle waren daher untereinander eifersüchtig ... Globke ärgerte sich, wenn er nur zweimal, Lenz aber sechsmal zu Adenauer gerufen wurde; Hallstein verdroß es, wenn er merkte, wie sehr sich der Regierungschef in einer Frage der Hilfe Blankenhorns bediente. Man sprach daher viel und mit Recht von den Rivalitäten zwischen Hallstein und Blankenhorn, Blankenhorn und Lenz, Lenz und Globke, Globke und Hallstein, Globke und Blankenhorn ... Adenauer machte ganz bewußt die bestehenden Spannungen zu seinem Herrschaftsmittel. Er horchte seine Mitarbeiter aus. Um sie zum Reden zu bringen, genügte es ... etwa Lenz vertraulich zu sagen: ›Herr Blankenhorn sei doch wohl falsch, ob er das nicht auch finde‹, und zu Blankenhorn: ›Der Herr Lenz habe gerade etwas gemacht, was ihm gar nicht gefalle; man werde gemeinsam etwas auf Herrn Lenz aufpassen müssen.‹ Um Globke und Hallstein gegeneinander auszuspielen, genügte ... gegenüber Globke Hallsteins Besserwisserei und Pedanterie zu bemängeln, aber anderntags Hallstein zu fragen: ›Können Sie etwas in dem Gesicht Globkes lesen? Ich nicht.‹ Man sollte diesen Zug Adenauers seine überflüssige und unrentable Bosheit nennen ...«

Seite 38: *»Wegen Nichtanzeige eines hochverräterischen Unternehmens ...«*

Der Hinweis auf diese Verurteilung fehlt in der (auf eigenen Angaben beruhenden) Kurzbiographie im *Handbuch des Deutschen Bundestages* für die II. Wahlperiode. Offenbar legte Otto Lenz 1953 keinen Wert mehr darauf, als »Widerstandskämpfer« zu gelten.

Seite 39: *»... freundschaftliche Beziehungen zu dem Ehepaar ...«*

Vgl. Baring, a.a.O., S. 11.

Seite 43: *»Bereits im Ersten Weltkrieg ...«*

Vgl. hierzu: Fritz Fischer, *Griff nach der Weltmacht. Die Kriegszielpolitik des kaiserlichen Deutschland 1914/1918,* Düsseldorf, 1964, Seiten 809—825.

Seite 46: *»Einer der Gründe ...«*

Vgl. Carlo Schmid, *Der Weg des deutschen Volkes nach 1945,* (West-)Berlin, 1966.

3. Vom »Mann auf der Straße« und anderen ...

Seite 48: *»Tatsächlich glaubte damals fast die Hälfte ...«*

Vgl. *Der Spiegel,* August 1950.

Seite 49: *»Trotzdem fanden bei einer Meinungsumfrage ...«*

Umfrage des Allensbacher Instituts für Demoskopie, Oktober 1952.

Seite 50: *»... absichtlich provozierend gestellte Frage ...«*

Umfrage des Allensbacher Instituts für Demoskopie, Oktober 1952.

»Wer, glauben Sie, ist ... mehr angesehen ...?«

Umfrage des Allensbacher Instituts für Demoskopie, Oktober 1952.

Seite 51: *»Fall 6«*

Vgl. auch »Fall 6. *Ausgewählte Dokumente und Urteil des IG Farben-Prozesses,* hgg. u. eingeleitet von Hans Radandt, (Ost-)Berlin, 1970.

Seite 52: *»Als Sohn eines Senatspräsidenten ...«*

Die Schilderung des Werdegangs von Helmut Horten stützt sich im wesentlichen auf eigene Recherchen des Autors sowie auf dessen Interviews mit Horten und leitenden Mitarbeitern des Horten-Konzerns im Jahre 1968.

Seite 55: *»... SS-Führer aus der Kampfzeit ...«*

Hanns Martin Schleyer, geboren am 1. Mai 1915 in Offenburg (Baden), wurde schon 1931 Mitglied der HJ, dann der SS (Mitgliedsnummer: 227014) und der NSDAP. Er studierte Rechtswissenschaft in Heidelberg, war dort NS-Amtswalter und Leiter des NS-Reichsstudentenwerks, einer mit dem Sicherheitsdienst (SD) der SS eng zusammenarbeitenden Einrichtung. 1938 wurde er Leiter des NS-Reichsstudentenwerks in Innsbruck, 1941 in Prag.

Am 12. April 1938 wurde Schleyer als Referendar in das vorläufige Beamtenverhältnis berufen und zur Aufnahme seines ordnungsgemäßen Dienstes aufgefordert. Er lehnte dies ab unter Hinweis auf seine politischen Aufgaben. Auf eine spätere Aufforderung hin schrieb er an den Reichs- und preußischen Minister des Innern:

»... Ich bin alter Nationalsozialist und SS-Führer und darf für mich in Anspruch nehmen, daß mich keine äußerlichen Beweggründe hier festhalten ... Die uns in jungen Jahren in der Kampfzeit anerzogene Bereitschaft, Aufgaben zu suchen und nicht auf sie zu warten, der ständige Einsatz für die Bewegung auch nach der Machtübernahme, haben uns früher als sonst üblich in Verantwortung gestellt ... Heil Hitler! gez. Dr. Hanns Martin Schleyer.«

Seite 67: *»Was meinen Sie ...?«*
Umfrage des Allensbacher Instituts für Demoskopie vom August 1954.

»... in Deutschland ein wirtschaftlicher Zustand ...«
Umfrage des Allensbacher Instituts für Demoskopie vom Dezember 1954.

4. Was gut ist für die Deutsche Bank ...

Seite 79: *»es zeigte sich ...«*
Zit. nach G. Stolper, K. Häuser, K. Borchardt, *Deutsche Wirtschaft seit 1870*, 2. erg. Aufl., Tübingen, 1966.

Seite 87: *»... bundesdeutsche Vormachtstellung ...«*
Vgl. Baring, a.a.O., S. 157ff.

5. Wie man das Abendland verteidigte und Wahlen gewann

Seite 98: *»... Der Kanzler bediente sich ... der Geheimdienste ...«*
Vgl. hierzu auch Baring, a.a.O., S. 8.

Seite 99: *»... die Unternehmerverbände, ... die Haus-, Wald- und Grundbesitzer-Organisationen ...«*

Hier zwei von vielen hundert Beispielen:
In einem Rundschreiben der Volkswirtschaftlichen Gesellschaft Bayern e.V. hieß es: »Die Notwendigkeit wirtschaftspolitischer Aufklärungsarbeit verstärkt sich mit dem Herannahen der kommenden Bundestagswahl ... Es steht fest, daß die Wirtschaftsordnung eine wesentliche Grundlage der Gesellschaft überhaupt ist, und daß Angriffe auf die Wirtschaftsverfassung die von unseren Vätern überkommene freiheitliche Gesellschaftsordnung, den Eigentumsbegriff und unsere persönliche Freiheit im Kern bedrohen. Angesichts dieser Gefahr müssen die Abwehrkräfte zusammengefaßt werden ...«
Der Verband der Bayerischen Grundbesitzer e.V. schickte ein als »vertraulich« bezeichnetes Rundschreiben an seine Mitglieder, worin es hieß: »Es stehen in naher Zukunft politische Entscheidungen bevor, die unsere Interessen stärkstens berühren ... Als Verband kann es bei der gegebenen politischen Lage nur unser Ziel sein, den Bestrebungen der Linksparteien entgegenzuwirken ... Nur zentraler Einsatz größerer Mittel ermöglicht es, Forderungen durchzusetzen ...« Unterzeichnet war dieses zur Spende eines Betrags in doppelter Höhe des Jahresbeitrags auffordernde Rundschreiben von den größten Grundbesitzern Bayerns, u.a. von Eugen Fürst zu Oettingen-Wallerstein, Udo Fürst zu Löwenstein, Carl Theodor Graf zu Törring, Hippolyt Freiherr v. Poschinger, Oberdomänenrat Dr. Dr. Josef Schneider (Thurn und Taxis'sche Domänenverwaltung), Generaldirektor Hans Ritter und Edler v. Rauscher auf Weeg (Wittelsbacher Ausgleichsfonds) usw.

Seite 101: *»tiefbraune Vergangenheit«*

Prof. Dr. Theodor Oberländer gehörte schon zu den Teilnehmern am Hitler-Putsch vom 9. November 1923 und hatte in den Jahren vor dem Zweiten Weltkrieg als »Ostexperte« die Überfälle auf Polen und die Sowjetunion mit vorbereiten helfen. Zu Beginn des Rußlandfeldzugs war er als »Politoffizier« dem berüchtigten, aus Ukrainern gebildeten »Bataillon Nachtigall« zugeteilt.

Seite 124: *»In einer frühen Studie ...«*

Vgl. Ulrich de Maizière, Generalmajor, *Die Landesverteidigung im Rahmen der Gesamtverteidigung. Untersuchung und Schlußfolgerungen,* erschienen in der Reihe »Truppe und Verwaltung«, hgg. v. General Johann Adolf Graf Kielmansegg und Dr. Wilhelm Casper, Präsident des Bundeswehrverwaltungsamtes, Hamburg/Berlin, 1964.

6. Vom Wirtschaftswunder und seinen Schattenseiten

Seite 133: *»Es ist zu bedauern ...«*
Zit. nach Kurt Pritzkoleit, *Männer, Mächte, Monopole,* Düsseldorf, 1960, S. 607f.

7. Was ist des Deutschen Vaterland?

Seite 153: *»eine Frage ..., die gleichsam dazu ermuntern mußte ...«*
Sie lautete: »Wenn es unsere Landesregierung in Düsseldorf nicht mehr gäbe, sondern nur noch die Bundesregierung in Bonn — glauben Sie, daß das ungünstig für unsere landsmannschaftlichen Interessen und die besonderen Wünsche der Bevölkerung hier sein würde?«

8. Von der »ernsten und heiligen Pflicht« ...

Seite 168: *»... nach Riga deportiert ...«*
Wie die deutschen Juden, soweit sie nicht rechtzeitig aus ihrer Heimat geflüchtet waren, im »Dritten Reich« behandelt wurden, ist besonders exakt und umfassend beschrieben in: H. G. Adler, *Der verwaltete Mensch. Studien zur Deportation der Juden aus Deutschland,* Tübingen, 1974.

9. Nun siegt mal schön!

Seite 193: *»... wollte sich der Autor selbst ein Bild ... machen.«*
Der Autor war zu dieser Zeit Chefreporter und Mitherausgeber der Zeitschrift *deutsches panorama* (Chefredakteur: Gert v. Paczensky). Die Zeitschrift deckte dann als erste den HS-30-Skandal in seinem vollen Umfang auf und erreichte, daß der Bundestag einen Untersuchungsausschuß einsetzte. Die am 1. Dezember 1966 gebildete Große Koalition aus CDU/CSU und SPD sorgte indessen für ein rasches und erfolgloses Ende der Untersuchung; *deutsches panorama* mußte sein Erscheinen wegen gekündigter Kredite einstellen.

Seite 197: *»Conrado José Kraémer«*
Der *Hispano Suiza*-Generalbevollmächtigte Conrado José Kraémer wurde am 2. November 1902 in der libanesischen Hauptstadt Beirut, die damals noch zur Türkei gehörte, geboren. Sein Vater war mit Produkten der böhmischen Glaswarenindustrie vor 1914

häufig in den Nahen Osten gereist; seine Mutter, eine Sudetendeutsche, hatte ihn manchmal begleitet, und bei einer solchen Gelegenheit war der Sohn in Beirut zur Welt gekommen.
Die Familie war dann ins böhmische Steinschönau zurückgekehrt, wo der Sohn in den amtlichen Registern als »Kraemer, Kurt« geführt wurde. Mit 23 Jahren gründete dieser Kurt Kraemer 1925 eine Firma in der Tschechoslowakei, die *Glasraffinerie K. Kraemer & Co;* er zeichnete laut Handelsregister als »Kurt R. L. Kraemer«. Drei Jahre später ging er mit dieser Firma in Konkurs, gründete aber wenig später ein neues Unternehmen, die *Glas-Compagnie Kraemer & Co,* aus der Anfang der 30er Jahre die *Auto-Compagnie Kraemer & Co* mit Sitz in Prag wurde, wo der rührige junge Mann noch eine Reihe von weiteren Firmen der Automobilbranche gründete.
Als Prag 1939 von der deutschen Wehrmacht besetzt wurde, nahm diese den Sudetendeutschen Kurt Kraemer in ihre Dienste. Kraemer konnte während des Zweiten Weltkriegs seine »wehrwichtigen« Geschäfte weit über das »Protektorat Böhmen und Mähren« hinaus nach Polen und in die besetzte Sowjetunion hinein ausdehnen, und zwar in engem Kontakt mit einer Prager SS-Dienststelle. Der SS-Führer Dr. Hanns Martin Schleyer, auch Leiter des »Präsidialbüros« im Zentralverband der Industrie für Böhmen und Mähren, stellte ihm alle erforderlichen Sondergenehmigungen aus.
Im Mai 1945 zogen Wehrmacht und SS aus Prag ab, SS-Führer Schleyer als einer der letzten. Die Tschechen machten mit allen, die mit den Deutschen, zumal mit der SS, zusammengearbeitet hatten, kurzen Prozeß; nur wenigen gelang es, das nackte Leben zu retten. Dem stadtbekannten Kollaborateur Kurt Kraemer geschah indessen nichts. Er behielt seine Firmen, sein Büro in der Panska ulica 4 und seine elegante Wohnung in der Legerova ulica 69. Einige Jahre später, nachdem in Prag die Kommunisten die Macht übernommen hatten, konnte die Familie Kraemer aus der ČSSR ausreisen, mit all ihrer Habe und mit genügend Barmitteln, um in Österreich einen Landsitz zu erwerben, auf dem Kurt Kraemers Ehefrau, eine Sudetendeutsche, fortan lebte. Kraemer selbst übersiedelte nach Genf, in eine Villa in Vésenas am Genfer See; er hieß aber fortan Conrado José Kraémer und hatte einen in Prag ausgestellten spanischen Reisepaß sowie eine neue Frau, Milada Semanova, die zunächst als seine Sekretärin auftrat. Anfang der 50er Jahre knüpften die beiden erste Kontakte zu Waffenproduzenten und -händlern sowie zu bundesdeutschen Politikern, Beamten und Militärs an. Sie erweckten auch den Verdacht der schweizerischen Sicherheitsbehörden, als sie versuchten,

Waffenpatente für eine tschechische Firma zu erwerben. Gerade als Kurt und Milada Kraemers spanische Pässe überprüft werden sollten, wechselten beide die Staatsangehörigkeit. Am 17. Dezember 1956, zwei Monate vor Abschluß der HS-30-Verträge, stellte ihnen die österreichische Gesandschaft in Bern zwei neue Reisepässe aus, den ersten, Nr. 19/56, für »Curt J. Kraemer«, den zweiten für dessen Ehefrau Milada geborene Semanova. Kraémer war inzwischen Generalbevollmächtigter von *Hispano Suiza* geworden.

Längst hatte auch der Botschafter der Bundesrepublik in Bern, Dr. Friedrich Holzapfel, das Auswärtige Amt vor Kraémer gewarnt. Botschafter Holzapfel war sogar noch einen Schritt weiter gegangen: In einem persönlichen Schreiben hatte er sich in dieser Angelegenheit direkt an Adenauer gewandt, dessen Stellvertreter im CDU-Parteivorstand er jahrelang gewesen war. Doch Adenauer würdigte seinen Berner Botschafter nicht einmal einer Antwort.

Bei seiner Versetzung in den Ruhestand im April 1958 wandte sich Dr. Holzapfel noch einmal warnend an denjenigen Minister, der sich auf das HS-30-Geschäft mit Kraémer eingelassen hatte, an seinen Parteifreund Franz Josef Strauß: »Für die Verbindungen zum Osten (des Herrn Kraémer) habe ich ebenfalls gewisse Anhaltspunkte. Schon in dem ersten Bericht an Dr. Adenauer habe ich auf sie hingewiesen und genaue Decknamen angegeben. Ich bemühe mich um die Beschaffung weiterer Unterlagen . . .«

In ihrer Stellungnahme vom 18. November 1966 (Bundestagsdrucksache V/1135) zu der Kleinen Anfrage der SPD beantwortete die Bundesregierung die ihr gestellten Einzelfragen zu diesem Komplex wie folgt: (*Hervorhebungen* nicht im Original)

»(Frage der SPD:)

Hat der ehemalige Botschafter der Bundesrepublik in Bern, Dr. Friedrich Holzapfel, die Bundesregierung seinerzeit über Informationen unterrichtet, nach denen Repräsentanten des *Hispano-Suiza*-Konzerns, der damals Aufträge zur Ausrüstung der Bundeswehr mit Schützenpanzern erhalten hatte, Beziehungen zu östlichen Nachrichtendiensten unterhalten haben sollen?

(Antwort der Bundesregierung:)

Im Zusammenhang mit der Beschaffung der Schützenpanzer für die Bundeswehr bei der Firma *Hispano Suiza* hat der ehemalige Botschafter in Bern, Dr. Holzapfel, nicht darüber berichtet, daß Repräsentanten des *Hispano-Suiza*-Konzerns Beziehungen zu östlichen Nachrichtendiensten unterhalten haben sollen. In den

Jahren 1953/54 hat Dr. Holzapfel mehrmals lediglich über die Beschaffung von Kanonen für den Bundesgrenzschutz bei der Firma *Hispano Suiza* berichtet. Er hat dabei Angaben über einzelne Persönlichkeiten gemacht, bei denen sich nach seiner Auffassung gewisse Anhaltspunkte für einen Verdacht der Beziehungen zu östlichen Nachrichtendiensten ergeben könnten. Dazu will Dr. Holzapfel insbesondere einige Mitteilungen über den Lebenslauf von Herrn Kraémer gemacht haben. Von den Personen, die Gegenstand der Berichterstattung im Jahre 1953/54 waren, war allein Herr Kraémer später bei der Beschaffung der Schützenpanzer für die Bundeswehr als Repräsentant der Firma *Hispano Suiza* tätig. Konkrete Angaben über nachrichtendienstliche Verbindungen des Herrn Kraémer zum Osten hat Dr. Holzapfel — nach seiner eigenen Aussage — jedoch weder in diesen Berichten noch bei seinem Gespräch mit Bundesminister von Brentano gemacht.

(Frage der SPD:)
Ist der damalige Botschafter dienstlich darauf hingewiesen worden, diesen Komplex als absolutes Dienstgeheimnis zu betrachten?

(Antwort der Bundesregierung:)
Ein besonderer dienstlicher Hinweis an Botschafter a.D. Dr. Holzapfel, den in Frage 1 umrissenen Komplex als absolutes Dienstgeheimnis zu betrachten, ist nicht erfolgt. Dr. Holzapfel mußte jedoch wiederholt, auch im Zusammenhang mit seinem Bericht über die Firma *Octogon*, auf seine gesetzliche Pflicht hingewiesen werden, über Verschlußsachen sowohl während seiner Dienstzeit als auch nach dem Ausscheiden aus dem Dienst zu schweigen.«

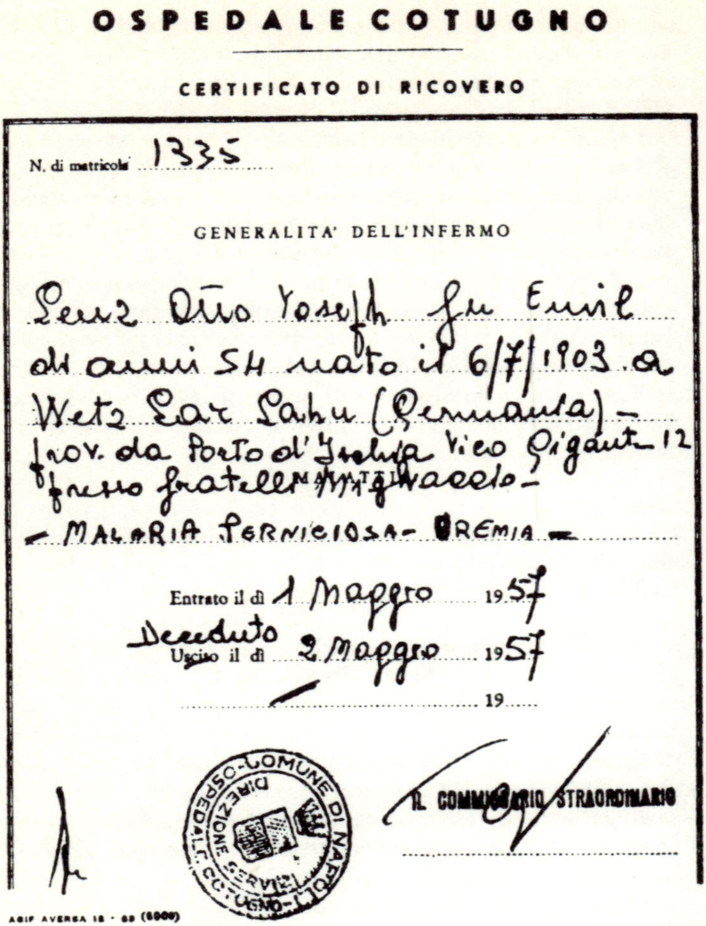

OSPEDALE COTUGNO

CERTIFICATO DI RICOVERO

N. di matricola 1335

GENERALITA' DELL'INFERMO

Lenz Otto Joseph fu Emil
di anni 54 nato il 6/7/1903 a
Wetz Lar Lahn (Germania) -
prov. da Porto d'Ischia Vico Giganti 12
presso fratelli Migliaccio -
- MALARIA PERNICIOSA - UREMIA -

Entrato il dì 1 Maggio 1957
Deceduto il dì 2 Maggio 1957
19

OSPEDALI C. COTUGNO - COMUNE DI NAPOLI - DIREZIONE SERVIZI

IL COMMISSARIO STRAORDINARIO

AGIF AVERSA 18 · 58 (8000)

Der Totenschein des Staatssekretärs a.D. Dr. Otto Lenz, ausgestellt vom Hafenspital Cotugno in Neapel.

10. Keine Experimente!

Seite 223: *»Demnach war die Bundesrepublik bereits ein Protektorat...«*

Der *Große Brockhaus*, 16. völlig neubearbeitete Auflage von 1956, erläuterte die völkerrechtliche Bedeutung des Begriffs »Protektorat« folgendermaßen:

»Schutzherrschaft eines Staates oder einer Staatenmehrheit über einen anderen Staat, der der Schutzmacht in der Regel die Führung seiner Außenvertretung und den militärischen Schutz ganz oder großenteils anvertraut und ihr oft auch erheblichen Einfluß auf seine innere Ordnung gewährt. Das Protektorat wird in der Regel durch Vertrag begründet und führt eine Minderung oder den Verlust der Souveränität und der völkerrechtlichen Handlungsfreiheit des protegierten Staates herbei. Ein Protektorat kann dem Schutz eines kleinen Landes dienen ... Häufiger ist Protektorat die Form einer kolonialen Abhängigkeit ... oft unter einem Hochkommissar, aber mit einer gewissen Selbstregierung ...«
Dazu ist anzumerken: Im Deutschlandvertrag von 1955 hatten sich die westlichen Siegermächte erhebliche Rechte vorbehalten. Diese betrafen nicht nur die Stationierung ihrer Truppen auf dem Territorium der Bundesrepublik, sondern auch die Übernahme der vollen Regierungsgewalt durch die alliierten Militärbefehlshaber im Fall eines Notstands, wobei die Alliierten allein darüber zu entscheiden hatten, ob und wann ein Notstand eingetreten war.

11. ... nicht sein kann, was nicht sein darf

Seite 237: *»... keinen Grund, nicht mit der DDR Botschafter auszutauschen.«*
Nachdem Guineas Präsident Sékou Touré im November 1959 in Bonn fürstlich empfangen worden war, obwohl (oder gerade weil) es in seiner Hauptstadt Conacry bereits eine DDR-Handelsvertretung gab, ließ er sich im März 1960 durch große Rubel- und Ostmarkkredite dazu verleiten, dem Leiter der DDR-Handelsvertretung den Rang eines Botschafters zuzugestehen. Bonn drohte sofort mit dem Abbruch der Beziehungen. Daraufhin ließ sich Sékou Touré (unterstützt vom Autor, der ihn gerade interviewte) etwas einfallen, womit er die Hallstein-Doktrin unterlief: Er erklärte offiziell, die Akkreditierung des nunmehrigen DDR-Botschafters Kirschei sei ein Akt der Höflichkeit gewesen, da Kirschei ohne diplomatische Immunität ständig Polizeikontrollen ausgesetzt wäre, beispielsweise bei einer kürzlichen Großfahndung nach Hühnerdieben. Von einer vollen Anerkennung der DDR könne jedoch keine Rede sein. Mit dieser Erklärung gab sich Bonn zufrieden; die Hallstein-Doktrin war gerettet, und künftig gab es in Guinea zwei deutsche Botschafter, einen richtigen aus Bonn und einen nur höflichkeitshalber aus Ost-Berlin.

13. Das Ende eines Traums

Seite 259: *»... in einem brillanten Aufsatz ...«*
Gösta v. Uexküll, »Adenauer siegte bei Stalingrad«, in: *Die Ära Adenauer. Einsichten und Ausblicke,* Fischer-Bücherei, Frankfurt/Hamburg, 1964.

Seite 265: Der Deutschland-Plan der SPD von 1959:
Die Sozialdemokraten gliedern ihr Programm zur deutschen Frage in sechs Punkte, die durch internationale Vereinbarungen verwirklicht werden sollen, und — für die innerdeutsche Regelung — in einen Drei-Stufen-Plan:

1. Festlegung einer Entspannungszone, die vorerst beide Teile Deutschlands, Polen, die Tschechoslowakei und Ungarn umfaßt.
2. Innerhalb dieser Entspannungszone und ihrer möglichen Erweiterungen treten Vereinbarungen über die Rüstungsbeschränkungen der nationalen Truppen und über den gleichwertigen Abzug der Fremdtruppen der NATO und des Warschauer Paktes in Kraft.
Die nationalen Streitkräfte besitzen keine Atom- und Wasserstoffwaffen. Solche Waffen der im Zonenbereich noch stationierten Fremdtruppen werden »eingefroren«, das heißt weder vermehrt noch verstärkt. Nach Abschluß der in räumlichen und zeitlichen Phasen genau festzulegenden »militärischen Verdünnung« ist die Entspannungszone frei von Fremdtruppen und von Atom- und Wasserstoffwaffen.
3. Alle Vereinbarungen über die Rüstungsbeschränkungen und über das gleichwertige Auseinanderrücken der in Mitteleuropa einander gegenüberstehenden Streitkräfte der NATO und des Warschauer Paktes sind vom ersten Schritt an durch eine ungehinderte Boden- und Luftkontrolle zu sichern.
4. Die Unverletzbarkeit der Teilnehmerstaaten in der Entspannungszone ist durch ein kollektives Sicherheitsabkommen aller interessierten Staaten, einschließlich der USA und der UdSSR, zu garantieren.
5. Mit dem Wirksamwerden des europäischen Sicherheitssystems scheiden die in der Entspannungszone gelegenen Staaten aus der NATO und aus dem Warschauer Pakt aus. Die Staaten in der Entspannungszone werden dann im Rahmen dieses europäischen Sicherheitssystems zur eigenen und europäischen Sicherheit mit angemessenen Leistungen beitragen.
6. Beibehaltung des gegenwärtigen Rechtsstatus und der militärischen Sicherung Berlins bis zur Regelung der deutschen Frage. Verpflichtung der vier Mächte auf die Respektierung der Westberlin betreffenden Bestimmungen, die nach Aufhebung der

Blockade 1949 als gültig erklärt und auch zur Zeit des Abkommens vom 20. September 1955 zwischen der UdSSR und der DDR als gültig anerkannt worden sind ...
Die bestehenden Wirtschaftsverfassungen, Außenhandelsbeziehungen und langfristigen Verträge bleiben zunächst unberührt, soweit nicht ausdrücklich nachstehend Änderungen vorgesehen werden. Beide Regierungen verpflichten sich zur Politik der Vollbeschäftigung und zur Garantie des sozialen Besitzstandes.

Die erste Stufe
Die politische Zusammenführung beginnt in der ersten Stufe mit der Bildung einer gesamtdeutschen Konferenz. Beide deutschen Regierungen entsenden Beauftragte auf der Grundlage der Parität.
Die gesamtdeutsche Konferenz hat die Aufgabe, Regelungen über innerdeutsche Angelegenheiten zu vereinbaren. Soweit diese Regelungen der Zustimmung verfassungsmäßiger Organe der Teile Deutschlands bedürfen, bleiben deren Zuständigkeiten unberührt ...
Die gesamtdeutsche Konferenz setzt zur Wahrung der Einheitlichkeit in der Auslegung der Menschenrechte und Grundfreiheiten ein gesamtdeutsches Gericht ein, das in letzter Instanz entscheidet. Seine Mitglieder werden auf die Charta der Menschenrechte der Vereinten Nationen vereidigt ...
Die Embargo-Bestimmungen gegenüber der DDR und die güterwirtschaftlichen Kontingentierungen durch die Bundesrepublik müssen fortfallen. Der Interzonenhandel muß ausgeweitet werden, weitere Zonengrenzübergänge sind zu öffnen.
Ein gesamtdeutscher Investitionsfonds und die Bank für innerdeutschen Zahlungsausgleich werden gebildet. Der Fonds hat Investitionen in das Verkehrs- und Energieversorgungsnetz sowie zur Anpassung der beiden Volkswirtschaften zu planen und zu finanzieren. Die Bank wickelt die Zahlungen im Rahmen des innerdeutschen Handels und des Investitionsfonds ab ...

Die zweite Stufe
In der zweiten Phase der politischen Zusammenführung wird ein gesamtdeutscher parlamentarischer Rat errichtet. Seine Mitglieder, die in ganz Deutschland Immunität genießen, werden je zur Hälfte in beiden Teilen Deutschlands gewählt. Die gesamtdeutsche Konferenz schreibt diese Wahl aus. Dem gesamtdeutschen parlamentarischen Rat wird die gesetzgeberische Zuständigkeit insbesondere für Eisenbahn, Straßenverkehr, Binnenschiffahrt, Post- und Fernmeldewesen und zur Förderung der volkswirt-

schaftlichen Erzeugung übertragen. Er hat ferner die Befugnis, den Mißbrauch wirtschaftlicher Macht zu verhindern und den gewerblichen Rechtsschutz zu regeln. Gegen die von ihm erlassenen Gesetze kann jede der beiden Regierungen in einer bestimmten Frist Einspruch erheben. Der gesamtdeutsche parlamentarische Rat kann diesen Einspruch zurückweisen ...

Die dritte Stufe
In der dritten Stufe der Zusammenführung befaßt sich der gesamtdeutsche parlamentarische Rat mit der Vorbereitung von gesamtdeutschen Gesetzen zum Steuersystem, Finanzausgleich, zur Zollunion, zur Währungsunion und zur sozialpolitischen Anpassung.
Eine gesamtdeutsche Willensbildung kann auch durch Volksabstimmungen herbeigeführt werden. Auf Antrag von einer Million Wahlberechtigter wird ein Gesetzentwurf einheitlich in beiden Teilen Deutschlands zur Volksabstimmung gestellt. Widerspricht eine der beiden Regierungen, so kann die Volksabstimmung nach einem Jahr wiederholt werden und wird dann verbindlich.
Volksabstimmungen sind ausgeschlossen, wenn sie eine Einschränkung der Menschenrechte und Grundfreiheiten, eine Änderung der Legislativ- und Exekutivorgane in beiden Teilen Deutschlands zum Ziel haben.
Der gesamtdeutsche parlamentarische Rat ist befugt, jederzeit mit Zweidrittelmehrheit ein Gesetz für die Wahl einer verfassunggebenden Nationalversammlung zu erlassen. Ist er hierzu nicht in der Lage, so erhält für diesen Fall eine Volksabstimmung uneingeschränkte Gesetzeskraft, wenn zwei Drittel aller abgegebenen Stimmen sich für die Wahl einer verfassunggebenden Nationalversammlung aussprechen ...
Nach dem Inkrafttreten der gesamtdeutschen Verfassung werden allgemeine, freie und geheime Wahlen zum gesamtdeutschen Parlament abgehalten. Aus ihm geht die gesamtdeutsche Regierung hervor ...

Zeittafel

1950 28. Febr.: Der Hohe Kommissar der USA, McCloy, schlägt gesamtdeutsche Wahlen vor.

1. März: Die Bundesregierung verfügt die Aufhebung der Lebensmittel-Rationierungsmaßnahmen (außer Zucker).

3. März: Konventionen zwischen Frankreich und dem Saargebiet über die weitgehende Eingliederung des Saargebietes in die französische Wirtschaft.

13. März: Bundeskanzler Adenauer schlägt eine deutsch-französische Union vor.

22. März: Die Bundesregierung schlägt Wahlen zu einer verfassunggebenden Nationalversammlung in ganz Deutschland vor.

2. April: Der Bundeskanzler fordert in einem Interview eine Sicherheitsgarantie für die Bundesrepublik.

9. Mai: Der französische Außenminister Schuman schlägt eine westeuropäische Montan-Union vor.

16. Mai: Alliiertes Gesetz über die Entflechtung.

1. Juni: Das alliierte Gesetz zur Verhinderung einer deutschen Wiederaufrüstung tritt in Kraft.

25. Juni: Ausbruch des Korea-Krieges.

6. Juli: Abkommen zwischen Polen und der DDR über die Oder-Neiße als Friedensgrenze.

11. Aug.: Churchill regt im Europa-Rat die Schaffung einer europäischen Armee unter Beteiligung Deutschlands an.

17. Aug.: Der Bundeskanzler fordert in einem Interview Verteidigungstruppen als Gegengewicht zur Volkspolizei.

29. Aug.: Denkschrift von Bundeskanzler Adenauer über die Wiederbewaffnung der Bundesrepublik.

19. Sept.: Die New Yorker Ministerkonferenz der westlichen Außenminister erklärt die Regierung der Bundesrepublik als »einzige freie und gesetzliche deutsche Regierung«.

24. Okt.: Der französische Außenminister Pleven schlägt in der französischen Nationalversammlung die europäische

Verteidigungsgemeinschaft vor (eine europäische Armee mit national gemischten Verbänden).

4. Nov.: Die Sowjets schlagen eine Viererkonferenz über Deutschland vor.

13. Dez.: Die NATO beschließt die Schaffung einer atlantischen Armee mit Beteiligung deutscher Verbände.

1951 5. März: Eine Viermächtekonferenz tritt in Paris zusammen (am 21. 6. ergebnislos abgebrochen).

6. März: Die Alliierte Hohe Kommission verkündet die erste Revision des Besatzungsstatuts.

15. März: Bundeskanzler Konrad Adenauer übernimmt das Amt des Bundesministers des Auswärtigen. (Kraft einer Erklärung der Hohen Kommission über die Vollmacht der Bundesregierung in der Außenpolitik.)

18. April: Der Vertrag über die Montan-Union wird in Paris unterzeichnet.

2. Mai: Der Ministerausschuß des Europarates beschließt die Aufnahme der Bundesrepublik als vollberechtigtes Mitglied in dieses Gremium.

24. Mai: Der Oppositionsführer Kurt Schumacher widersetzt sich in einer Rede der Montan-Union.

9. Juli: Großbritannien teilt der Bundesrepublik die Beendigung des Kriegszustandes mit.

12. Juli: Der Kongreß der Vereinigten Staaten beschließt die Beendigung des Kriegszustandes mit Deutschland.

13. Juli: Frankreich erklärt den Kriegszustand mit Deutschland für beendet.

14. Sept.: Eine Konferenz der Außenminister der Westmächte beschließt in Washington, das Besatzungsstatut durch vertragliche Abmachungen abzulösen.

27. Sept.: Bundeskanzler Adenauer verkündet in einer Regierungserklärung die Wiedergutmachung an Juden.

Die Bundesregierung und der Bundestag stellen ein 14-Punkte-Programm zur Frage gesamtdeutscher Wahlen auf.

21. Dez.: Das Ruhrstatut wird aufgehoben.

1952 11. Jan.: Der Bundestag ratifiziert mit 232 gegen 143 Stimmen den Vertrag über die Montan-Union.

10. März: Die UdSSR unterbreitet den Entwurf eines Friedensvertrages mit Deutschland.

25. März: Die Westmächte antworten auf den sowjetischen Deutschland-Vorschlag: Bildung einer gesamtdeutschen Regierung nur nach freien Wahlen möglich.

13. Mai: Die Westmächte erklären in einer weiteren Antwortnote an die Sowjetunion, daß die »notwendige Handlungs-

freiheit« einer künftigen gesamtdeutschen Regierung gewährleistet sein müsse.

26. Mai: *Deutschlandvertrag:* Regelung der Beziehungen zwischen den Westmächten und der Bundesrepublik. Die Hohen Kommissare werden durch Botschafter der Westmächte abgelöst. Die Bundesrepublik wird völkerrechtlich gleichberechtigt.

27. Mai: In Paris wird der Vertrag über die Europäische Verteidigungsgemeinschaft (EVG) unterzeichnet.

13. Juni: Die Parteien der DDR fordern in einer Erklärung die Aufstellung einer Armee der DDR.

9. Juli: Auf der 2. Parteikonferenz der SED wird die Kollektivierung proklamiert.

15. Aug.: Das Gesetz über den Lastenausgleich wird beschlossen.

20. Aug. Tod des Vorsitzenden der SPD, Kurt Schumacher (Nachfolger wird Erich Ollenhauer).

1953 27. Febr.: In London wird ein Abkommen über die Rückzahlung der deutschen Auslandsschulden beschlossen (rund 14 Milliarden DM).

18. März: Der Bundestag nimmt das deutsch-israelische Wiedergutmachungsabkommen an.

17. Juni: Aufstand in der DDR.

27. Juni: Waffenruhe in Korea.

6. Sept.: Die Wahlen zum zweiten Bundestag ergeben die absolute Mehrheit für die CDU/CSU.

29. Sept.: Tod des Regierenden Bürgermeisters von West-Berlin, Ernst Reuter.

20. Okt.: Bildung einer neuen Bundesregierung (Koalitionsregierung) unter Konrad Adenauer.

1954 25. Jan.—18. Febr.: Die Außenminister der vier Alliierten tagen erfolglos über die deutsche Frage in Berlin.

25. März: Die Sowjetregierung erklärt die DDR zum souveränen Staat.

31. März—23. Okt.: Die Westmächte einerseits und die Sowjetunion andererseits führen einen ergebnislosen Notenwechsel über die deutsche Frage.

17. Juli: Theodor Heuss wird in Berlin als Präsident der Bundesrepublik wiedergewählt.

30. Aug.: Die französische Nationalversammlung lehnt mit 319 gegen 164 Stimmen die EVG ab.

19.—23. Okt.: Pariser Konferenz: Beitritt der Bundesrepublik und Italiens zur West-Europäischen Union (WEU). Beitritt der Bundesrepublik zur NATO.

Frankreich und Deutschland beschließen, ein »europäisches Statut« über die Saar einer Volksabstimmung zu unterbreiten.

27. Dez.: Die französische Nationalversammlung billigt die Aufnahme der Bundesrepublik in die NATO.

1955 15. Jan.: Eine Erklärung von Radio Moskau schlägt die Wiedervereinigung Deutschlands durch freie Wahlen unter der Voraussetzung des Verzichts auf die Pariser Verträge vor.

25. Jan.: Der Oberste Sowjet gibt die Beendigung des Kriegszustandes zwischen der UdSSR und Deutschland bekannt.

5. Mai: Das Besatzungsstatut wird durch eine Erklärung der Hohen Kommission aufgehoben, die zu bestehen aufhört. Damit erhält die Bundesrepublik die Souveränität.

14. Mai: Die Ostblockstaaten schließen einen Pakt über Freundschaft, Zusammenarbeit und gegenseitigen Beistand (Warschauer Pakt).

7. Juni: Die Regierung der Sowjetunion lädt die Bundesregierung zu Besprechungen über die Aufnahme diplomatischer, kultureller und wirtschaftlicher Beziehungen nach Moskau ein.

18.—25. Juli: Die Regierungschefs der vier Alliierten beschließen, die deutsche Frage im Rahmen der europäischen Sicherheit zu lösen.

8.—14. Sept.: In Moskau wird bei Besprechungen der Bundesrepublik und der Regierung der UdSSR die Aufnahme diplomatischer Beziehungen zwischen der Sowjetunion und der Bundesrepublik beschlossen. Die Sowjetunion sagt die Heimkehr der deutschen Kriegsgefangenen zu.

23. Okt.: 68 Prozent der saarländischen Wähler lehnen das »europäische Statut« ab.

9. Dez.: Das Auswärtige Amt weist auf die Folgen einer Aufnahme diplomatischer Beziehungen mit der DDR durch dritte Staaten hin (Hallstein-Doktrin).

1956 31. Jan.: Der saarländische Landtag beschließt in einer Grundsatzerklärung die Eingliederung des Saarlandes in die Bundesrepublik.

14. Febr.: Die CDU-FDP-Regierung Arnold—Weyer in Nordrhein-Westfalen wird durch ein konstruktives Mißtrauensvotum gestürzt.

Die vier in der Regierung Adenauer verbliebenen FDP-Minister erklären sich gegen die neue Regierung in Düsseldorf.

24. Febr.: Der Bundesvorstand der CDU beschließt die Koalition nur mit denjenigen Abgeordneten der FDP fortzusetzen, die die Regierungsbildung in Nordrhein-Westfalen ablehnen.

7. Juli: Der Bundestag beschließt mit 270 gegen 166 Stimmen das Wehrpflichtgesetz.

17. Aug.: Das Bundesverfassungsgericht erklärt die KPD für verfassungswidrig.

16. Okt.: Die Regierung Adenauer wird umgebildet. Blank und Kraft sind ausgeschieden. Ernennung von Franz Josef Strauß zum Verteidigungsminister.

1957 25. März: In Rom werden die EWG-Verträge abgeschlossen.

12. April: 18 deutsche Wissenschaftler — in der Mehrzahl Atomwissenschaftler — erklären sich gegen jegliche Atomrüstung der Bundesrepublik.

7.—13. Aug.: Der sowjetische Ministerpräsident Chruschtschow erklärt bei einem Besuch in der Ostzone die Existenz der zwei Staaten Deutschlands für die alleinige Wirklichkeit.

15. Sept.: Bei den Wahlen zum Deutschen Bundestag erlangt die CDU/CSU 50,18 Prozent der gültigen Stimmen (SPD 31,75 Prozent). Daneben nur noch FDP und DP im Bundestag vertreten.

3. Okt.: Willy Brandt wird zum Regierenden Bürgermeister von Berlin gewählt.

Der polnische Außenminister Rapacki legt einen Plan über atomwaffenfreie Zonen in Europa vor.

16.—19. Dez.: Eine NATO-Konferenz in Paris beschließt die Stationierung von Mittelstreckenraketen und die Einrichtung von Depots für Atomsprengköpfe in Europa.

1958 25. März: Der Bundestag debattiert über die Ausrüstung der Bundeswehr mit Atomwaffen.

29. Mai: General de Gaulle übernimmt die Macht in Frankreich (V. Republik).

27. Okt.: Ulbricht erklärt im Ostberliner Friedrichstadt-Palast Berlin zur Hauptstadt der DDR.

10. Nov.: Chruschtschow fordert die Revision des Potsdamer Abkommens und kündigt die Übernahme der Befugnisse der Sowjetunion hinsichtlich Berlins durch die DDR an.

27. Nov.: Die Sowjetunion stellt hinsichtlich Berlin ein Ultimatum an die Westmächte. (Forderung einer entmilitarisierten Freien Stadt Berlin.)

Der Regierende Bürgermeister von Berlin erklärt zum sowjetischen Ultimatum, daß nur eine Verhandlung über Deutschland und nicht nur über Berlin möglich wäre.

7. Dez.: Die Wahlen in Berlin ergeben für die SPD 53 Prozent, für die CDU 38 Prozent und für die SED 1,9 Prozent der gültigen Stimmen.

1959 7. Jan.: Eine Note der DDR behauptet, daß West-Berlin rechtswidrig von der DDR getrennt worden sei.

10. Jan.: Entwurf eines Friedensvertrages der UdSSR für zwei deutsche Staaten: Umwandlung West-Berlins in eine freie Stadt, Anerkennung zweier deutscher Staaten und der Oder-Neiße-Grenze, Bündnisfreiheit der beiden deutschen Staaten.

16. Febr.: Die Westmächte erklären sich in einer Note zu umfassenden Verhandlungen über die Deutsche Frage und über die europäische Sicherheit bereit; aber nicht zu gesonderten Verhandlungen über Berlin.

Die Sowjetunion gibt die Sechsmonatsfrist für die Berlin-Frage preis. Die Westmächte erklären sich zu einer Konferenz der vier Außenminister bereit.

9. März: Der sowjetische Ministerpräsident Chruschtschow erklärt sich mit der Stationierung eines geringen Truppenkontingents der Westmächte in Westberlin einverstanden.

7. April: Die CDU/CSU stellt Konrad Adenauer als Kandidaten für den Bundespräsidenten und Wirtschaftsminister Erhard als Kandidaten für das Bundeskanzleramt auf.

11. Mai—5. Aug.: Eine Konferenz der Außenminister der alliierten vier Mächte über die Berlin- und Deutschland-Frage wird in Genf ergebnislos geführt.

5. Juni: Bundeskanzler Adenauer zieht seine Kandidatur für das Amt des Bundespräsidenten zurück.

1. Sept.: Die Bundesversammlung in Berlin wählt den Bundesminister für Ernährung, Landwirtschaft und Forsten, Heinrich Lübke, zum Präsidenten der Bundesrepublik Deutschland.

10. Sept.: Die SPD beschließt in Godesberg ein neues Grundsatzprogramm.

Register

Bildnachweis

Ullstein Bilderdienst, Berlin (Herbert Blankenhorn, Otto Lenz, Walter Hallstein, erste Bundeswehrsoldaten, Besetzung der hessischen KP-Zentrale); Bernt Engelmann (B.E. im HS-30-Schützenpanzer); alle übrigen Fotos Bilderdienst Süddeutscher Verlag, München.

Die Zeittafel basiert auf Michael Freund, *Deutsche Geschichte. Von den Anfängen bis zur Gegenwart,* München 1979.